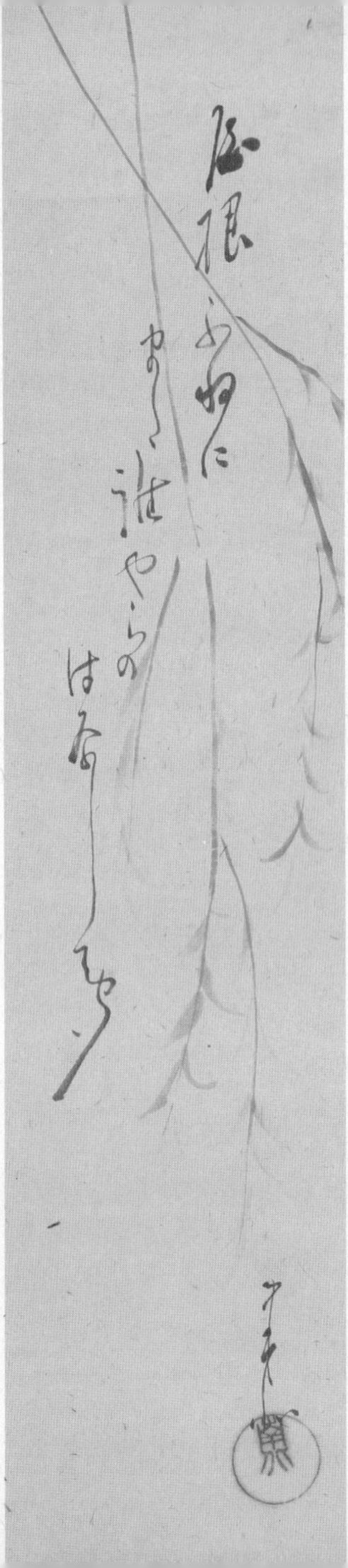

食《け》満《ま》南《なん》北《ぼく》著

『大阪藝談』

神戸女子大学古典芸能研究センター編

和泉書院

関守はだまされてゐてだまされず　南北

山ぶしのさばをよむのも修法なり　南北

食満南北著『大阪藝談』各冊表紙（第五冊を欠く）（書画　食満南北）

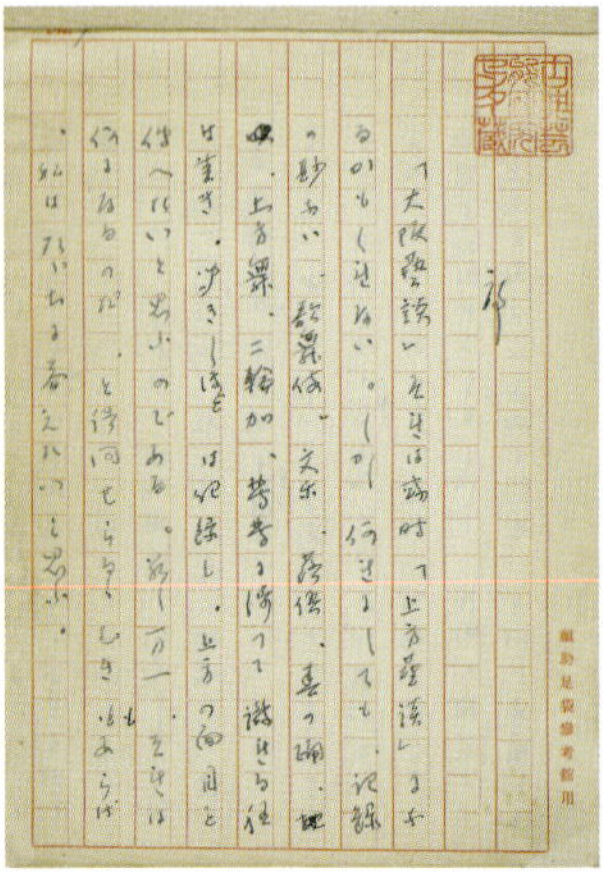

（一冊目の序）

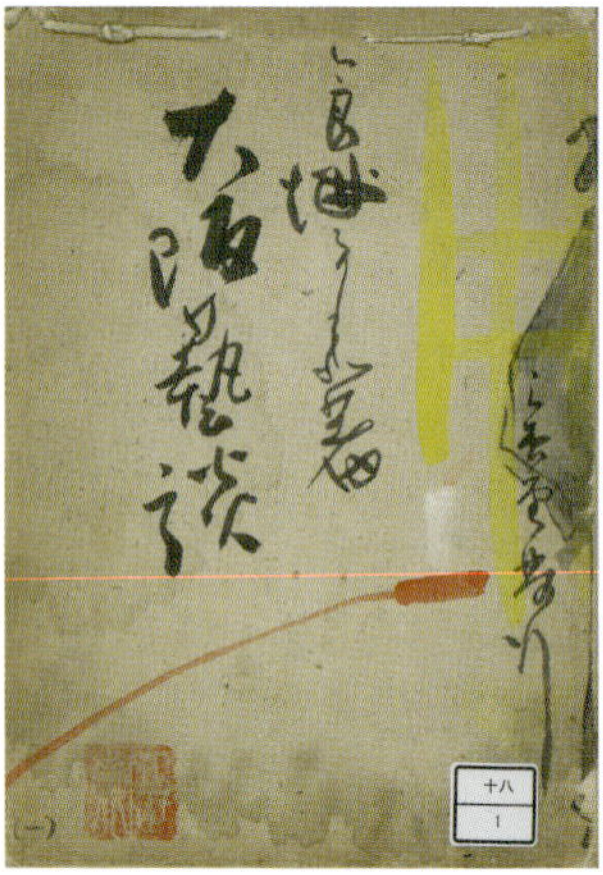

（一）

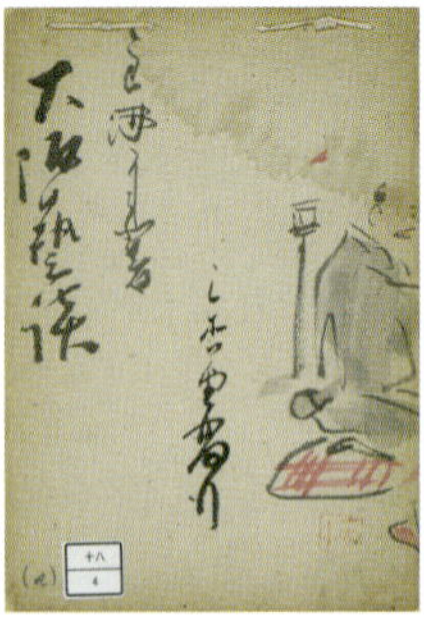

（四）

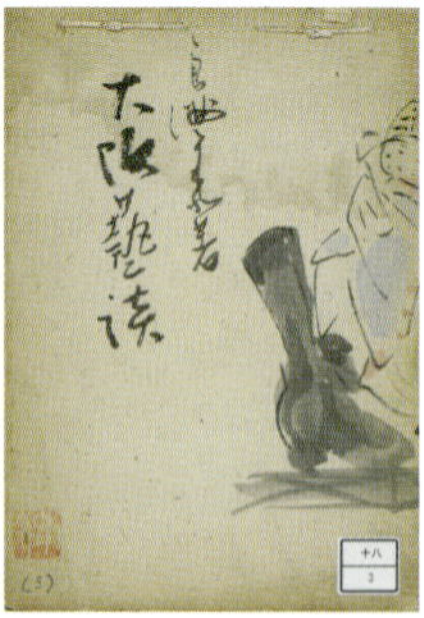

（三）

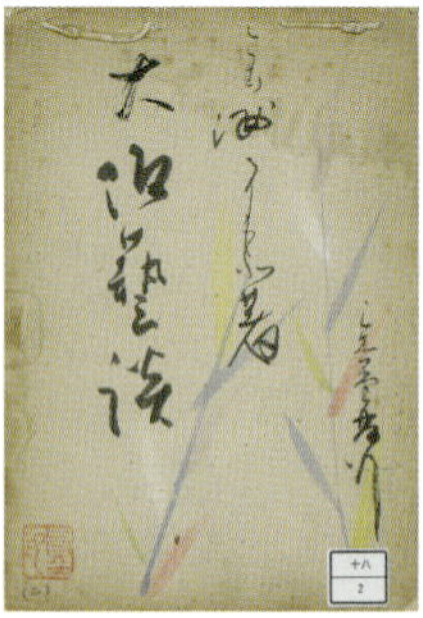

（二）

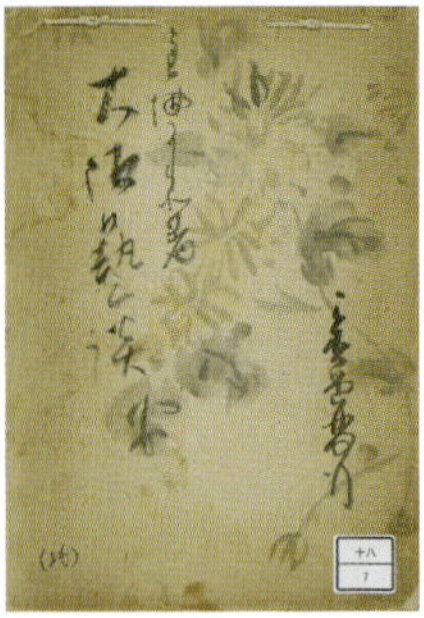

（終）

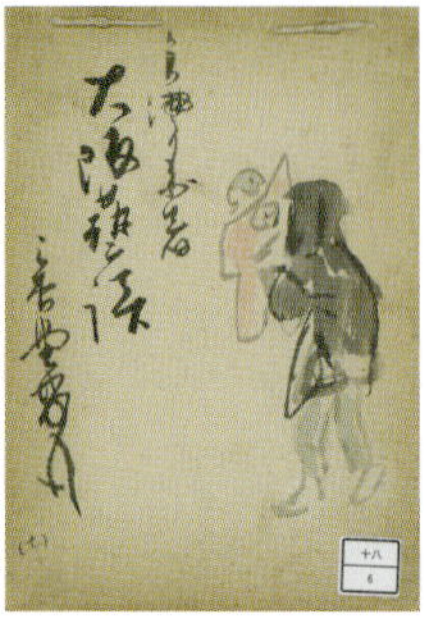

（七）

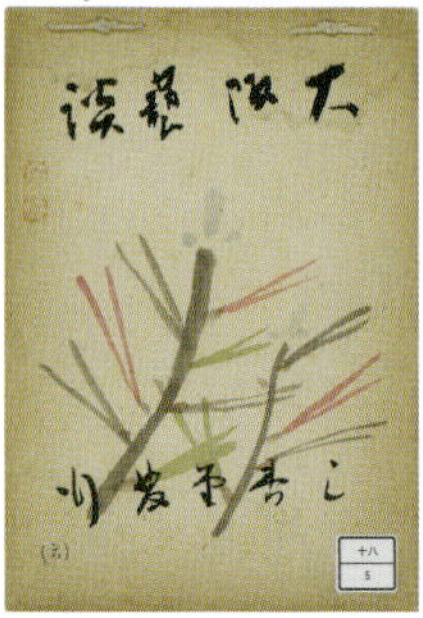

（六）

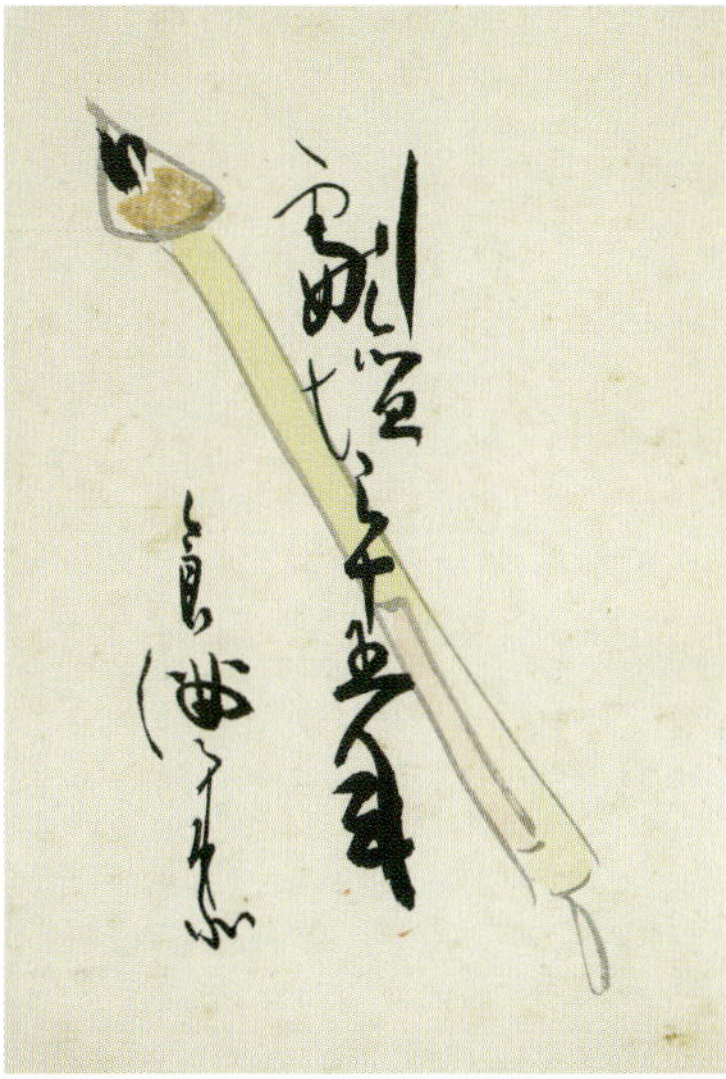

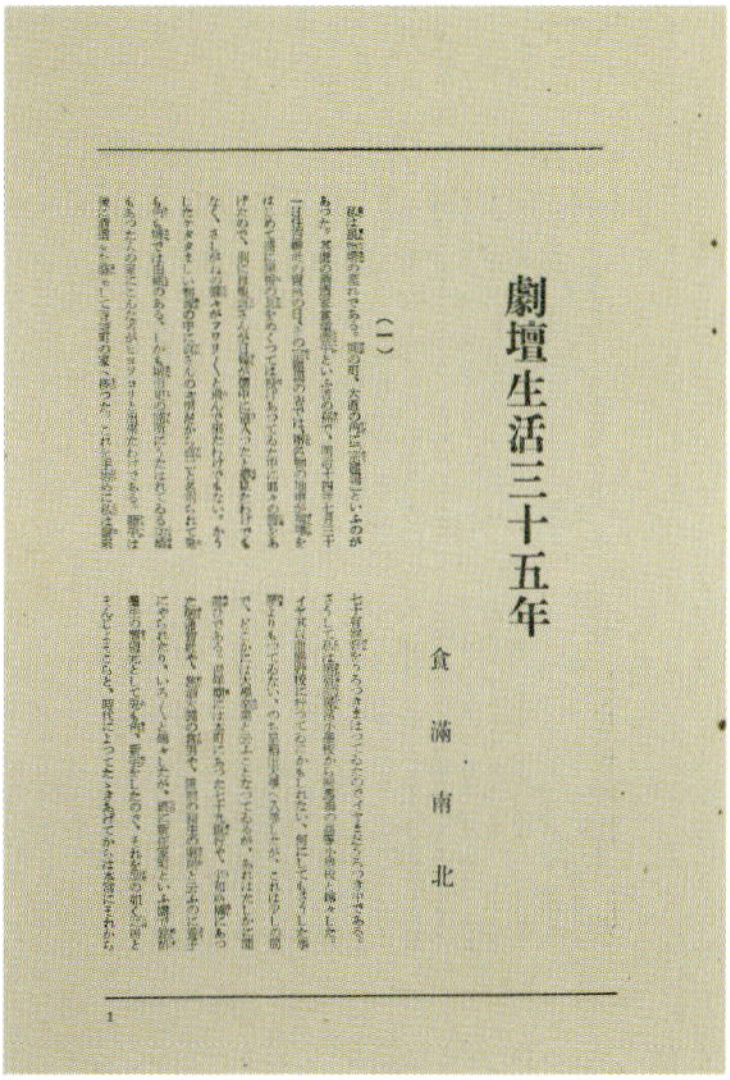

劇壇生活三十五年

食満南北

（一）

1

まことにめでたう候ひけるや春　南北

『劇壇三十五年』の表紙と本文１頁目
（書画　食満南北）

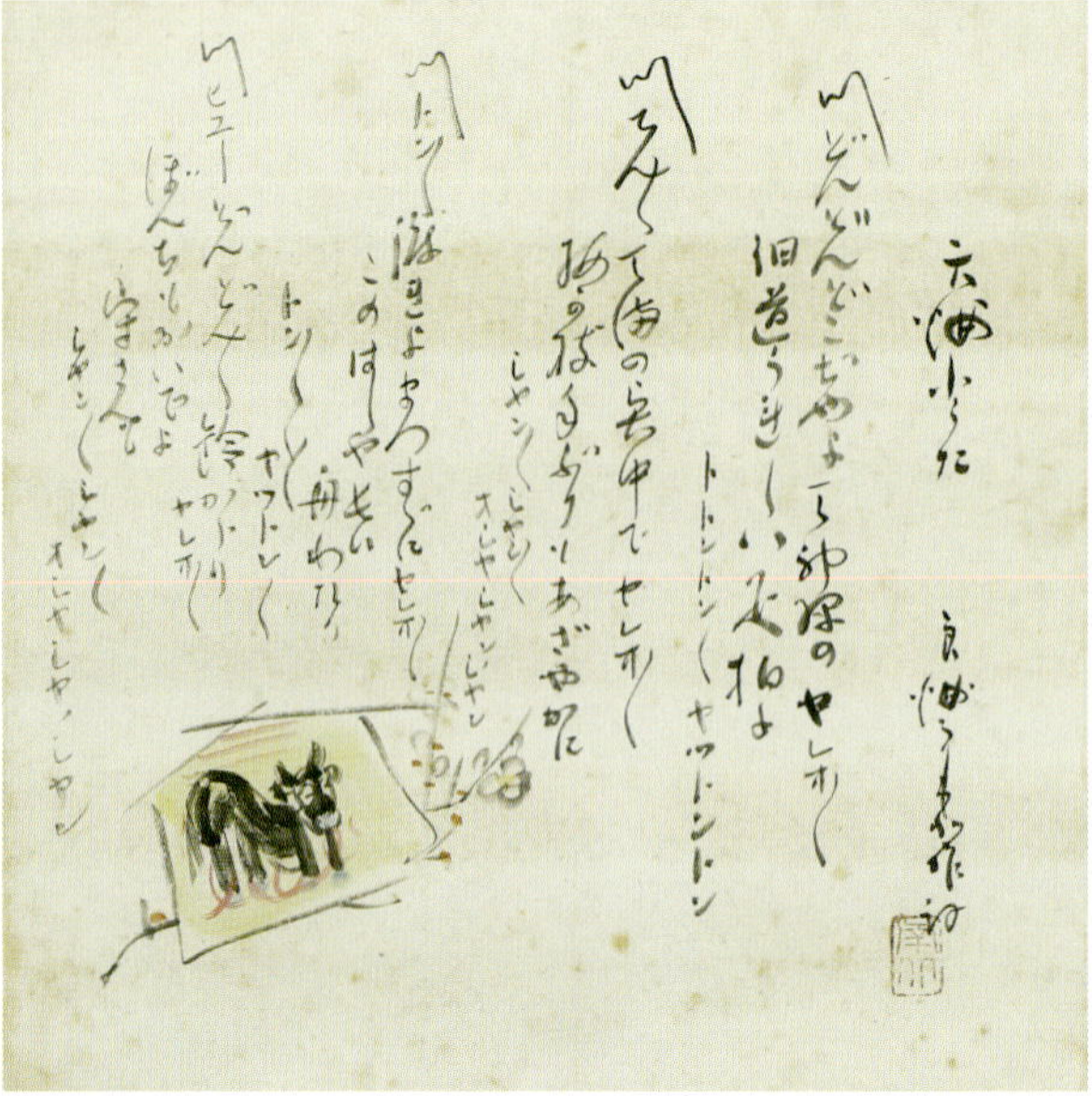

（書画　食満南北）

天満小うた

食満南北 作詞

〽どんどんどこぢやよ天神様のヤレホ〳〵
　細道うれしい足拍子
　　　トトントトン〳〵ヤツトンントン
〽てん〳〵天満の真中でヤレホ〳〵
　梅か枝手ぶりもあざやかに
　　シヤン〳〵シヤン〳〵
　　　オシヤシヤンノシヤン
〽トン〳〵渡れよまつすぐにヤレホ〳〵
　このはしや長い舟わたり
　　トン〳〵〳〵〳〵ヤツトン〳〵
〽ヒユーどんどん〳〵鈴からりヤレホ〳〵
　ぼんちもおいでよ守さんも
　　シヤン〳〵シヤン〳〵
　　　オシヤシヤノシヤン

目次

口絵（書画　食満南北）
例言　iii

『大阪藝談』……1
食満南北著
序　3
目次　5
その一　歌舞伎篇　7
その二　上方落語篇　135
その三　文楽篇　189
その四　大阪俄篇　220
その五　春の踊篇　233
その六　南北篇　260

*

『若殿の悪戯』……267
『劇壇三十五年』（復製）……296

**

食満南北の思い出（食満厚造）363
『大阪藝談』解説（阪口弘之）367
『大阪藝談』索引（芸名・作品名・登場人物名・人名・事項）（左開）1
『大阪藝談』図版一覧 20

例言

一、本書は、食満南北の著述『大阪藝談』（神戸女子大学古典芸能研究センター蔵）を翻刻紹介するもので、同じ筆者の『若殿の悪戯』（井上勝志蔵）を付載した。いずれも戦火をくぐりぬけて、約七十年ぶりに出現したものである。

一、『大阪藝談』は、「解説」にも述べるように、「福助足袋参考館用」とある二百二十字（二二×一〇）詰原稿用紙六百十九枚にペン書きで記される。八冊に仮綴じされ、各冊一枚目には、「食満南北著／大阪藝談／三香堂発行」と墨書きされ、洒脱な俳画風の絵と落款を添える。惜しいことに五冊目が散逸しているが、内容を反映した分冊でないため、翻刻にあたっては、綴箇所はその末尾位置を（第〇冊終）と注記するにとどめ、章立ては目次に従った。

一、『若殿の悪戯』は、四百字詰原稿用紙三十六枚にペン書きで記される。表に「若殿の悪戯／食満南北」と毛筆で自署した、夕刊大阪新聞社の封筒に四つ折りにして収められていたようである。「三だん組」や「初号・一号・二号ゴチ」の朱書きの印刷指定が原稿用紙の一枚目に加えられている。なお、「酒井亞門絵」とあるが、原稿に絵はなく、その所在は不明である。酒井亞門についても不詳である。

一、本書の校訂方針は、できる限り原本に忠実であることを旨としたが、判読困難な箇所も少なくなく、次のような方針を取った。

イ　仮名遣い、送り仮名は原本のままとして、改行も原則として原本に従った。

ロ　清濁の書き分けや句読点の区別が原本ではきわめて曖昧である。このため、これらについては、編者の方でより適当と思う方を採用した。

ハ　誤字・衍字・脱字・記号の脱落も訂正を行った。ただし、その判断に苦しむ場合や、明らかに脱文と思われる箇所については、最少限度に〔マ、〕あるいは〔脱文アルカ〕と傍注した。
ニ　原本では、ルビと判読困難文字に付された注記との区別がつきにくい。このため、読み違えの心配がないようなものはとらず、必要と思われるもののみをルビとして残した。
ホ　漢字は、原則として通行字体を用いた。ただし、「言」と「云」は、原本に従って書き分け、書名の『大阪藝談』はそのままとした。
ヘ　人名表記は、原本での標準的な表記を採用して、統一を図った。例示すれば、次の通りである。

中村鴈治郎　片岡我當　市川團十郎　市川左團次　市川右團次　市川斎入
実川延若　守田勘彌　白井松次郎　河竹黙阿弥　福地桜痴　末廣屋扇蝶

一、口絵には食満南北得意の絵画をかかげ、本文中にも、多くの図版を挿入して参考に資した。
一、本文中には、今日の人権意識から見れば不適切な表現が散見されるが、資料性に鑑みてそのまま翻刻していることを了とされたい。
一、本文篇の最後に、食満南北が自らの劇壇活動を振りかえった『劇壇三十五年』（内題「劇壇生活三十五年」。阪口弘之蔵）を本書の参考に資するため、復製して掲げた。
一、巻末に、著者ゆかりの食満厚造氏からいただいた思い出の記と、本書の解説と索引を収載した。
一、索引は、芸名の場合、本文中で名前だけを記すものも、全て名字から採って立項した。なお、立項範囲は『大阪藝談』本文に限定した。
一、『大阪藝談』は、平成十九年度から四ヶ年に亘った文科省の科学研究費基盤研究B（代表阪口弘之、分担者井上勝志・沙加戸弘・林久美子）に関わって発見された。文科省に感謝申し上げる。

食満南北著

『大阪藝談』

序

「大阪藝談」それは或時「上方藝談」になるかもしれない。しかし何れにしても、記録の少ない、歌舞伎、文楽、落語、春の踊、上方舞、二輪加、等等に渉つて識れる程は書き、聞きしほどは記録し、上方の面目を伝へたいと思ふのである。若し万一、それは何になるのだ、と詰問せらるゝむきもあらば、私はたゞちに答えたいと思ふ。

大阪を語り、大阪を説き、大阪の芸能の真面目を物語ることによつて、大阪を識つてもらひたいからである。近松、西鶴の昔より、さうした物の本に恵まれてゐない大阪は、たまく、明治を中心に芸談をこゝろみることも亦無駄ではないかとも思ふ。

大阪の落語家、桂文屋の家に起臥し、村上浪六の門に遊そび、福地桜痴の門葉として歌舞伎座に入り、仁左衛門、鴈治郎の付作者となり、今齢六十有六の南北はそのすべての人に別れて取残されたが、正にそれを物語るには恰当の者であると信ずる。かゝる信念をもつて

「大阪藝談」に筆を執る者、豈それ興味のみならんや、である。

昭和二十年の考へさせられるある日

食満南北

目次

その一　歌舞伎篇……7
嵐璃寛……7
初代実川延若……13
中村翫雀……19
市川斎入……26
市川團蔵……40
尾上多見蔵……46
尾上卯三郎……55
嵐璃珏……76
中村雀右衛門……83
中村梅玉……98
中村歌六……111
中村霞仙……126
嵐巖笑……130

その二　上方落語篇……135
桂文屋……136
桂文左衛門……欠
桂仁左衛門……欠
桂文治……欠
笑福亭福松……欠
月亭文都……欠
月亭小文都……欠
三遊亭円馬……欠
翁屋三馬……欠
桂文枝……欠
桂枝雀……147
笑福亭松翁……151
桂文三……155
桂萬光……162
林家花丸……165
立花屋千橘……171
末廣家扇蝶……173
曾呂利新左衛門……174

桂米喬……182　三遊亭遊輔……183　桂文吾……185
その三　文楽篇……189
摂津大掾……189　竹本大隅太夫……193　竹本越路太夫……196
竹本津太夫……199　竹本土佐太夫……202　桐竹紋十郎……206
名庭弦阿弥……208
その四　大阪俄篇……220
鶴屋團十郎……221　鶴屋團九郎……225　大和家宝楽……230
その五　春の踊篇……233
芦辺をどり……239　この花踊……247　新町浪花踊……249
北陽浪花踊……253　春のおどり……255
その六　南北篇……260

その一　歌舞伎篇

△嵐璃寛

嵐璃寛　一体どの璃寛かと云はれ相である。今話さうと云ふ嵐璃寛は、即四代目である。三代目璃寛の実子で、明治二十七年までゐた。フツクラとした顔の持主で可なり長いこと、座頭《ざがしら》の地位を保つてゐた。しかし純大阪式の役者であつた為に、二代の目徳《めとく》璃寛─眼に云ひしれぬ魅力をもつてゐた為、さう呼ばれた─などのやうな名声は

四代目 嵐璃寛

なかつたが。さりとて、その葛の葉や、板額、政岡などの「女武道」の役どこは父三代目譲りで、当時すでに定評のあつたものだ。中々逸話を沢山に持つてゐるが、一番私のすきな話からさきへ披露することにしやう。それで大抵どんな役者であつたかゞ窺はれるからである。

時は明治二十七年二月。大阪毎日新聞所載の

「和気清麿」

の通し狂言で、一座は、この璃寛に、沢村源之助、尾上多見之助―のちの多見蔵―、中村珊瑚郎、中村琥珀郎、片岡我童―のちの十代目片岡仁左衛門―。

等等であつた。その和気清麿は無論我童演ずるところで、もう其頃は周囲からや、軽視されてゐた。璃寛には、品《しな》もあらうに、弓削の道鏡の役をもつて行つたのである。この璃寛と云ふ人は、東都の中村芝翫―のちの歌右衛門の父―と一脈相通ずるところのある、所謂役者気質の人であつた。それが又其頃の役者としての尊さでもあつた。即書抜《かきぬき》―せりふ書―の仮名にかなを振ると云ふやうなのが多く居たのである。

扨弓削の道鏡をやれと云はれた璃寛はかう云つた。

『道鏡と云ふのはあの名高い〇〇が大きいので名題の人ではないか。さうしてあんまり評判のよくない男のやうや、わいそんな役するのん嫌や』

といくら奥役が言葉を左右にして、一日の立敵《たてがたき》であることを力説したが、どうしても彼は承引《うけひ》かなかつた。

この事を我童に話した。さうすると我童の方も亦中々聞入れない。

『そら困るな、わしの向かふへ廻はる役で何と云つても道鏡ぢやアないか、琥珀郎では品がない。多見之助は若手で可愛相やし、と云ふて珊瑚郎にもさせられない、やつぱり葉村家に出て貰らつてくれ』

と云はれてみれば第一は、芝居だめでもあり、再度使に行つて、いろ〳〵とおさめて見たが中々に聞入れない。

『道鏡せんならんのやあつたら、この芝居休ましてもらうわ』

とそれつきりで芝居へは出なかつた。即病気と云ふことにして、番付面は弓削道鏡、嵐璃寛と書いて置いて、実は中村珊瑚郎がその代役を勤めたのであつた。

これが讖《しん》をなして、道鏡にとりつかれたのか、其儘に璃寛は本当に病気になつて再起《た》てなくなつた。

しかも其歳の五月三十一日に亡くなつたのであつた。

断はつた事は一旦断はつたが、それを気にして病気になつた正直さは如何にも葉村家を如実に物語つてゐる。しかも其処に芝翫と一脈相通ずる処のある所謂役者気質を看出《みだ》すことが出来るではないか。

真摯なる璃寛には又かうした有名な物語をもつてゐる。

堂島の米仲買の「ジキ」―これは堂島衆を旦那と呼ばず、さう云ふ尊称を用ひてゐた―に呼ばれて、其席へまかり出でゝ、璃寛は、

『マア一つ飲め』

と左右から勧められて、ツイのみすごして酩酊をしたが、芝居の稽古があるので、お暇を頂いて、帰らうとした。

『当座の纏頭《はな》ぢや』

と白米一包みを貰らつた。無論ジキ衆の其場の洒落ではあつたらうが、

『有難う存じます』

と大事に懐中して二階を降りやうとしたが、其処は酒の上といふ不可抗力の為にダダダツと足踏辷らして、落ちた。とたんに貰らつた白米は散乱した。璃寛は亀の尾の痛むのをそつちのけにして、

『皆様おたのみ申します、大事のお米一粒も麁末にせず、拾らふて下さりませ、失礼だがお礼

は致します』

青砥左衛門が再来したやうに、大勢の男を呼立てゝ、拾ろはした。さうして少《すくな》からぬ金をそれ等に与へて帰つた。

浜のジキ衆はこの仕打《しうち》に感心して、彼の為に、博多へ引幕をあつらへた。

（博多織の幕）

それはとても豪華なものであつた。それを織る為には、帯位の機《はた》ではだうすることも出来ないので別に作らせたと云ふ位である。

当時の東京はこの上方風の役者を歓迎はしなかつた。それは、明治十四年の九月、市村座へ乗込んだのである。費用四千円もかけて土産物などを配つた。しかも一座は、片岡我童、助高屋高《たか》助、沢村田之助、中村芝翫、中村福助、片岡我當、などの大一座であつたに拘はらず……。さうして二番目はこの優《ひと》の演し物で、我童に重く用ひられて、角書にはかうある。

第二番目は亡父《なきち、》が拙き筆もかへりみず、書残したる口文字を又候こたびのお目見得に認めよとのお好みながら、字配りさへも出来かねれば何れも様のお叱りもいかゞと辞退致せしを、安倍の保名や与勘平、庄司夫婦が再応のすゝめによつてをこがましくも三十一文字を未熟の序がき

搗春《つきみつぎ》狐葛葉《きつねくづのは》

と堂々と名乗をあげて演じたが、これは大変な不評判で、しかも初日に大嵐が吹いたと云ふので、

　初日から当る嵐の評判は
　　役者の中の葛の葉村屋

とてもひどゐ落首が立つた。贔屓客はこれを気の毒に思ふて

　初日から当る芝居の大あらし
　　皆うらかへす葛の葉村や

と祝ひかへしたと云ふやうな事まであつた。

しかしこの時一番目の新吾中納言秀秋も、島左近も評判はよかつた。

一体東京へ上つて評判のよかつたのは、前には中村宗十郎、あとには中村鴈治郎位で、市川右團次も、市川市十郎も、あまり香ばしくなかつたのである。何にしても大阪の葉村家として重きをなされた優《ひと》で、東京での問題などあまりにも書立てない方が故人への礼儀かもしれない。

△　初代実川延若

槍一筋の親は侍、その子は役者、実川延若《えんじやく》。飛んだ四つ谷の直助権兵衛の台詞のやうだが、その音羽屋家に非常に縁のあつた延若。兎も角も彼は伯耆の家老職の三男と云ふのだから、芝居道で云へば、伯州の城主塩冶判官高定のお家にも縁がある。しかも養子先が、道頓堀の芝居茶屋、河内屋庄八、即河庄。これも後日河庄の治兵衛を得意に演じた縁がそも〳〵其処に結ばれてゐたので。万事万端、芝居に因縁をからみつけられたやうな初代実川延若。武士の胤が、芝居茶屋の養子になつた、そこを飛出して、東京、イヤ江戸へ登つて、尾上菊五郎の養子となつて、一足飛に尾上梅幸を名乗たが、いろ〳〵評判を立てられ、音羽屋家の家庭の問題もあつて離縁となつて大阪へ戻つての二枚目役者、紙治や、古八や、狩野《かの》の乳貰ひや、エッサ〳〵や、小三金五郎や、大経師の茂兵衛で、彼一流の云ひまはしを工夫して、

『お玉どん、何ぞ云ふてか、かアーすかに聞こえる』

と又この云ひまはしが人気にかなふて、市中至るところで

『お玉どん、何ぞ云ふてか……』

が、床屋でも、風呂屋でも、聞こえるやうになつた程の人気役者になり得たのである。やつぱ

り上方出は上方でないと大成しないので、

（尾上梅幸）

でなかつたことが延若の幸福中の幸福で、尤それあるによつて奮起したのも事実であらう。かうなると元来が、一本気な大阪の見物、いとはんも御寮人さんも、お手代も御隠居も、上から下まで

「河内家〳〵」

とその花やかな舞台、その信仰してゐた、実川額十郎をうつした演技、すつかり適《は》まつての大人気、折から名古屋から来た

（中村宗十郎）

と何かにつけて、かたや末廣屋、かたや河内家と、同じ紙治を得意にする役者と役者、しかも一方は理屈ずきの聊写実がゝつた、質実な舞台、一方は舞台役者として何処までも花やかな役者、一は團十郎とでも喧嘩する程の男と、正面衝突のしない筈はない。ちよつとした事にでも云ひ争さうやうなことも出来て来た。即こんなこともあつた。それは多分明治十六年の十月、戎座での出来ごとだつたと思ふ。一番目に

（大江山源家剛者《つはもの》）

が出た。

延若、荒五郎、宗十郎、璃寛といふ一座であつた。延若の渡辺綱が、例の羅城門へ鬼神を退治に行く処で、馬上姿でもつてゐるのが
(金札)

と書いた制札である。それをレイ〴〵しく振まはした。宗十郎がそれと見て、

『ナア河内屋の』

『何やね』

『金札はおかしいなも、あれは是非、禁札と書きなほしてもらやアせ』

『何でやね』

『禁じる札で禁札や、金札やなんておきやセすかんたらん』

宗十郎一流皮肉に、それでも役者の朋輩としての所謂忠告を与えたのであつた。

『芝居はこれでゑゝのや、どこのたばこ屋の看板にかて、綱は金札はもつてるけど、禁札やなんてそんなんもつてへんで、あほかいゝ』

と一言のもとにはねつけた。延若は延若、其処が偉いところである。しかも万事がこの
(金札)

で行く人であつた。

敢てこれは芝居の役者だけでない。世間には、この理屈で行くのと、お芝居で行くのとの二途がある。そんな理屈はやめにして、やはり延若の話に戻さう。

延若はかねてから男の児がほしかつた。延若第二世をこしらへたかつたのだ。ところが妻女が腹帯をしめるやうになつてからは、

『身体を大事にしいや』

と毎日注意をしてゐた。丁度延若が芝居へ来てゐる時、家からの使が走しつて来た。

『親方産れやはりました』

『エツ、男か、女子か』

心得た男衆は布引もどきで

『安産あつたは玉のやうなる御男児』

『スワ男か、エライ奴ちや〳〵』

二代目 実川延若
（ここでいう玉のような男児がこの二代目）

延若は部屋中を踊りまはつたのである。是即今の延若であるが、この子供らしい花やかさが、延若の舞台をやはり賑やかにしたので、かの「エツサ〳〵」で、司《つかさ》からの文《ふみ》を見て、

『おしのび下さるやう念じ上まゐらせ候、エツ念じ上まゐらせ候エライ奴ちや〳〵』

と踊り狂ふのと同じ型である、どこまでも舞台其儘を家庭にうつす人で、今の延若にもかうした血は流れてゐる。

後の中村鴈治郎はこの延若を師匠としたので当時、

（実川鴈二郎）

と云ふてゐた。これにもやはり、その花やかさと二枚目のいゝ型を遺してゐるわけで、大阪では、いつまでも、延若の片影は我等の眼の前に永続して観せて貰らつてゐるわけである。

如何に人気があつたかは、彼の亡くなつた時に、大阪のはなし家、月亭文都が高座にかけた、つまりニュース、はかうである。

『文都で御座ります。又ゑらい事が出来ましたもので、あの人気役者の河内家の延若さんが死にやはりました。もうあのなつかしい、お玉どんしらアんがな、それから、髪結の手はアーブラだらけぢや、といふあの声がもう聞けんやうになつたと思ふと、こんなのこり多いことは御座りません。大阪中の後家はんも、とうやんも、御寮人さんも、女子衆《をなごし》さんも、げいこはんも舞妓はんもワア〱と手放しで泣きやはつたことだつしやろ。ゑらい人気なもので御座りますな。ソレあの夜分に来る夜まはりまでが鳴子をふつて、

『カワチヤ〱』。

といふのである。

さればこそ生前この人気に押されて、宗十郎も東京へ暫らく避難したくらゐであつた。よく死んだ時のことを云ふやうだが、大阪で（兼）と云ふ看板を出した、尾上多見蔵が八十八歳と云ふ高齢でピチ〳〵してゐたのに、この延若は五十五と云ふ若さであつた。多見蔵がその訃報を聞いて延若の家へ駆付けた。枕辺へ行つて、音羽屋一流の倣大《こだい》な思入があつた。

『コレ河内屋、五十五で死ぬとは一体どないしたのや、しつかりしてんか、ア、わしは八十八や、出来ることならかわつてやりたいわい』

と手放しで泣いたと云ふ話を今の延若に聞いたことがあつた。

扨、舞台の延若に就ては、鴈治郎がよく、宗十郎と延若の紙治の相違点をはなしてゐた。鴈治郎はその両方のよいところをとつてやつてゐた。

延若のは、花道へ出ると草履がぬげてヘタ〳〵と花道へ座つてしまふ、これはこの人の信仰の額十郎の型で、額十郎は又めつぽうこの紙治が旨かつたと云ふことだ。

宗十郎の方は、草履がぬげたので気がつきうろ〳〵とさがしまはるのがあまりにも長かつたと云ふので、大向ふから

『何ぞ落としなはつたのか』

なんて云ふ半畳が這入つたと云ふことだ。こゝで宗十郎は男衆の喜助をつかつた。宗十郎は写実派だつたが、却つて、こゝにゐると吹込んでのあたりで、所作を敷かせて、人形ぶりなどをつかつたと云ふことだ。

着付は、延は黒羽二重に三つ紋、小春と揃ひの派手な下着、これは鴈治郎も下着だけつかつた時代があつた。手拭は白。宗十郎はお召風の立縞の着付、其処で鴈治郎は上着は宗十郎、下着は延若と所謂着付まであの人独特の八方をつかつたわけだ。手拭は宗十郎はたいこ持の配り手拭といふ心であひがへし、これも鴈治郎は宗十郎を踏襲してゐる。舞台へ来てからのすべてはこまかく語つてゐると紙数が追《をつ》かけてくるから、一を聞いて十を知つてもらひたい。次へ進むことにする。

△　中村翫雀

たゞ中村翫雀《かんじやく》を語ると云ふよりは、中村鴈治郎の父翫雀を物語るといふ方が恰当かもしれない。私はあまりにも多く中村鴈治郎を語つてゐる為、この書の中には故意《わざ》とそれを取立てゝ語らないで、各優の間へさしはさんで、ひそかに彼を伝えやうと心得てゐる。さうなると翫雀は何と云ふ

初代 中村鴈治郎
（翫雀の子）

ても彼の父である以上、ツイこの人に便乗《びんじょ》したくなるのは人情である。

一体役者と云ふものは、その父母が役者の家に生れたので、其子も亦役者より外の稼業に何等の親しみもない。兎も角も父の稼業だから受継がせやうと云ふので、子役に仕立てる。舞を教えたり、芝居へ後見として通はせたりしてゐるうち、いゝ加減な子供の役があれば、少し無理でもやらしてみる、其際決して父が手をとつて教えない。事に心得た比較的型を識《し》つてゐる人を頼んで振をつけてもらふ。鴈治郎のところなら、箱登羅とか云つた風な人に一切をまかす。それが父が立者である程其子供も亦大役がつく。盛綱の小四郎、阿波十のお鶴とか、重の井の三吉とか、先代萩の鶴喜代や千松が振当てられるのである。それはよつぽどの例外は別として大抵の場合は成功する。それは芝居の子役は不自然にませてゐる。成人した人のやうなことをやり、さうしたことを云ふものだから、自然に、賢しこ気に見える。第一立者の子なら、見物にも同情が先に立つ。忠義の為には飯《まゝ》もたべないなど云ふから、ツイつり込まれて見物は泣いてしまふ。かうした子役で、同情もなく、何やあの子役見てられんなと云はれるやうなのはよく〳〵で、そんなのは十人に一人の割合である。大抵は神童であり麒麟児である。さうして置いて、調子は義太夫を習はせるとか、先輩の舞台を観せるとか、昔は大阪なら法善寺にトンボを練習するところもあつたのだ。つまり学校流の順序を踏ませないで、当人の器用をまつのである。

然れば即翫雀の場合にこれを転用すると、翫雀は鴈治郎の父ではあるが、決して鴈治郎の師匠ではない。雀は鴈よりは其姿に於てすでに小さい。されば鴈治郎は父の翫雀を襲がないで、それは次男坊の扇雀に譲つてゐる。無論当人の識らぬことではあるが……

翫雀は伏見の産れで、嵐璃《りかく》珏の門に入って

（嵐珏蔵）

を名乗つたのである。この璃珏と云ふのは先頃亡くなつた璃珏の前の前の璃珏で、非常な名優で、頗る多方面な芸の巾をもつてゐた。立役をやれば立派にこなす。女形としても亦立派な女形であり、実悪へまはれば正にそれに適すると云ふ融通性をもつてゐた。たしか天保七年の春に道頓堀の中座に於て、その師の二世璃寛に代つて「八犬伝」の金椀《かなまり》大輔と犬塚信乃《しの》を勤めて大変な好評を博したのであつた。無論師である限り珏蔵はこの璃珏の芸風を継承したに違ひない。が柄《がら》に於て聊共通点がなかつたと見える。即信乃の方は出来る人であるが、大輔はどうかと思はれる。彼は一面延若のやうに額十郎に私淑してゐたのだとも考へられる。それは翫雀となつてからの役どこが額十郎風であつたからだ。さうなると、鴈治郎と云ふ人は、この額十郎ばりの翫雀を父に持て、額十郎信仰の延若を師匠にもつて、しかも二人は紙治を上手にやつた。その額十郎、延若にならふて紙治を舞台にかけたのだから、額十郎と云ふ人が解かるやうな気がする。何だかやゝこしいが私の云はうとしてゐるところは会得して貰らへやう。

何にしてもこの翫雀は、ある書によると、当時延宗二人の中に立つて関西の三大巨頭だと呼ばれたとあるが、それはどうだかと思はれる。何は兎もこの優の東京へ上つた時の評判記をたどるのが一番確かである。

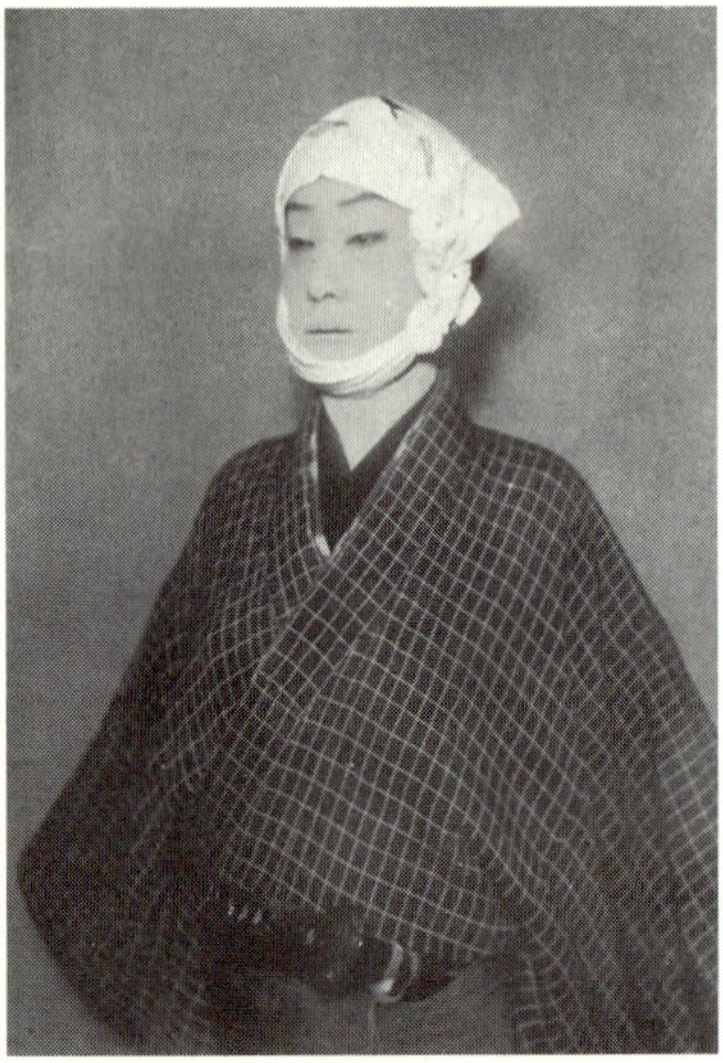

鴈治郎の『時雨の炬燵』

最初は明治四年に守田座へ行つてゐる。

この時は中村芝翫―この間の歌右衛門〔五代目〕の父―の佐々木で三浦之助をやつてゐる。其鎌倉三代記の角書《つのがき》にかうある。

お目見得狂言と申すも恐れ有難き、御当地根生ひの名跡を受つぎて、兄の招き冥加なく、猛《もう》成駒《なりこま》に取すがり、罷り上りし未熟者を再応のおすゝめに覚束なくも取敢ず、

名残りの三浦之助（京都南座にて）

鴈治郎が三浦之助を演じた初役は、ハッキリとした年月が瞭ではないが、明治二十九年二月に、京都常盤座で福助、多見之助、巌笑と共に出演して、この役を受けもち、大層な評判をとったことがあつたが、恐らく、この時は初役でなかつたにしても、持役として価値づけてきた最初の段階であつたであらうと想像する。

或は、この時が初役であつたかも知れぬ。因に、父の翫雀も明治四年に東上した時、この役を演じて大評判をとつた事がある。（南北誌）

鎌倉三代記

とかう角《つの》に語つてゐる。無論猛成駒とは芝翫のことで、同じ成駒家の一統をほのめかしてゐる。其時の評判にはこんなことを云はれた。

中村翫雀―大阪より上り、お目見得の鎌倉三代記に三浦之助、小手利にて近来の堀出し役者なり。

堀出し役者はチトひどゐが、この一番目に九代目團十郎の（児雷也）に―尤其頃はまだ河原崎権之助時代であつた―翫雀は高砂勇美之助を勤めてゐる。この時児雷也を見送つての当込み台詞に、

〽我も故郷をはる〴〵と、武術修行の旅まくら、此東路へ来りしは、只御贔屓を力にて、及ばぬ梅の青さをも、当所の土に根を据えて、八重に一重にお取立、その雨露のおめぐみを何卒願ひ奉る。

可なり拙い文句だが、当時の作者が書いて与えたのだらうが、兎も角も独舞台になつて、これだけの事は云はして貰らつたのである。さうしてこの勇美之助も決して評判は悪くなかつた。上方から東京へ行つた役者には珍らしい持て方であつた。

二度目は明治十二年で、この時は、土檀の若狭之助と、例の植木屋の彌七といふ純二枚目をや

つてゐる。三浦之助と云ひ、若狭之助と云ひ、この香具屋の彌七と云ひ、いづれも鴈治郎得意とするところで、やはり親子とて争へない血のつながりがある。扨その時の彌七も亦好評であつた。

植木屋の場は、是亦近頃絶て舞台へ上らぬものと云ひ、当時かやうなる、やつし役は外に真似る者もなく、お召竪縞の着付に黒繻子の帯、襦袢の緋ぢりめんといふはじやらけて馬鹿〳〵しいと云へば、確かに馬鹿〳〵しき感ありき。

と云ふのだが、彌七の緋ぢりめんは、当然のことで、さう云へば東京にだつて、道行の勘平は緋ぢりめんで勤める人もあつたと思はれる。それはそれとして此時以来久松座へ転じていろ〳〵の役を勤めてゐる。

（古手屋八郎兵衛）（どんとろのお弓）（大岡の水府公）

などである。さうして面白いのは、其以前例の名仕打守田勘彌は戳雀に金の貸があつたので、それを取立てやうとして、当時の代言人田村成義に委任した。ところが田村は、

『どうも芝居道の人々が互ひにつまらないことで争ふのは面白くない、一つ私が示談にしてやらう』

と双方の間にはさまつて、いろ〳〵と骨を折つて一切が丸くおさまつた。それ以来田村成義は芝居道に関係が出来て、終に晩年は、

（田村将軍）

などと斯道で呼ばるゝ程の権威者になつたのである。父の翫雀との間にさうした縁があつて田村成義が芝居道の人となつたのだが、因縁は妙なもので、後日其息子の鴈治郎が歌舞伎座へ上つて、紙治を勤めた時、はしなくも、白井松次郎氏との間に鴈治郎の身体分《からだぶ》—鴈治郎の一身をもつて上《あが》り高《だか》の何分かを受取ること—の事から、白井、田村の中に一種の垣が出来て、いろ〳〵と問題が持上り、それが又松竹が東京へ手を出しはじめた動機になつたのである。

しかも私が芝居道へ這入つたのはこの田村成義を通じて、福地桜痴居士の門に入つて、作者となつて、のち又因縁が結ばれて鴈治郎のところへ行つたなどは、八重にむすぼれてゐる。

『ハテ扨不思議な、アめぐりあはせぢやよな』

と云ふところででもあらふか。

何にしても翫雀の芸風には、正に鴈治郎に通じたところがあつた。

しかもこの親子ともに東京にて評判のよかつたのも不思議といへば不思議である。

△　市川斎入

東京と云ふ処は、代々役者の家にそれ〴〵名人上手が出るので、團十郎は九代目であり、菊五郎は今六代目であり、羽左衛門は十二代目であり、新らしい処にしても、左團次は軈て三代目が出来やうとしてゐる。

ところが不思議に大阪は、延若が初代〔マヽ〕であり、鴈治郎又初代であり、宗十郎も初代ぎりであり、巌笑、卯三郎なども亦初代なのが面白い。この右團次の斎入《さいにふ》も、さうである。初代右團次であり、初代斎入である。

即この人は道頓堀のいろは茶屋―芝居茶屋―の鶴屋に生れたので、父は例の名人小團次、母は即鶴屋のお竹さん。しかし父は東京―イヤ其頃はまだ江戸であつた―それへ乗込む為、事情もあつたらうがお竹さんを離縁した。役者にはよくある型で敢てめづらしうはないが、この小團次はもとは江戸市村座の火縄売榮蔵の子で、七代目市川團十郎の門に入つた。しかし彼は江戸を去つて、名古屋付近の子供芝居に一座して自力で腕をみがき、二十一歳の春大阪へ出て道頓堀へ出たので、其間にお竹さんとの中に右團次が出来たわけである。しかし父が江戸へ去つてからはお母さんは、何としても其一子を役者にしやうとはしなかつた。これはうなづかれることで、稼業が芝居茶屋であり、父が小團次である限り、其愛がつながれてゐれば無論其辺に何の問題もなく、役者にしたであらうが、かうなつてみると一種の意地もあり、江戸の父への示威もあつた。

（儲かりまつか）

の大阪では、どうしても商人《あきんど》にするのぢやと頑ばつて、この一子福太郎を丁稚奉公に出したのだ。

花やかな道頓堀から、船場のくらゐお店ででもあつたらうか、其処へポンと丁稚にやられては、福太郎なるもの心中頗る穏《をだやか》ならぬものがあつた筈だ。

『福吉とん、何してんのや、門《かど》へ水打ちんかいな』

とお家はんか、御寮人さんかに叱られて渋々手桶をさげて表へ出ても、せめて仕出しの奴にでも出て、しらばやしかなんかで水でも打つ真似をしてみたいと丸で大阪落語の

（芝居庫《ぐら》）

其儘の丁稚振では、お店《たな》に置いても末の見込みが立たないと戻されたのも当然で、

『ヤレ〳〵』

と逃出すやうにして道頓堀へ帰つて、

『役者になりたいな』

と云はれてみれば、母親もさう〳〵は自我も通せない。

初めて舞台へ突出されたのが嘉永五年の正月、竹田の芝居――今の弁天座――へ、其時はまだ十歳

であつた。文久三年三月に若太夫の芝居で市川右團次を名乗つたわけだ。

この親子は、翫雀と鴈治郎のやうに一脈も二脈も相通じてゐるところがあつたのとは聊調子が違つてゐる。がたゞ一つ大阪で云ふ、

（ケレンもの）

即、早がはりや、水芸、と云つたものが得意であつたことだけは慥かに血をひいてゐる。父小團次は安政六年九月に江戸の市村座で、仮名手本の忠臣蔵をやつてゐるが、其時由良之助で明渡しがすむと居どころがはりになつて与市兵衛に出たのが評判になつてゐる。そんなところに争そはれぬ脈もあつたが、黙阿弥と手を握つて、非常な写実風の社会劇を演じて名人と呼ばれた父と聊違つた道を歩行いてゐる。役は、宗五郎でも、腕の喜三郎でも、清玄でも、小幡小平次でも、宇都谷峠でも、父の役は大方やつてゐるが、どうも其演方《やりかた》が大分違つてゐるやうだ。私も正直に云へば、右團次の方は私交の上でも心安かつたが、小團次の方は、その評判と、その逸話等によつて聴いたゞけなのだから、さう大手を振つて
（さうで御座います）

と断言は出来ないが、慥かに違つた筈である。

小團次は当時の日蓮宗の説教僧であつた智境院日進師の説教の口調を真似て、かの御所の五郎

蔵の台詞に学ぶところがあつた。それを五代目菊五郎が踏襲してゐるのだから、その辺は察しるだけでも解らぬことはない。右團次の方は一種の上方調で、ネチ〳〵とした云ひ廻はしであつた。もう其処に大分の相違点がある。さうして小團次の方は後には大分に（ケレン）を慎しんでゐた点が見えるが、右團次は真向にそれを翳《かざ》して大ひに人気をあほつたわけである。今その

（水芸）

に就ての逸話を物語らう。

ある夏、これを叮嚀に云ふと、明治二十九年の七月、それはその年の五月に、中座で大蔵卿をやつたツキりで、休みだつたので、城崎の温泉へ―地方に一月位旅興行をやつてゐたかもしれぬが―家《うち》の連中や、二三の弟子共をつれて入浴に出かけた。上方は浴室が旅館になく、共同浴場へ出かける処が多い。有馬にしても、道後にしても、今私のゐる宝塚にしても、又この城の崎にしても皆さうなつてゐる。尤家族湯など優遇法はないでもないが、右團次はその大きな浴槽の方へ出かけた。さうして彼は此処で、湯槽に足だけを浸しては、時々思ひ出したやうに

「ポチヤン」

と湯の中へ辷《すべ》り込むのであつた。しかも毎日〳〵同じことを繰返すので、家族や弟子共も聊変に考へ出した。

『この頃親方はゑらゐお酒をようあがらはるやうになりやはつた。妙やなと思ふてたら、これや、ちよつと頭へ来てんねやな』

ソロ〳〵そんな事を囁きはじめた。しかしそれは聞くや聞かずや、

「ポチヤン〳〵」

は毎日つゞけられる。たまらなくなつたお弟子の一人が、

『親方はん、毎日温泉で何してやはりまんね。運動だつか』

と訊いた。平然たる彼は、

『舞台のこと考へてるのや』

たつた一言《ごん》、さうして又、

「ポチヤン〳〵」

は毎日演じられるのであつた。

丁度その九月、大阪中の芝居で、お仕打の尾張屋の手から離れて新たに安田彦九郎と云ふ人の手に移つた鴈治郎が、一座したいと云ひ出した。これは久方のことだから、一切周囲は乗気になつた。それを相談に来たので、右團次は、かねてから心がけて、すでに脚本も出来てゐる筈の

(花舞台清水群参《もうで》)

を上演して、一つこの温泉で工夫した、水芸をやつて見やうと云ひ出した。鴈治郎は鴈治郎でかねてから
（双蝶々曲輪日記）
を丁度月見に当込んで、引窓の件をやらうと云ふてゐる。其処でこの二つの狂言が立つた。温泉は無駄にならなかつた。有名な右團次の
（水芸）の鯉つかみ
はこの時初めて演じられたので、舞台は、水芸でも、実は工夫して来たのは、湯芸であつた。この狂言は馬琴の小説を脚本化したもので、筋は草さう紙風の大甘《をほあま》ものだつた。即大ざつぱに云ふと、
鉤島家《かぎしまけ》の息女小桜姫（当時の芝雀、後の雀右衛門）は信田左衛門清玄《きよはる》（巌笑）から輿入を懇望された。否といへば、お家の重宝龍神丸を関白家に献上せよといふ難題だつた。何故難題かと云ふと、この二つの献上はとても出来ない相談で、姫はすでに、瀧窓志賀之助《たきまどしがのすけ》と云ふ前髪の美男（右團次）と約束済である。よしそれは公然でなくとも、心と心と許しあつた中なのだ。又龍神丸の名剣は型の如く紛失して行衛がしれない。無論こゝに於て家老篠原太郎公光（鴈治郎）の分別によつて云ひ延べられた。其処へ付込んだのが、かつてから琵琶湖に住んでゐる鯉で、鯉が恋

をしたなどは洒落たもので、その鯉魚の精（右團次二役）が瀧窓志賀之助の姿をかりて、姫の処へ忍ぶ、折から戻つた名剣を公光がさしつくると鯉は姿をあらはし、終に本当の志賀之助に嘘の志賀の助が退治される。一方に清玄まがひの庵室などがあつて、まことに他愛なく出来てはゐるが、この水芸と、書卸しの鴈治郎の（引窓）が利いて、引窓と瀧窓とがゴッチヤになつたわけで、十月迄打越し、少し薄ら寒くなつても本水の中へポチヤン〳〵と飛込んでゐた。其時はさすがの右團次も、これが城崎ならゐゝのにとも云はなかつたらうが、何と云ふても右團次の工夫が効を奏したのは事実だ。尤この（鯉つかみ）なるものは江戸が本家で、初代菊五郎が家の芸としてゐる。鯉なら荒礒もやうで市川家の物であるべき筈が尾上家の家の芸になつてゐる。尤尾上鯉三郎といふ役者もあるが、コレ〳〵脱線しては困る。

一体その城崎温泉の工夫の水芸とはどんなものか説明して置かう。

東京なら（小一）大阪なら（かぶりつき）舞台鼻の処から土間を三四間つぶして、其処へ水を一パイにはつて、周囲は黒幕をはつてあるから、水を通して中の仕掛けは見えない。さうして水は奈落へ通してあるから、中で抜けるのは自由だ。小桜姫が志賀之助の事を思ふて琴を弾じると、何処ともなくそれに合はすやうに笛の音が聞える。見物は何処から出るのかと見まはしてゐるうち、この水の中から、釜といふ仕掛けで、水面まで、桶をもつて来て、上手に解らぬやうに其釜の口から、着付袴の志賀之助が笛をふきながら出る。宙乗りになつて水を離れる。見物が先づアツと声をあげる。やがて舞台へ行く、処が公光が出て、

『汝は鯉魚の精であらうが』

『ヤツ』

と云ふやうな事で、見あらはしになり、鯉を描《か》いた浴衣《ゆかた》一枚になつて、丁度水槽の上の処へ又宙乗りになる。皆が取逃がしたかと残念がる処へ一本の矢が飛んで来てこの鯉に中る。キリ〳〵〳〵と廻はつて、

（ポチーン）

と水の中へ落込む、一番鼻の御見物には、かねて、むしろを渡してある。それで除けなければ見物用の晴着がメチヤ〳〵に濡れる。一しよに水槽にはサーツと噴水といふ仕かけだ。公光が

『フム、何処《いづく》ともなく放せし矢先は』

と云ふと揚幕で、

『其矢の主《ぬし》はこれにあり』

とぬれてゐない、ちやんとお白粉をした右團次の今度は本当の瀧窓志賀之助が弓矢をもつてそれこそ文字通り颯爽として出てくるのだから見物は度胆を抜かれて

「ヤンヤ〳〵」

と喝采する。これが即城崎温泉のたまものである。仕掛の種を明かすと、かねてこの水の中には

(ガタロ即河童)

が入れてある。黒衣づくめの市川才五郎である。ポチーンと右團次イヤ鯉魚の精が落ちてくると、まつてましたとばかり、抱きかゝえて奈落へ連れ出すと、タオルが何枚も敷いてある。それへ裸になつた右團次がコロ〳〵ところぶ、其内に男衆は顔をふく、白粉をなほす、衣裳屋は仕掛のしてある衣裳、つまり一つかぶせれば袴までちやんとはいたことになる、それを着せる。当人は、床山にかづらを着せて貰らひながら揚幕へ走しつて行く。鴈治郎の公光は、サインによつて、『ア揚幕へ来たな』と思つた時、声をかける。まことに神速《しんそく》のやうに見える。つまりもう其時は見物がスツカリチカぐーられてゐるのである。

二代目 市川右團次
(ここでいう「セガレ殿」)

扨こゝに面白いお話がある。聊セガレ殿に気の毒だが、ママよ親孝行と思つてくれ。考へれば其息子殿も、もう極楽の蓮の池で水芸をやつてゐるのだ。かまふことはない。芸談の為に一人や二人は犠牲にしてもよからう。

それは親爺の方の右團次は、更に水心がない石地蔵だ。だから、ポチヤンとはまつた処にジーツとしてゐて、ガタロの来るのを神妙にまつてゐるから、寸法が却つて早い。セガレ殿は、学校出だから、水泳といふものを心得てゐるから、自分で泳いで勝手に抜けやうとするからガタロとの意気が旨く投合しない。しかもあがくから水面が動いていけない。親爺殿は人まかせだから水も動かない。それはいつもガタロ君の才五郎が云つてゐたことで、何事も世の中は落着かなければいけない。其処にも教訓がある。

もう一人これも故人になつた役者でこの「鯉つかみ」で失敗した男がゐる。名を市川荒太郎と云ふ実に猛優で、凡そ役といふ役は何でも引受けるのであつた。ある時座方から、

『一つ高島屋ばりで鯉つかみをやつてもらひまへんか』

と云ふと、二つ返辞で、

『よつしや、やつたろ』

と引受けて、本家へは聞合さないで、一座してゐた人から、そのいろ〳〵の型を聞いてやつた。ところが、例の矢が中つて、

（ポチーン）

と水中へ、アツと荒太郎は気が遠くなつた。それは水面で急所をうつて、水の圧力で正に気を

失なふところであつた。早速にこゝのところに秘伝があるのだと思つて、息子殿にまでおうかゞひを立てた。

『どなして水の中へはまつたんや』

『手放しで』

『足は』

『割つてました』

『それでや、お父さんが城崎で研究しやはつたん其処《そこ》や』

『どこだんね』

『あの時は、ちやんと両足を組んで、自分の脚で急所を押さえとくのやがな』

『アさよか』

荒太郎は教えの儘にやつた。そうすると第一、蛙《かわず》のやうにならず、カタチがまことによゐ、しかも気が遠くなる危険から救はれる。水心のない、右團次にすべての用意があつて、水泳の心得ある、セガレ殿とこの若いハツラツたる荒太郎とが、かうした二つの失敗談をのこしたことは、何と云ふても教訓である。

この右團次は又一面舞踊をウンと練習したのであつた。それは大阪独特の山村流を、もつとも当時はまだ大阪に、花柳の、藤間のと云つた風の江戸式舞踊は流込んではゐなかつた。

　されればこそ、浄瑠璃とか、所作事とは云はないで多くの場合
「けい事或は景事」
と呼ばれて来た。この「けい事」にも彼は人の意表に出るやうなことを考へたのであつた。

　大黒天の所作イナけい事に、供へてある二股大根が踊り出して大黒天にクドキになると云つた風なのがそれである。又
「狐会《こんくわい》」
の後面《うしろめん》にも優《このひと》独特の一新機軸を出したり、舞踊中に早替りをやつたり、全く優の新案にかゝるものが多かつた。宙乗りの上手であつたことは、明治二十五年三月、例の左團次が浪花座へ、五代目菊五郎が角座へ、はしなくも競争となつた興行の時、菊五郎の方は、我童、右團次、鴈治郎、福助の大一座であつた、其時中幕に「戻橋」が出ることになつた。座の方では、一番目に右團次の老女村岡があるので、渡辺綱は鴈治郎に振当てゝゐたのである。ところが菊五郎はどうしても右團次にやつて貰らつてくれと云つて聞入れなかつた。右團次の方でも、福助あり、我童あり、鴈治郎ありだから中々ウンと云はなかつたのを菊五郎の懇望だと云ふのでさう云ふことに納まつて初日が出た。

『やつぱり高島屋だ、鬼女に摑まれて、宙乗りになつてから、足の割具合の外の人ぢやアあ、はいけねへ』

と五代目が感嘆久しうしたといふ話さへ伝はつてゐる。

又彼が西の方へ巡業に出かけた時もこの得意とする「宙乗り」を真向にふりかざして大入をとつてゐたが、岡山辺で誤つて宙乗りの綱が切れてドツト舞台へ落ちた。其事が大阪へ伝はると贔屓のすべてが大ひに心配をして

「もう再度舞台では見られない」

などと噂しあつた。処が帰来本復をしたといふので久方に出勤することになつた。其時彼はまた一考へしたのであつた。

狂言は即「箱根霊験躄仇討」で即「いざり勝五郎」の芝居であつた。彼は久方の出勤だけにいつも出ない「施行場の前の餞別」をも加へたのであつた。さうして其一場は全く足が立たない儘演ずるので見物のすべて、もつとも当時の見物はまことに正直であつただけに

「やつぱり高島屋はん脚がようないのやな」

と思はして置いて、大詰にパツと非人にからませてスツクと立つ。この大芝居に見物のすべては、ヤンヤと喝采を贈つたものだ。

かう云ふ工夫にこの優の所謂頭のさへは見えてゐた。
宗五郎の狂言に非常な大入をしめ、仕打から
『何ぞ御褒美を出しますのやが、何がよろしおます』
と訊かれて
『別荘を一軒もらひたいのだすが』
望みも大きかつたが、仕打も偉かつた、上町の可なり大きい別邸を贈つた。彼はこれに
（草郷庵）
といふ庵名を付けて、宗五郎の記念であることを永く記録した等の逸話は数えきれぬ程にあるが、この優一人に巾《はゞ》をくれては、中々まだ〳〵物語らねばならぬ役者があとにウンとひかえてゐる。
市川右團次の斎入はこの辺で筆を擱くことにしやう。

（第一冊終）

△　市川團蔵

これは大阪の役者ではないが、晩年殆ど道頓堀に出演して、いろ〳〵この地に逸話をとゞめてゐる優《ひと》だけにこの中へ割込ませやうと思ふ。読者《どくしや》にも恐らく異議はなからう。

事実、市川九蔵の当時から、当然東京に於て、團、菊、左、九と並らべ称さるゝべき人で、ある時は是等を凌駕する腕を持てゐたのだが生来の皮肉が災して、九蔵ぢやアない、

（苦情）

だと迄罵しられ不遇の境界に大歌舞伎へはあまりに出なかつたのを、大阪へ来てからは、彼の天稟を十二分に発揮することが出来、團菊歿後、東京より招きかへされて、仁木弾正、直助権兵衛、等に気を吐いたものである。彼の得意とするところの物に、

（馬盥《だらひ》の光秀）、（先代の仁木）、（千本桜の知盛）、（同じ千本桜の権太）、（菊畑の鬼一）、（毒茶の丹助）、（赤垣の徳利）、（三代記の三浦之助）等等中々に豊富である。眼に凄味の帯びた、口を一文字に結んだ、古名優の錦絵に見るやうな顔立で、東京の芝翫、大阪の市十郎、等と共に、

（歌舞伎の版画美）

を備えてゐた優《ひと》である。殊にあの皺がれた音調が又一種の凄味をもつてゐた。

七世 市川團蔵
（明治37年大阪にて撮影）

團蔵の舞台姿

馬盥光秀
(明治31年5月大阪歌舞伎座)

いがみの権太（明治四十一年七月横浜喜楽座）

皮肉な爺さんであつた。仲蔵の弟子に勘五郎と云ふのがゐた。皮肉ツぷりを仲蔵に受ついで、終に仲蔵を襲名して本望を達した役者があつた。かつて、大阪の北にあつた梅田劇場で、千本桜が出た。可なりの顔揃ひで、実に面白く観たものだ。其時の役割は、いがみの権太、團蔵。弥助実は惟盛、小團次。お里、芝雀―のちの雀右衛門―。弥左衛門、勘五郎。梶原景時、右團次―のちの斎入―

といふ堂々たるものであつたが、勘五郎はこの時の一座を評した言葉が面白かつた。

『どうも大変なすし屋ですね。皆が皆本名つきですよ。三位中将惟盛、実は主馬の判官、お里実は白木屋のお駒、梶原景時実は北條時政。わつしの弥左衛門が扇屋上総、さうして團蔵さんのは皮肉の権』

だと評したがまことによく中つてゐた。それ程彼は皮肉であつた。この時も、女の着付に例の弁慶の下着を着て出たが、

『聞いた〳〵』

と納戸を出る時は其儘のこしらへでお里と争ふうちに尻はし折つたのがダラリとなつて女物だけに裾がまつはる。平舞台へ飛んで下りる、尻がからみつくのを、めつたむしよに捲くり上げて見得になつたその皮肉さに一驚を喫したものだ。

碇知盛も亦得意中の得意のもので、本当に血走る眼《まなこ》と云ふのであらう。尤紅《べに》を眼にさしてゐたと云ふことだが、何にしてもあの長刀をかまへて

『いかに義経』

とつめよる時は全く鬼気人に迫るものがあつた。

これに就て面白い、まことに團蔵らしい内緒逸話がある。彼は晩年十四五才の可愛らしい女の児を集めて、一緒に食事をして、さうして其若き心持を取入れて、老いんとする自分を擁護したものだ。さりとてそれが誰でもよゐと云ふわけには行かない。番付屋の加藤といふのが、彼の番頭をしてゐた。それがこの少女を集めてくる役で、さうしてそれ等の可愛らしいのを「かぶり付《つき》」――東京の小一――へ並らべて見物させて置くので、彼は碇知盛で大長刀を振るひ、のり紅になつて例の凄い行相であらはれ出で、舞台ばなで、その長刀をトンと突いて、グーツとこの少女連を睨らみまはすのである。さうとは知らぬ御見物は

『三好屋』

と絶叫する。彼は肚の中に人選して置いて、上手へ這入ると

『加藤さん、上手から二人目と三人目がいゝよ』

愛すべき無邪気さを彼は持つてゐた。

又彼は聞こゆる癇性で、古ぼけた紙幣《さつ》を手にする事を嫌つた。いつも銀行から真新しい一円紙幣を換えてきては財布へ収めてゐた。さうして、作者、衣裳屋、頭取、狂言方等等が来るたびに、それ等に金十円づゝを与えるのが吉例だつた。ところが老人、その新しい札を勘定することが甚困難で、大抵の人は十一円にありつくのである。團蔵、ある時作者の大川老と云ふのに——勝彦輔と云つた、諺蔵の高弟——かう云つた。

『彦さん、いけねへ〳〵、おいらア、どうも話を解《わ》けるのに新しい札だから、はかり込んでしやうがねへ。よく勘定して貰らつて行つてくれ』

其処にも彼の無邪気さが見えるやうである。

一面彼の皮肉さは、座から布引の実盛をせよと申込むと、巌笑《がんしよ》に実盛をさして自分は瀬尾へまはる。きられ与三をと申込むと、徳三郎に与三を廻はして自分は蝙蝠安にまはる。彼は、舞台の上では決して、はかり込みはしなかつたものである。

馬盥の光秀は九代目に対して、その芝居らしさにウツトリさしたものである。團十郎は時々に写実を用ひ、活歴風をも加味するが、この優《ひと》のは絶対に芝居の型で行くところ、実に対照の妙がある。團十郎は舞台へ来て、春永に対してや、斜めに居住居を作るに対し、この人のは真正面を向く。切髪を見せられた時團十郎は写実風にしばらく考へて、ハツと思ひ出すまでは本当で行く。

ポンと箱を叩いて其儘前にとつてジーッと見入るに対して、これは又大派手に、思入をして、ポンと音高く箱を叩き、グググッと凄い眼でにらみつけるのである。共に長所がある。𧘕𧘔の色彩も、團十郎のやゝ渋き紫に対して、この人のは花やかな濃き紫であつた。何にしても、役者らしき役者、錦画美の舞台は殆どこの人をもつて其跡を断つたと云つても過言ではないと思はれる。

△ 尾上多見蔵

これは（兼《かねる》）とか（きも玉）とか云はれた京都生れで旧名瀬川和市の尾上多見蔵を云ふのではない。其門であつた、尾上多見之助が襲名した多見蔵其人のことである。初代多見蔵の事はあとでちよつと付加へたいと思ふが、この二代目は丸で初代とは正反対の人で、初代の大まかなのに対して頗る細心の注意をはらつた寧ろそれは「うるさ型」と云つてもよかつた。一つの例がかうだ。

二代目 尾上多見蔵
（三代目とする説もある）

ちやんと飾りつけの済んだ舞台へ来た。

『チヨット〳〵、お狂言《きようげん》さん、この立樹《たちき》な、もう少うし前へ出しとくなはらんか』

『ヘイ』

鉄槌《かなづち》でトン〳〵と「ガイ」を抜いて、前方へ持出すと、

『ちよつと〳〵、もうすこうし左へもつていとくなはれ』

『ヘイ』

又其通りにすると、

『ちよつと〳〵、こつちの方へ一寸三分程よせとくなはれ』

同なじ事ぢやないかとスツカリ誂《あつ》らへられた狂言方はムカツ腹《ぱら》を立てると云ふのが、大抵の場合の例であつた。

これが災ひしたか、役者は非常に上手であつたが、このチヨツト〳〵で大分花やかさを失なつて、甚地味な舞台になつてゐた。

それは消極的な皮肉であつたが、それに付てゐる床山の伊藤といふのは又頗る積極的な皮肉屋であつた。

主人の誂らへの、かづらを合はしに行く。

『ナア伊藤』

『何だす』

『左の小《こ》ぶたいのとこ、ちよつと曲つてるな』
『ヘイ』
彼はトン〳〵と曲がりをなほして再冠《ふたゝびかむ》せる。
『ナア伊藤』
『何だす』
『こゝがちよつと歪《いが》んでへんか』
『さよかいな』
又トン〳〵と槌で打つ。又冠らせる。
『ナア伊藤』
『何だす』
『真中のとこが歪んでるがな』
こゝに於て、積極的皮肉は爆発する。
『親方』
『何や』
『コレかづらが歪んでるのやおまへんで』

『さうか』

『あんたの頭が歪んでるのや。コラなほりまへんな』

此処に於て、消極的皮肉の方が引込んでしまふ。

一体多見之助時代は振袖の女形《をやま》であつた。それが、この皮肉さが終に、立役や、老役《ふけやく》や、実悪《じつあく》へ廻はらしめたので、其処にもこの人の性格のあらはれがある。

それは、嵐巌笑《がんしよ》の件《くだり》に述べるが、いつもこの優《ひと》は巌笑と云ふ人を目安に置いて、それと覇を争ふてゐた。勿論大人《たいじん》であるところの嵐巌笑は更に相手にしない。

『多見やん〳〵』

と下目《したため》に見てゐた。終に其右に出ることの出来ないところから、同じ道を行かないで、かく転向したのも亦事実である。

若し一代、彼がその消極的皮肉を捨て、

「ワキ師」

に廻はつたとすれば、鴈治郎に対し、紙治の孫右衛門もやつたらうし、土屋主税の其角や、源吾にも使はれたらうし、碁盤の岡平、五大力の笹野三五兵衛、鎌倉山の三浦荒次郎と彼の行くべき途は多分に開らかれてゐたのである。然るに、鴈治郎は断然彼と一座してゐても彼と一緒に舞

台へは出なかつた。イヤ出さなかつた。もしやれば、梅忠の八右衛門なんかよい舞台を見せたらうに大きなことを云ふやうだが、

「孔子も時に会はず」

で、その一生はどちらかと云ふと不遇とも云ひ得る。

かつて本田美禅の

（結城秀康）

といふ芝居を私が脚色して浪花座に上演したことがあつた。其時彼は、本多佐渡をやつた。実に本多といふ男は正にこんな男であつたらうと思ふ位、内面的な演出で言語に絶した傑作であつた。

かつて十段目の光秀を演じたことがあつた。役者として、この光秀位、何でもなく演じてしまふのが大方の役者の常である。然るに彼は決して、この一つの役を忽《ゆるか》せにはしなかつた。私にまでも熱心にいろ〳〵の型を訊《き》くのであつた。私は識《し》れるだけは、

（活歴ごのみの團十郎の型）（渋ごのみの團蔵の型）（大派手な芝翫の型）（手堅い中車の型）

（大阪式の初代多見蔵や市十郎の型）

その或者は、かづらが撫付《なでつけ》で、菱皮を用ひなかつたり。或者は〳〵あらはれ出たるを、忍び出た

ると語らせたり。大見得に笠をあげるのと下げるの相違があることや、皐月の腹帯に砧《きぬた》を用ひたり、暖簾《のれん》を引さいたり、いろ〳〵とあることや、十次郎の後の出に平舞台の上手へ行く人、二重に腰をかける人、二重の上にゐる人などあることや、マア彼の識つてゐさうなことまでも調子にのつていろ〳〵と喋舌つた。優は決して馬鹿にしないで熱心にそれを聞いてゐた。しかし私は云ふ、お金を払つて芝居と云ふものは前側即客席から観るもので、その人にして初めて、整然と型などを覚え、それを話し得る特権をもつてゐるもので、内側からはどうしても正確に観ることの出来ないものである。團十郎の光秀の引込みに、かの切髪の箱を左へ抱えたか、右へかゝえたかに就て大分内側で議論をしてゐたことがあつた。ソラ見ろ、そんな纔かの事にすら、玄人は議論をしなければならないのである。

それは扨多見蔵はあちらこちらで聞いた型に自分の工夫も加えて、兎も角もやつてみたが、中々一日や二日や三日で極まらない。ある日は砧を出さしてみたり、のれんにしてみたり、〳〵さすがの武智も仰天し、たゞ茫然たるばかりなり。

のところで、短刀を口に啣《くは》へてみる日もあり、舞台中央にトンと置いてみる日もあり、置いたのをもう一度とりあげて、母を突かうとして夕ヂ〳〵となつたり、全く数日のうちは研究に研究を重さねて極まらなかつたものだ。それほどに彼は彼の舞台に熱心なものであつた。

ある時彼は東京へ乗込み、吃又や、小かん平兵衛や、いろ〳〵勤めて、しかも大ひに評判がよかつたので、スッカリお冠が真直になつて、木挽《こびき》町の店で一人チビリ〳〵とのみながら、

『聞いとくなはれ、ゑらい評判がよろしおまんね。東京の御見物はほんまにわたいを観てくりやはります』

としみ〴〵と語つてゐたのが、如何にも彼らしい、淋みしさを覚えたことがあつた。

何だか舌がジメ〳〵として来たやうだ。お約束の通り、同じ多見蔵でも、イト花やかであるところの初代の逸話を一つだけ話してこの多見蔵の稿を終らうと思ふ。

初代は肥大な可愛い丶顔の持主で、舞台でも世間でも負けることが一番嫌ひであつた。

それは誰でもだと云ふであらうが、この人のはそれが一日中の立敵《たてがたき》でどうしても大詰には、見参〳〵とかで
『チエー残念』

と負けなければ芝居は鳧《けり》がつかないのである。それでも多見蔵は負けなかつた。

『再めぐり相生の其日を松の常磐なる　イザ戦場にて見参〳〵』

とヒッピリユウ〳〵、と大太刀をふつて、三段へのぼつて、大入叶と刀で書いて、それをかついで大見得をすると云つた他愛のない愛嬌をもつてゐたのだ。

この人が大阪の南の裏阪町《うらさかまち》にゐた頃、表面は立派に門戸をはつて例の負けず嫌ひで通してゐたが内実は火の車で、米屋、炭屋、肴屋はまだなこと、豆腐屋、八百屋にまで借金が出来てゐたことを多見蔵はしらなかつた。彼は家内に向つて

『どや、此頃は炭も少ないし、米もたらんやうやないか。どないしたのや。もつと云ふてやつてドン〳〵持つて来さしたらゑゝやないか』

その暢気さに内宝は惘《あき》れながら

『親方、お耳へ入れることやおまへんのやけど、親方が何でもパツ〳〵と派手にしやはりまつさかい、うちはゑらい左前だんね』

底の底まで打明けてしまつた。家人は多見蔵があまりにも暢気なのに聊反感も交つてかう内状をさらけ出さしめたのである。

『アさうか』

とたつた一言、彼は往来から見える大玄関へたばこ盆を引捧げ大座布を敷かせて、あの巨大な身体をドツカと其処《そこ》に据えた。折から通りかゝつた炭屋、

『炭屋さんかいな』

声をかけた。

『ヘイ』

と振向くと、

『わいは大音羽屋の多見蔵や。切炭とかた炭をぎよさん持つて来てんか』

『ヘイ』

真向からかう云はれて、炭屋はその何とも云へぬ愛嬌と、大音羽屋やと云ふ自信とに打たれて、どうしても否《いや》とは云へなかつた。外《ほか》へ行くのをやめて、セツセと炭を運こんだ。又、
米屋が通ると、

『米屋さんかいな』

『ヘイ』

『わいは大音羽屋や……』

をはじめる。是も亦その偉大さに打たれて米をもつてくる。豆腐屋も、八百屋も一切この手を用ひて、家には、その一切が山と積まれた。

しかし後には
『もううつかり音羽屋の表は通れんな』

と出入りの者共は相顧みて苦笑したと云ふ。

何と役者らしい、さうして多見蔵らしいよゐ話ではないか。
さうして二代目とはすべてが表裏であつたのも面白い。陰陽であり、紅白であり、日月であり、春秋であり、何んぼ云ふてゐても同じ事である。

△尾上卯三郎

何代目かの尾上松緑になるとか、何とかと云つてゐるうちに尾上卯三郎は、尾上卯三郎のまゝで蓮台座の一員となつたのである。それはこの人の為には何よりも幸福である。かうした一種型のかはつた役者は妙に故人の名なんか襲《つ》がないがよい。話をする時、

『どの松緑やね』

なんて云ふよりは、卯三郎がなとさへ云へば、うん木下《きのした》はんかいな、

で沢山である。

殊に大阪は、鴈治郎でも巌笑でもそれで通したのだから、卯三郎も

『卯三やん』

でよかつた。卯三やんが、たのやんになつてもお伽噺にもならない。

二代目 尾上卯三郎

第一この優《ひと》には役者としての伝統もなかつたらうし、系統も恐らくない。卯三郎は卯三郎だ。其処が一番この優の尊いところで、又、大阪の卯三郎として話も出来るところである。素顔で見てゐると、役者と云ふよりは、甚失礼だが、床屋のおやつさんと云ふ方が寧ろ恰当である。舞踊も恐らく持合せてゐなかつたらしい、と云ふのはあまりこの人の善玉悪玉も見たことがない。女形と云へば、伊勢音頭のお鹿くらゐが関の山であつたらうし、芝居の独参湯《どくじんとう》と呼ばれた

「仮名手本忠臣蔵」

の中でこの優のやれるものが果していくつある。判官、勘平、師直、由良之助、平右衛門、となせ、小浪、若狭之助、石堂、おかる、直義、伴内、本蔵、天川屋、力弥、千崎、いくら指を折つてみても、マア〱と云ふのが薬師寺とぜげんと与市兵衛位のものである。しかしそれさへ社袮がうつらない。無口すぎる、正直相でないといふので寧ろ落第である。役者でゐながら、忠臣蔵で役が出来ないでは困るとでも思つたか、ソソリでない、真面目な顔をして

（早野勘平）

を演じたことがあつた。聞違へては困る。横川勘平ではない。あの三十になるやならずで死にやしやつた勘平殿である。しかるに、この勘平殿、この山中の猪猿を打つて商なふ種が島といふ文句にあはして、五段目から犬をつれて出たのであつた。これは正しうも

（猟犬《りよけん》ちがゐである）

其かはり一度忠臣蔵も、銘々伝の方にでもなると、

（鎌腹の弥作）（東下りの馬方丑五郎）（碁盤太平記の岡平）

かうした佳作、傑作がザラにある。しかしこれ等はまだ外の役者が演《や》る。弥作は今の魁車もやつてゐる。丑五郎は二代目延若も手にかけてゐる。岡平は近頃は我當もやつた。しかしこの優の持てゐるものに断然他の役者の真似の出来ないものがある。型を頭から無視したこの人独特の持味である。この人の創作であり、この人の役者ならざる柄《がら》である。それは誰人の追従も許さぬのである。

（樽屋おせんの久八）（油地獄の徳右衛門）（古八の鉄壁）

まだ数へればいくらでもある。もう一人かうした型の役者が大阪にゐた。宗十郎門下のである。

（中村琥珀郎）

である。しかし琥珀郎は「ワキ役者」であつたが、かう云ふ役者に似合はない、この人は「シテ役者」だから殊更に変つてゐる。一時川上音次郎がこの人に惚れぬいて

（川上革新劇）

と云ふものに一方の旗がしらとして地方巡業につれてあるいたが、あまりにもその芸境の狭隘《きよわい》

なのに驚いて、とう〴〵放してしまつた。かう語つてゐると何だか、真黒《まつくろ》けの役者で更に花がなかつたやうに思はれるが決してさうではなかつた。芝居道でいふ、白首ではなかつたが、見事花やかさは持つてゐた。艶《つや》はないが艶らしいものは確かに放さなかつた。今日の新派はこの人によつて最初啓発されたと云つても、なくなつた川上も、今日の喜多村も

『ア、さうです』

と首肯《うなづ》くことだと思ふ。

この優の今一つよいところは、写実であり、独特の伎《わざ》はもつてゐたが、更に

「皮肉」

でなかつたことが寧ろこの人の生命《いのち》であつた。

この卯三郎といふ人は中年役者で記録の上では明治六年の若太夫の芝居に名がのつてゐるが、其後あまり大歌舞伎へは出てゐない。道頓堀には違ひはないが、大抵の場合、其名の今日まで伝はつてゐるやうな役者と一座はしてゐなかつた。しかも最初の間は其狂言の上に

（卯三郎を要する）

程のものは見えなかつた。恐らくは同時にこの床屋のおやつさんみたいな所謂ケツタイな役者に喝采は贈らなかつたのであらう。

明治十六年の一月に弁天座へ出てゐる。しかも一座は、尾上松之助（これは恐らくは映画界の目玉の松ちゃんのことではなからう）、実川半若、市川右三治、尾上三朝、と云つた連中で、全く耳にしたことのない名前ばかりだ。其中で

「当世威茜染《ばやり》」

といふ狂言が出てゐた。これは「とうせいばやりあかねぞめ」と読ましてゐるが、少くとも

「当世ばやり」

と云つたやうな名題をつけるのだから、卯三郎がやゝ其持つてゐるものを真向にふりかざす時代が来てゐたのではなからうか。其後明治二十一年になると、もう卯三郎でなければならないものが出てゐる。同年の三月にやはり弁天座で、一座は琥珀郎、紫琴――かつての又五郎の父――、松之助、友三等で、大分に役者の名も解かつて来た。第一この時の切狂言に

「夢除波徴兵《ちよへい》美談」

これは「ゆめのなごり」とよむのだが、その徴兵美談なるものが卯三郎の独擅上で、どんな筋か、どんな狂言かはしらないが、正しくも卯三郎を活躍させてゐたことが、その名題の上にハツキリとあらはれてゐる。もう其頃はこの人あたりの考へでゝもあらうか、大阪朝日新聞や毎日新聞に連載された小説を、その時代ものと現代ものとを問はず、とり入れては上演してゐる。初めの程

は、まだ

「何々朝日の何々」

といふ風に朝日と云ふ字を読込んで新聞の連載なることを語つてゐたが、大胆に

大阪朝日新聞連載小説

とレイ〳〵と書入れるやうになつて来たのは、即

大阪朝日新聞所載

　化粧窓籬鬼百合　開花六株

無論新聞には単に（鬼百合）とあつたのであつたらしいが、当時の習慣として七字名題にしたものであらう。これには無論卯三郎が出演してゐる。又

大阪毎日新聞所載

　初紅葉時雨洋傘《こうもり》　盛花六本

これにも卯三郎は出演してゐる。やう〳〵に卯三郎ならではと観客も認めて来た時代であつたらうと思はれる。しかし世の中はまだ、こんな美くしからぬ役者に喝采を贈る程なみゐちやん、はアちやんもなかつたことであらう。

一体この卯三郎と云ふ人の芸風はと開らきなほられると、一応は説明して置かなければなるま

い。天下茶屋の敵討に安達元右衛門と云ふ役がある。大谷友右衛門の当り役で、イヤ〳〵今の大友でない、四代目のことで大阪の産れだつたが、天保二年十一月に江戸河原崎座へ下つて、大谷友右衛門を襲名した、大谷万作のことである。この人の三枚目敵は逸品で、其中でも「天下茶屋」の元右衛門は一代の傑作で、爾来この役は、三枚目敵などより出ず、今日では、菊五郎も、猿之助も、延若も、吉右衛門もやるやうになつたのは、この大友があまりにも旨かつたので其型を踏襲して、われも〳〵と元右衛門集が出来たわけだ。扨この四代目友右衛門は似顔絵で見ても、あんまり美男ではないが、歌舞伎味は充分にある。今日では美男揃ひの元右衛門だが、卯三郎がやると、一種云ふに云はれぬ、卯三郎型の元右衛門が出来あがつてゐた。それが傑作だの佳作だなどと云ふのでなく、大友の歩ゆんだ途以外のつまり天下茶屋街道でなく、上住吉街道《うわすみよし》でも行く元右衛門なのだ。一ケ所彼の演ずるところの型を紹介すると、其辺の消息《しよそく》が会得されやうと思ふ。又それを云ふのが目的だつたのだ。

即東寺貸座敷の場で、弟の弥助が主人兄弟即、伊織や源次郎と共に貧しきながらわづかに生活をしてゐる。さうして敵東間三郎右衛門の行衛を探してゐる。ところへ今は東間の手についてゐる元右衛門が、按摩に姿をやつしてこゝへ入込み、弟を殺して、伊織の為に足を斬られて逃げ去るといふ筋であるが、こゝで大友の型としては、頭巾の件、忍び込みの手順、八方斬《ぎり》等のいろ〳〵あるが、すべての優《ひと》はその何処かに所謂歌舞伎味、絵画美を認めさす演出であるにか丶はらず、卯三郎は徹頭徹尾、写実一方で行かうとするのである。無論四代目友右衛門の歌舞伎面《づら》でなく、今日の菊五郎、延若、吉右衛門、猿之助ほどの美男でもなく、床屋のおつさんの元右衛門は、弥助を欺して金といふよりは銭を貰らひ、着かへを貰らひ親切に送り出されるあたりは、本当に改心したのかと十二分に思はせるだけの用意を芝居ごとでなく、写実事で観せると云ふ行方で、扨花道へ出る。こ丶が芝居のクライマックス、オツト芝居の山である。按摩からグツと敵役の安達元右衛門にかはる大事の演《し》どころである。大抵の人は、やはり其処を摑《つか》まへて、よし多少の違ひはあるとしても、頭巾をとつてスイノウばりの坊主かづらを見せ、グイと本舞台、或ひは揚幕を向いて、一見得あるのがキツカケに

〽鳥の声、かねの音さへ

といふ下座《げざ》の独吟にならうと云ふのだ。其処がお芝居なのだ。其処が歌舞伎なのだ。然るにわが卯三郎君によつて演じられたところのものは、頗る要領が違ふのである。彼は花道へ出るとソーツと眼をあけて、弥助から貰らつた着がへの風呂敷包をソーツと置く。又貰らつた銭も其上へ叮嚀につつむ。頭巾もぬいで、これも其上へ置く。裾へ手をかけるが、クルリツと端折《はしよ》つて、ギツクリと見得といふのではない。ソツとあげて、舞台の方へ向きなほつて、其処へしやがんでし

まふとお約束の
〽鳥の声……
になるのだが、このしやがむといふ処が卯三郎なのである。専門語で云へば
（芝居を逃げる）
といふ演方《やりかた》である。しかしこれを面白がるには、面白がるだけの見物に用意が必要である。だがいくら教訓されたにしても、芝居としてこれは面白くないのが事実である。だからかうした型の物は決して卯三郎の得意として鼎の軽重を見物に問ふのではない。こゝに卯三郎をして卯三郎たらしめた事件が河内の一隅水分《すゐぶん》村と云ふところに起こつたのである。
天満のお前町の紙屋の旦那治兵衛氏が、曾根崎新地の紀の国やの小春君《くん》と、手に手をとつて南無網島の大長寺へ……。
それは其頃の近松門左衛門に好題目を与へたと同時に、下つて、額十郎、延若、宗十郎、もう一つ下《くだ》つては中村鴈治郎に恰当なよい三面記事を作つてくれたので、寧《むし》ろ泉下の紙屋治兵衛氏は是等の人々に感謝しなければならないのであるが、河内水分村の突発事件は卯三郎の方で、城戸熊太郎君に感謝して然りである。それは河内水分村の城戸熊太郎、谷弥五郎の両人が十人の者を斬つて、金剛山の山奥へ逃げ込んだ上、弥五郎を鉄砲で打殺して自分も同じ鉄砲で自殺したとい

ふ、実に悲惨な出来事ではあつたが、当時新聞の三面記事をして、これ程世の中に歓迎されたものはなかつた。それは第一に、河内音頭で名高い水分村、しかも丁度音頭の頃であつたこと。第二には、男女十人を斬つたといふ惨劇。第三には金剛山へ逃げ込んで、官が十重二十重に取囲こんでゐる中を、けふは炭焼小屋へあらはれたの、あの川の水をのみに来たのと、毎日〳〵其興味？をつなぎ得たからであつた。

それに逸早く眼をつけて、実際に金剛山や惨劇の家を踏査して芝居にしたのは、

片岡我當――十一代目仁左衛門

であつた。それは

明治二十六年の七月、中座に於て

　河内音頭恨白鞘　六幕

といふ厖大なもので、すべてが脚色されて大分に芝居になつてゐた。同じ軒並に、朝日座に於ても

　河内水分十人斬　六幕

これも亦長々とやつてゐた。役者は延三郎等の一座であつた。然るにだ。真に然るにだ。

実地を踏査するとか、誰かに付いて実話を伝へられたとか、そんな宣伝価値を狙はないでしか

も六幕と云つた長たらしいものでなく其上、河内音頭何々、とか河内水分何とかと云つたやうな気取つた、芝居流の名題《なだい》をつけないで、ブッキラ棒に

河内十人斬　三幕

として打つて出たのは、一番あとからであつたのは、弁天座の卯三郎一座だ。さうしてかうした物には得意であるべき筈の其頃の壮士役者、角藤定憲、池田吉之助一座のそれよりも、一切をさらへて行つたのも亦この尾上卯三郎一座演ずるところの十人斬であつた。大阪俄などは、卯三郎がやつてゐる十人斬をやつて見物を呼んだ位であつた。大阪全市は端芝居も、チヨンガレも、落語も、流行唄も、一切が十人斬色にぬりつぶされてしまつた。

〽男もつなら、熊太郎弥五郎、十人殺してまたホイ

と云つたやうな阿呆な歌さへ、松島あたりの素見の客に喜こばれたものだ。無論地元の河内音頭は早速にそれをとり入れてゐる。この河内音頭といふものは至極有名なもので、郷土民謡として、古くから人口に膾炙したもので、北河内、中河内、南河内とこの三派が各々違つた節をもつて、しかも相互ひに競演したものである。

事の次第をしる便宜にもならうし又、河内音頭なるものが、どんな調子か一石二鳥、今それを取入れた歌詞をのせやう。

水分騒動「河内十人斬」歌詞

四つ足捕らへの段

〽鬼頭――これは城戸をわざとさう呼かけたのである――熊太郎、谷弥五郎、熊太郎女房おぬい、姦夫寅吉、頃は八月二十四日、二河原辺地蔵踊りのその宵、お縫は踊の場から、寅やんと馴れそめ、これが風の便りで、熊太郎の耳に入り、一方ならず無念に思ひ、或日のことお縫に向ひ『今晩寛弘寺神《こ》山で大きなばくちが出来るぞや。わしやこれから往て来るから、火の要鎮、留守番たのむ』と云ふなり表へ飛出して、裏の柴小屋に身をひそめ、寅やんの来るのを遅しと待かまへた。一更は初夜で、二更は四ツ、三更夜半の刻限で、四更は夏夜のあけ近く、山の烏は熊やん可愛そ〳〵と鳴いてゐる。又その晩も翌晩も、遂に一週間柴小屋に、忍んで待てど暮らせど何事もなく、どうしたら所詮よかろと、胸の鏡に手をあてゝ、思案のはてに思ひつゐたのが、弟分の弥五郎の宅へ、日暮もとより表から『弟うちにゐるか』と訪ぬれば、『オツ誰かと思や兄貴かい。今頃何用あつて来たのやら、丁度夕飯の出来合ひ、どうぢや』『わしは今の先、八ツ茶をすまして来たわけぢや。それにつけてもコレ弟、お前とこへ来たのは外ぢやない。うちの女房のおぬいめと、寅公と姦通してゐると、そよ風のたよりで聞いて、こないだから、七日の間も容子を見たが何の事なく、それでお前とこへ相談に来たわけや』『兄貴そのこと、わたしやもうとうから聞いてゐるけれど兄貴がいたつてカンテキぢやと心のうちで案じ思つてゐたところ』『さうか、弟わしの事、それ程思ふてくれるか、忝けない。実はどうして四つ足捕へよかと、お前に相談に来たわけや』『あ、さうか兄貴、それならお前が家にゐては捕らへることはむつかしい。明日からでも大阪日本橋北詰の旅籠屋でしばらく滞在してゐてくれ。あちらへ着いたら手紙一本、われが宅の方へ出してくれ。それから先はこのわしが全部引受けきつと四つ足捕らへましよ』

これから四つ足捕らへて、血の雨ふらす事件まで、まだ〳〵あるけれど、こゝらで止め置き、御縁があらば又あとから伺ひます。

甚文句は粗野でもあり、これが果して音頭にのつたのかどうかは解らないが、こんな事で二人は十人斬の惨劇を演じたのである。

このつまらない出来ごとは、卯三郎をして、名をなさしめたのである。かつてから、馬淵《まぶち》百助とか、錦織《にしごり》熊吉とか云つた当時の

「ざんぎり物」

によつてすでに、その片影を見せてゐたのだが、この好題目に接しては、それ等の長所を取入れ、十二分に卯三郎式なるものを発揮したのである。

オサカドトンボリ、竹田の芝居ネーが安うて面白い。

大阪をオサカと歌ひ、道頓堀をドトンボリとつめ、値《ね》をネーと引ぱるほど方言の出てゐるこの歌はこれ等の芝居をうたつた絶好の文献――文献はおかしいが――である。

なほ二三この優の芝居の演方に就て、私の観た芝居を話して見やう。

狂言の名題も忘れ、前後の筋も頗るアイマイだが、何でも璃珏《りかく》と卯三郎と二人が、立役型の奴と、敵役型の奴とである。この立役型の奴（璃珏）が何とかして、その敵役型の奴（卯三郎）に出逢ひさへすれば、敵の様子がしれるか何かで探してゐる。又一方はその眼からのがれやうとしてゐる。雪のある日、先きに庵室《あんじつ》へ来たのが璃珏の奴、役名は忘れたが、仮に珏平とし片方を三平として置かう。この珏平が寺の和尚が出て行くので留守番をたのまれ大きな囲炉裏へ当つてゐる処へ三平も出て来る。

『どうも雪で困つてゐるので一夜の宿をたのむ』

と云ひ入れるのであつた。珏平も、それに充分の注意をせずに、

『わしも今こゝへ来たばかりぢや。マア上がつて火に当つたがよからう』

『それは忝けない』

とあがりこんで、二人は何の気もつかずに、世間噺をしてゐる。珏平は火をいらけてゐる。三平はぬれたものを干しながら、相変らず気がつかない。ところが何かの機会に、

『シテ奴殿はどちらから』

と初めて珏平の方で顔を見る。この時パッと囲炉裏の火が燃え立つ。

『ヤツわりや三平か』

といふので三平も驚いて見る。

『フム珏平か』

と云ふなり、うしろへ飛下がる。珏平は一刀をとつてかまへる。三平はさそくに今被つて来た笠でパッと囲炉裏をふせて、行灯を蹴る。それから闇の立まはりになるのだが、その互ひに顔を見合はした刹那の呼吸は今も私の眼にのこつてゐる。

又こんなのもあつた。これは三枡源五郎といふこれも達者な役者であつたが、島田左近か何かの役で、三条の宿に泊まつてゐる。卯三郎がこれをもとめる役で、表戸を打破つてニユーッと這入ると、左近はそれと気がついて、はね起き、手当り次第に、卯三郎の方を少しも見ないで、枕、座布団、土瓶等等を投付ける。卯三郎はそれを鉄扇やうので、右に左に払ひのける。さうして投げる物がなくなつた時、ヅヅヅーッと進む。左近の方はこの間に太刀をとる。卯三郎が切込むと足でガツシと留める。しかもそれからの立廻はりは世にもはげしいものであつた。

古手屋八郎兵衛の芝居で、卯三郎の鉄壁の丑松と嵐三五郎の弥兵衛との出会も亦面白く見た一

つである。弥兵衛の帰らうとする時
『オイ〳〵ちよつとまつたりんか』

と茶屋の内から丑松が出る。一二云ひ争そつてゐるうち、丑松は
『うぬ』

と弥兵衛の前から胸づくしをとる。

『何《なん》さらす』

と其手を逆にとつて投げ飛ばす。ポンとギバに落ちて、変な顔をして弥兵衛を見上げる。

『フヽン』

と鼻で嗤《わら》つて行きかけると、

『オイ〳〵まつたりんか』

『まだ用があるか』

と云ふを無闇に打つて行く。二三合終に又クル〳〵〳〵と廻はされる。巾一尺程の床机へ逃げる此処でポンとかへつて、其儘其処に胡座をかいて妙な顔して見る。

『もうゑゝやろ』

と行きかけると、

嵐三五郎

『オイ〳〵弥兵衛さん、まつたりんか。うたはしてから行かんかい』

『うるさい奴な』

と又四五打つて行く。終に平舞台にさん〴〵に打たれて平蜘蛛のやうになる。行かうとすると、

『オイ〳〵まつたりんか』

を繰かへす。その執拗さが如何にもかうした人物に扮し得て至極妙であつた。

かう書いてゐると卯三郎といふ役者は、立廻はりばかりをやつてゐて、頗る下品な下町風の役者にのみ聞こえるが、敢てさうではない。実に物と品《しな》とによつては情味もあり、涙もあり、又歌舞伎の味も備へてゐたのである。

其中にも評判だつたのは、延若がやる、近松原作の
「女殺油地獄」

の父徳兵衛である。其場合母のお沢は璃珏であつた。これがお吉の処へかはる〴〵に来て与兵衛のことをクド〳〵と頼み金を置いて行きながら、徳兵衛はお沢に、お沢は徳兵衛に各々気を置いての仕打、その情味、その涙、近松の原作を十二分に演活《しい》かしたものであつた。これは東京に於ても、一切無条件で享入れられたものである。

例の馬方丑五郎もすでに定評のあるもので、酔つぱらつて与五郎を役者と思ひ込んで、難題を

吹かけ、其詫状に無筆ぶりを発揮するあたり、ちよつと外の役者では見ることの出来ない写実味があり、至芸であつた。

鴈治郎の内蔵之助に対する岡平も、書卸しからこの人で、爾来、幸四郎でも、我當でも、延三郎でも、一切が卯三郎型で行くのが面白いではないか。

弥作の鎌腹も真にあぶらあせをかいてゐるやうに見える処に不思議の写実味がある。七太夫を鉄砲で打つ前後など殊に芝居ごととは思へなかつたもので、卯三郎が弥作か、弥作が卯三郎か、其けじめを見出し得なかつた位である。

此処に於て私はかう云ひ得る。型による歌舞伎役者は、時に名人も上手も出来得ないとは限らない。又努力によつては、さういふ役者を製造することも出来やうが、写実に立脚して、しかも其人の持つてゐるすべての物を舞台へさらけ出して赤裸々の儘を商なふ役者はさうザラに出来るものではない。さればこそこの人の舞台は爾来いろ〳〵の人々によつて踏襲しられてゐる。今の延若なども

『こゝはちよつと卯三郎で行くわ』

とそれが一つの専用語になつてしまつてゐる程

（卯三郎型）

の特種の伎を認めないわけには行かない。
しかもある時彼はソソリで十段目の十次郎をやつたことがある。彼は絶対に自分の役どころでは
ないのだから、寧ろこれは
（おかしき出来）
が当然で、又見物もそれを期待してゐたのであつた。然るに、
『わいも役者や。本間にやつたろ』
と璃珏に就て、昼夜兼行で其型を習つた。璃珏も亦卯三郎のやれるやうに振をつけた。これが
舞台にかけると、実に水の垂れるやうな美くしさであり、其何処からも卯三郎らしいものは一点
も見出すことが出来なかつた。恐らくこの出来栄は卯三郎それ自身にも
『これほどに出来やう』
とは思つてゐなかつたかもしれない。
其時ある通人が、
『今度は卯三郎に河庄の治兵衛をやらしてみたい』
とそれは冗談でなく、殆ど真面目に云つてゐたのであつた。
何事に於てもさうであらうが、これを見ても役者は人一倍

（真摯）

でなけらねばならない。兎角はその腕にまかせて、聊見物を食つてかゝる、真面目を欠く人が少くない。それは決して余裕と云ふのではない。それあるが故に、名人の上手のと彼を称へることはないのである。

ある余裕をもつ某と云ふ役者は、芝居の最中、ツカ〳〵と上手のチヨボ床へ行つた。其五行本を自分に指ざして、

『こゝやがな阿呆』

と叱かりつけて、またもとの位置へ戻つて芝居をしてゐた人を見たことがある。言語同断と云はなければならない。

其幕は必らず一時間は要するのである。横浜と東京とにかけもちで働いてゐた某女形は、自分の時間の都合上、それを三十分で演了した人も自分は識つてゐる。

これはお金を払つて観に来てゐる客に対しご無礼である。

と私それ自身が観客である時代はさう考へてゐた。さうしてそんな役者を心で排斥してゐた。

然るに、然るに、もう一つ然るにだ。近頃になつて、この、

（余裕をもつ役者）（舞台で悪ふざけの出来る役者）（見物を聊馬鹿にしてかゝる役者）

でなければ本当の役者でない。いやしくも役者は扮するのである。写実は実を写すのである、本当にやるのではない。どこまでも嘘でなければならない。車輪は尊いものである、が車輪には些の余裕がない。尚一パイにやつてゐるのを観る時肩がつまる。何事もあり余つた腕をもつて車輪の如く見せればよいのである。それでなければ

（本当の芸）

ではない。とかう云へば、その系統の役者は

『ソレ見ろ』

と我意《わがゐ》を得たやうに痛快がるであらうが、マアそれも行きすぎだ。

そつと内緒で申上げる。

（九代目市川團十郎）

はこの余裕をもつてゐた役者であつた。舞台に於て升若と云ふ女形にからかひ、故宗十郎と二人でいゝ気になつて、楽屋落をレイ〳〵と喋舌《しやべ》り、さうしてさも汗ダクでやつてゐるやうに見せてゐた役者である。

しかしそれを超越して卯三郎は又別の別の、別の役者であつた。

（第二冊終）

△ 嵐璃珏

卯三郎と殆ど同座して、其人との対照を見せてゐた璃珏《りかく》は、卯三郎の（熱）に対して（伎《わざ》）の璃珏であつた。それは（写実）より、これは（型）より、さうして、其処に融和された面白い舞台を見せてゐたのである。当時全く外の座には観ることの出来ない、特種な芝居であつたことを喜ぶものである。

体躯《たいく》は矮少である。其顔は若き日勘平の役で簑へ引火して火傷した為に、ひつ釣つてゐ、しかもモヒ注射によつて纔かに活躍し得らるゝ程の病体である。どの点から行つても、役者で御座りますと、お座敷へ出すべき人《にん》ではなかつた。それでゐて、彼は

（芸の虫）

と称されたのである。今その一例をあげて、彼の片影を認めて貰らひたいと思ふ。

東都の三枚目の名人坂東喜知六の息だつたと思ふ――間違つてゐても差支のないことであるが――先代坂東簑助も亦小さな男であつたが、璃珏と同様、やはり

四代目 嵐璃珏

（芸の虫）

であつた。その筆屋幸兵衛、などすでに定評があつた。この虫同士の出会ひが、道頓堀の浪花座にかゝつた。かつて九代目團十郎のやつた

（伏見義民伝）

といふものがある。甲庵《こうあん》と云ふ医者かお茶坊主か忘れたが、主君を諫める皮肉な役である。それを簑助がやりたがつた。しかし璃珏の役がない。よつて別に家老の役を書足して、この時の狂言に取あげた。虫同士の出会ひに果して二人は什《ど》んな芝居を観せたか。その家老とそのお坊主とは共に主君を直諫したが聞入れられなかつた。二人は相互ひに決心をした。主君の為に一命をなげ出し所謂、死諫しやうとした。しかも家老は主君より、

『甲庵は無礼な奴ぢや。彼を討つて、その首級をわが前へもて』

との厳命を享《う》けた。家老は甲庵の宅へ向つた。

『殿の厳命ぢや。甲庵お身の命は申受くるぞ』

彼は手槍をもつて向つた。

『御家老お手向かひ御免』

甲庵は扇子をピタリッとかまへた。家老は突いて行つた。それを外して、双方息をついだ。一

上、一下、いづれも其伎《わざ》に達しながら兎角に槍先も、扇子も狂るひがちであつた。二人はそれが何の故であるか、互ひにさぐりながら争ひはつゞけられた。しかも家老の突出す槍を甲庵扇子で止めたかたちの儘双方へタ〳〵と座した。互ひの眼は光つた。

『ヤツ御家老にはお肚《はら》めされたな』

と甲庵は大地を見抜いた。

『甲庵そちも腹致したな』

是も亦、甲庵の苦忠を見届けた。諸共に今は張り切つた力もぬけて、肌押ひらげば、双方の腹帯には血がにじみ出で、ゐた。

其芸の虫同士の呼吸、全く息もつがれぬ面白さであつた。しかし見物は甚うすかつた。しかもその顔色にはこの芝居に満足してゐない容子があり〳〵と見受けられた。

度々云ふが金を払らつて来る見物には、かうした芝居に喝采は贈らなかつた。芝居は中日まで打たずに舞つてしまつた。だからこの芝居は多くの人には観せてゐない筈だ。

かつて松本幸四郎が晩年の璃珏に会つた時、いつも〳〵、

『貴方に是非やっていたゞきたい役があるのですが』

と云つてゐた。それは、「名和長年」の堯心のことであつた。

私はそれと識つた時、わが社主に
『幸四郎にかう云ふ肚《はら》があるのです。これは是非やらして見たら什《ど》うです』

と勧めた時、いつも社主は
『サア』

と云つて決して乗気にはならなかつた。勘彌、簑助、魁車、猿之助にはやらしても、璃珏にやらさなかつたところに社主の明がある。

芝居はお金をとつて観せるものである。

『其役のセイカツは』

とよく璃珏が云ふた。それは（性格）のことである。堯心のセイカツを聞いた時、彼はひそかに演じて見やうと思つてゐた。さうしてある日、其くわしい筋を私に訊いてゐた。やらせたかつた。恐らくは天下堯心に適した役者はわが璃珏を差置いて外にはないと思ふ。松助よりは品があり、勘彌よりは年輩に無理がない。

幸四郎としても、これは鴈治郎風の一片の八方ではなかつたらうと思ふ。

しかし芝居は道楽にやるものではない。よし梅玉に九段目の本蔵をやらせ、魁車にかりまめの累をやらし、小太夫に弁慶はやらせても、璃珏に堯心をやらさなかつたことは頗る賢明である。

鴈治郎の川島民夫、歌右衛門の浪子はお仕打の道楽ではない。

この人の得意中の得意のものに「清水清玄」がある。

弁天座で観たのだが、其時の桜姫は仙太郎といふ女形で、あんまり役者はよくはなかつたが、実に私だけには美くしい惚々する女形だつた。誰に訊いてみても、別にさうは思はないと云ふことだつたが、どうしたのか、私は仙太郎さへ観てゐれば、どんな酷暑の候でもスーツと身内に涼しさを感じたものだ。上手でもなかつたが、下手でもなかつた。何をさしても殆ど同じことだつたが、私にはそれでよかつた。別にこの人の八重垣姫を観やうの、又政岡をしてくれいのと云ふのではない。

さう〳〵、私は今仙太郎の話をしてゐるのではなかつた筈だ。嵐璃珏の清玄の話へ戻さう。この人の清玄は清水寺から庵室までをやるのだが、桜姫が世をはかなんで、清水の舞台から飛降りて気を失なつてゐる。それを通りかゝつた清玄が介抱をする。ジーツと其美くしさに打たれる。この時ゴーンと音羽山の鐘が聞こえてきてハラ〳〵と桜が散る。

『ア入相の鐘花や散るらん、其花よりもこの花のかゝる美人に思はるゝ清玄《きよはる》どのは仕合せもの……』

鐘いん〳〵、花散乱、其風情まことに妖艶を極めたものであつた。庵室は又殊に出色の出来であつた。向かふむきに経机によつて桜姫の画像に見入る。

『日の暮るゝのを待かねて、こなたに会ふのを楽しんで居りました』

ツカ〳〵と絵像へよるところ鬼気人に迫るものがあつた。

しかしそれは決して外の役者がやるやうに、芝居らしい花やかさはもつてゐなかつた。随処で
『豊島屋』

と絶叫さすやうな派手な芝居振では万々ない。と云つて卯三郎のそれのやうに、一切の歌舞伎の型を無視して、独特の境地を拓いて行くのでもない。

格に入つて格を脱し、型によつて型に囚へられない。その自由さに尊いものがあつた。所謂至芸である。

例のモヒ注射でそれが切れたとき、昏睡状態に堕ち入るので、丸で何事も識らぬやうであつた。

私は或時彼の前で、新しい脚本を朗読してゐた。つまり本読みといふので、彼の為に彼の役をよみ聞かすのだが、何も寝てゐるもの丶前に、忠実に読むこともなからうと、五六枚飛ばしてさきの方を読みにかゝると、

『師匠』

と呼かけられた。何だ解かつてゐるのかと思ふとたん彼は

『ちよつと其処のとこ、おかしやアすな。もう一遍よみなほしてみとくなはれ』

私はギヨッとした。ソッと元へ戻してよんで行くと
『アそれでよう解かりました』

私は其以後、誰の前でも忠実に読むことを忘れなかつた。

私は端なくも、モヒ注射の名優に啓発されたのであつた。

晩年よく鴈治郎と一座して、鴈治郎扮するところの二枚目の母親を演じて、その凡ならざる伎《ぎ》をまことにつゝましやかに演じてゐた。いつの場合も、其場が終つて鴈治郎が部屋へ帰つた時、私は
『豊島屋はうまゐものですな』

と称へると、

『あんな人と一緒に舞台へ出てると、本間のお母《かア》はんの前へ出てるやうや』

とはよく成駒家が云つてゐた言葉であつた。

さきに卯三郎の場合にも云つた、油地獄の母お沢の如き、国性爺合戦の母親、盛綱の母微妙、等等晩年はかゝる役にのみまはつてゐたが、この優であれば、周囲の人達が如何にも芝居を演《や》り安す相にしてゐた。其処にこの人の

「舞台の行儀」といふことを思ひ合はされる。嵐璃珏は卯三郎と共に又一種かはつた役者であつた。

△　中村雀右衛門

中島笑太郎は大阪難波新地に、それは〳〵可愛らしい娘さん二人までもあつて、おかみさんと共にまことに円満な家庭を作つてゐた。それが、後の中村雀右衛門、前は芝雀《しばじやく》と名乗つてゐた。父の雀右衛門と共に大阪へ戻つて、弁天座で披露した頃は、まだこの人は立役であつた。その後に、朝日座で、竹の間の嘉藤太や、敵討檻褸錦の敵役加村宇田右衛門なんかもやつてゐた。

誰もが純な女形だと思つてゐる人も多からうが、本当はこれが事実である。現今の坂東寿三郎が、女形であつたのと同筆法で、結果から見ると頗る意外である。もう一つ意外なのは、この人は大阪で云ふ

三代目 中村雀右衛門

（ゴリガン振り）

であつた。何だか外来語のやうであるが、サア一般に解るやうに云へば、ゴリガンとは、世間に、喧嘩は小つきで行くのが徳だ、といふ

言葉があるが、その小突きで行く方の質《たち》である。まだ説明が足りないが、さうした話が出れば、何とかわかる筈だ。

かつてかう云ふ話がある。

役者が楽屋入をすると来ましたと云ふ証拠に、それにしるしを着ける

「着到板《ちやくとういた》」

と云ふものが、何れの座にも、丁度楽屋の入口に頭取部屋がある、其処へ備へつけてあるものだ。

芝雀《しばじやく》の頃であつたが、作者が間違へて、一幕先へ其名を書いてしまつたのだ。そこで頭取はいづれは書なほさせるつもりで、兎も角芝雀の名の上へ朱線を付けて置いたのだ。初日はそれで間に合はしたが、当の芝雀が這入つて来た。事は浪花座での問題である。其時の頭取は、故多見蔵の門下尾上多見升といふた中々の利《き》け者で当時松島松右衛門と云ふてゐた。芝雀は着到板へしるしの竹をささうとして其朱線に気がついた。

『頭取』

『ヘイ、お早う』

『お早うやないがな。わいは前科者《ぜんくわもの》か』

『阿呆らしい、そんなことおますもんかいな』

『ないな、きつとないな』

『何おつしやります』

とほぐらかした。芝雀はもう顔の色がかはつてゐる。

『コレ何や。この朱の線は何やね』

『ヘイ、作者はんが間違へて書かはりましたので、どうで書なほしますのや、ちよつとしるしつけときましたんや』

『それで前科者《もん》にしてくれたんやな。オイ頭取、お前しつてるか、戸籍に赤の筋が這入つたら前科者といふしるしやで。中村芝雀をよう前科者にしてくれたな。芝居の恥や。わいもう去《い》ぬわ』

サツサと彼は難波新地の家《うち》へ帰つてしまつた。サア頭取は吒驚せまいことか、早速にあとを追ふて、八方詫びた。妻君も、

『何だんね。そんなこと位で。芝居の外のお方が迷惑やおまへんか。行つたげなはれ』

とやう〳〵機嫌をなほして再楽屋入をしたといふ騒動があつた。それが所謂
（ゴリガン）

といふのである。かうした場合芝雀は正しく

（まき舌）

である。大阪で云ふ顔役――俠客――のやうになるので有名であつた。

由来女形さんにはさうした性格の持主の多かつたのも不思議である。古く時蔵といふ女形《をやま》があつた。まことに名人であつたさうなが、大肌ぬぎで茶碗酒をあほることに於ても亦有名であつた。三枚目の千代飛助と云ふのが猿若町時代にゐた。あまり舞台が面白いので、ある客が料亭へ招いた。千代飛助は、ヘイ〳〵と云ふだけで更に無駄口をきかなかつた。客は

『ナア千代飛助、お前は舞台は限りなく面白い役者だから、さぞ逢つてみたら舞台以上面白からうと思ふて来て貰らつたのだが、大変真面目だね』

と云つた時、彼は

『舞台で面白いことをやつて居りまする間は私の稼業で御座ります。かうして打くつろがさしていたゞきます時だけは、せめて真面目になつて保養いたしたいと存じます』

と云つた。まことに面白い話ではないか。

何だか脱線をしたが、ついでに元祖芳澤あやめの事を話さう。彼の著書（あやめ草）にこんなことを云ふてゐる。

女形は弁当なども、人の見ぬ方へ向いて用意すべし。立役と並びてムザ〳〵と物を食ひ、さてやがて舞台へ出て、恋物語などする時、その立役真実から思ひつく心起らぬ故、互ひに不出来なるべし。

女形の用意思ふべしである。又曰く

女形は女房あることを隠し、もしお内儀さんがと人の云ふ時は、顔を赤らむる心なくては勤まらず、立身もせぬなり。子は幾人あつても、我も子供心なるは、上手の自然といふものなり。

と云ふてゐる。わが芝雀にはこの心懸が正しくあつたのである。古今、東西名人には共通点がある。ある時私が用事があつて、難波新地の宅を訪問した。

『お宅ですか』

と云ふと例の美くしい娘さんが出て

『うちのぼん〳〵だつか』

私は娘さんの顔を見なほした。こんなに若い娘さんにもうぼん〳〵があるのかと思つた。しかしそれは私があまりにも芳澤あやめの云ふたあやめ草の一節をしらなさすぎたので。何ぞしらん

「うちのぼん〳〵」

とは、其娘さんがお父さん、即中村芝雀のことであつた。

鴈治郎は七十何歳にして、若旦那であつた。現代延若は六十何歳にして「ぼんやん」であり、現代仁左衛門亦六十何歳にして、「ぼんこ」であり、五十に近き翫雀は「中ぼん」であり、二十有六歳のよし子は「コイサン」である。然るに此処に不思議なは、大阪と違つて、東京は、我當、勘彌、簑助、等等の若手のやうな顔をしてゐる連中が一同に

（旦那）

であるのも亦、東西の勘定前の違ふところであらう。

物はついでである。三代目菊之丞の云ひのこしたことをも書きつけて置かう。これは豈《あに》芝居の

女形さんのみならんや

（当世女心得）

にもなると思ふ。しかしそれは少くとも、男であつて、大振袖、紫の帽子、巾広の帯と云ふ出立なればこそで、開襟、半づぼん、脚絆と云ふ出立ちでは……

しかし其処が現代の女形さんの最偉い処で、舞台は舞台、平日は平日と、ちやんと伝授は伝授、勘当は勘当と建前をハツキリさすところに現代女形気質がある。さう〳〵菊之丞の女形心得を書くのであつた。

口広いことながら、女形は女の情をうつす者故、声の調子がようて、顔のうつくしきが第一

和泉書院の本

2016.5.31

〒五四三-〇〇三七　大阪市天王寺区上之宮町七-六
TEL　〇六(六七七一)一四六七
FAX　〇六(六七七一)一五〇八
振替　00970-8-15043
ご注文は最寄りの書店までお願い致します
価格は税別

ようこそ、和書の世界への散歩道

978-4-7576-0729-3

国文学研究資料館編

☆和書のさまざま（CD-ROM付）

「和書に関わる「書誌学」の基礎をフルカラーの本と動画で学ぶことができるように編まれたもので、こうしたものとしてははじめての入門書である」
（「出版ニュース」平成27年7月上旬号）
※パンフレット呈上

■A5並製・カラー一六八頁＋CD-ROM・二七〇〇円
（windows7,8対応。126分）

画像と音声で古典がもっと身近に楽しくなる入門書。和書の種類や作られ方、素材など、和書に関わる「書誌学」の基礎を、本とCD-ROMで学びます。専門的な用語も初学者にわかりやすく解説。

〔内容目次〕刊行に当たって　中村康夫／**第Ⅰ部　本を形作るもの**／第一章　装訂（糊を使う装訂／糸を使う装訂／表紙のつけ方／綴じ方のいろいろ）／第二章　書型（古写本の書型／版本の書型―美濃判をもとにしたもの―／版本の書型―半紙判をもとにしたもの―／標準規格以外の書型）／第三章　本の各部（表紙／書袋／外題／内題／奥書／刊記／蔵書印／付箋／朱書き／紙背）／第四章　料紙（斐紙／薄様／楮紙／斐楮交漉紙／間似合紙／宿紙・漉返／三椏紙／打紙）／**第Ⅱ部　さまざまな本の形**／第五章　写本（奈良絵本／稿本／浄書本・清書本）／第六章　版本（古版本／古活字版／整版／版木／近世木活字本／近代木版本／近代金属活字本／チリメン本）／第七章　本以外の資料（古筆切／短冊／掛物・掛軸／屏風／一枚刷り）

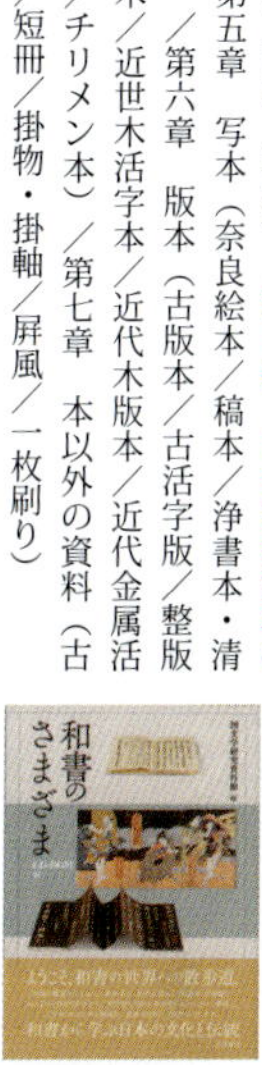

小田　勝著

☆実例詳解 古典文法総覧

■A5上製函入・七五二頁・八〇〇〇円

978-4-7576-0731-6

《古典愛読者のための最良の手引き書》
従来の品詞別の記述形式を廃し、文法範疇別の形式で記述した、最大規模の古典文法書。一般的な文法用語を用い、通言語的に古典文法の詳細を知ることができる。

藤井　隆著

日本古典書誌学総説

■A5上製・二〇八頁・二〇〇〇円

978-4-87088-472-4

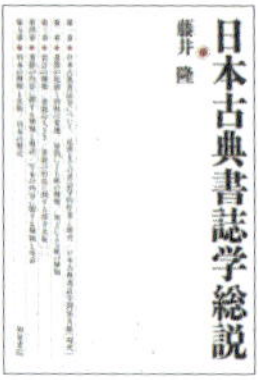

日本古典を取扱う上で必要となる書誌学の基本的事柄を、長年の調査経験に基づき丁寧に説く(九十余図入)。国文国史の研究者、学生、書店、収書家から一般にも便利な座右の書であり、大学や司書課程のテキストにも良い。

神戸平安文学会編

仮名手引

■A5並製・七八頁・五〇〇〇円

978-4-900137-26-4

古典文学の写本・版本を読解するための手引書として、大学・短大などの講読・演習に便利。古筆切・写本・版本から集字し、煩雑にならず効果的に活用できるように配慮した。字例とその本文用例を上下段に対照して見やすく編集した。

井手至・毛利正守校注

新校注 萬葉集

和泉古典叢書11　978-4-7576-0490-2

奈良時代の日本語キヒミ…以下13の音節が、さらに2種類の音節に分かれていたことを、かなの書き分けによって明示したはじめての萬葉集！新旧の国歌大観番号や句序数などを

★現代語訳付　笈の小文・更科紀行・嵯峨日記

■A5並製・一〇一頁・一五〇〇円

どのように行われたか、三作品の巧みな現代語訳と明解な注釈が、深く更なる理解・鑑賞へと導く。大活字本で学ぶ古典の名作。

捨女を読む会編著
（小林孔・坪内稔典・田彰子）

捨女句集

978-4-7576-0804-7

新刊■四六並製・一六〇頁・一五〇〇円

芭蕉とほぼ同じ時代を生きた近世女流俳句の先駆者、田捨女（でん・すてじょ）の自筆句集二四二句を翻刻。それに初めて注解を施し、読みやすいテキストとした。併せてブックガイドや略年譜他を収録。

森田恭二編著

『河内名所図会』『和泉名所図会』のおもしろさ

上方文庫別巻シリーズ3　978-4-7576-0547-3

■A5並製・三二一頁・二三〇〇円

江戸時代後期に出版された『和泉名所図会』と『河内名所図会』は、南大阪地域の歴史と地誌を物語る貴重な史料。両書の地域を実際に訪ね歩いた著者が、名所・旧跡を名所図会によって紹介しながら、現在の姿や伝承の正否を検討する。

☆『大和名所図会』のおもしろさ

森田恭二編著

上方文庫別巻シリーズ5　978-4-7576-0742-2

■A5並製・三〇八頁・二三〇〇円

『大和名所図会』の名所、旧跡を踏破した著者が、それぞれの歴史と文学の背景を探る。今はもう忘れかけられている歴史や文学のヒーロー・ヒロインの伝説をとりあげて、名所・旧跡を紹介する。

近江晴子
前川佳子 編著

船場大阪を語りつぐ
明治大正昭和の大阪人、ことばと暮らし

上方文庫別巻シリーズ8 978-4-7576-0798-9
近刊■A5並製・二九六頁・価未定

明治大正昭和の大阪人による五十の語りを収録。商いと町の発展のために教育を重んじ、自らの暮らしは律しながら朗らかに平和に過ごす日々を愛おしんだ人々が、船場を中心とした大阪の当時のありのままを語りつぐ。

三島佑一 著

船場道修町
薬・商い・学の町
〈普及版〉

978-4-7576-0793-4
新刊■四六並製・二五四頁・一七〇〇円

船場道修町の生薬問屋に生まれた著者が紹介する道修町の歴史や商法、道修町の成功者たちに纏わる話、暮らしや文化。今はなき昔の道修町が息づく八十年代の貴重な記録。ご要望の多かった品切本の普及版。

三島佑一 著

☆薬の大阪道修町 今むかし

上方文庫31 978-4-7576-0341-7
■四六上製・二九四頁・二五〇〇円

船場道修町に生まれた筆者が、大阪の中の大阪の町、道修町の今昔の暮らしや文化を鮮やかに著す。道修町十二の特色をあげ、いろんな人から昔のゴシップを集め、町の意外な顔を紹介する。厚い歴史の上にある現在に気づかせてくれる一冊。

羽衣国際大学
日本文化研究所 泉 紀子編

新作能 マクベス（DVD付）

978-4-7576-0753-8

新作能《マクベス》は、『マクベス』のテーマを、能の世界観と手法で表現し創作した。主演・演出の辰巳満次郎と間狂言監修の野村萬斎との対談、詞章、様々な専門分野の論考

にて、常々のことまで優しくするが肝要なり。王子の太夫が話にも、袖崎政之助といふ女形は愁ひごとの名人にて、せりふは多く云はぬ、さまでもない役にも、こなし思入にて見物を泣かせしとなり。すべて女の心得を片時《へんし》も忘るゝことなく、身を嗜み、型を崩さず、艶《つや》をもつぱらにして、色気を含むをよしとせり。八百屋お七の役に封じ文の紋をのこせし嵐喜代三は一幕のうち書抜《かきぬき》のセリフを半紙一二枚ほどならでは云はぬと云へり。常の女でさへ男をさし置き、多弁なるは色気のないものなり。まして男と生れて、女の真似をすることなれば、召使ふ家内の奉公人にも寝顔を見せず、云ひたいことも内端にして置かねばならぬなり。

これは現代女性の教訓ともなるのではなからうか。しかし或時特別の場合に於ては現代女形さんの心得で行かねばならない秋《とき》もある。

中村芝雀、すでに雀右衛門になつて東都の劇場にその妙伎をうたはれ、天晴れ当代の女形として、歌右衛門、仁左衛門（先代）、羽左衛門の一座に雀右衛門として

（四右衛門の一座）

とまで並び称され、ある時は歌右衛門を凌駕する舞台を見せて、東都の人士を驚かせし時の事である。これは、ある立役がと円満に云ふべき筈なれど、それがすでに故人になつた、市川中車である以上、スッパリ云ひ切つてしまふ。若しこの一事が蓮台座にある中車、雀右衛門の二人に聞

こえて、雀右衛門は例の
「ゴリガン」
又中車は例のつむじ曲りによつて、極楽にあるまじき争ひをおこすことがあつても、それは円満なる地蔵尊の御挨拶によつて事なくすむことであらう。それを予期して私は事実のまゝを伝へることにしやう。

七代目 市川中車

その事実といふのは、マアお聞き下され、かやうで御座る。
大阪は南地宗右衛門町に大西家といふ可なり大きな貸座敷がある。其処の離座敷の二階、正客は市川中車、これを招く者は、松竹社主、それにお招伴するものは即私。座に侍する者、大小数妓、皆名だゝる者であつた。其頃大阪の妓は中車を呼ぶに
「お父さん」
と云つてゐた。お父さんは孤独上戸である。妙な言葉だが、独酌主義者で、若し彼を訪問した際、それが昼飯時か、夕飯時であつた場合、彼は必らず食事を共にする。其時彼の膳の上には一本のお徳利が乗つてゐる。さうして来客に
『お飲みになりますか？』
『ハイ、頂戴致します！』

といふと、新しい徳利が其客の膳の上にも載せられるのである。

『どうか勝手に召上がつて下さい』、さうして、献酬をしない。お前はお前、私は私といふ態度でのむのである。

彼の曰く、

『その方の酒量も解らない。酒に対する態度も不明である。それに対し自分の酒味――趣味に対しての新熟字――に合致させやうと云ふのは無理である。各自独酌に限る』

とかう云ふのである。一見識である。ところが、かゝる大一座となると、やはりこの孤独上戸は忽ちにして、月並になるのも面白かつた。

しかも非常に座談の旨い人でよく芝居でも衣裳を着たまんま、頭取部屋へ早くから来て、盛んに話し込むのである。これは

（橋尾さんの昔噺）

と云つて、部屋でも名高いものであつた。この夜も、其話上手が

『わつしの子役の時、和歌山の芝居が御難で、山越に一足場〔マヽ〕へ出やうと徹夜で一座が峠を越したことがありましてね。とても真闇《まつくら》で、何が何だか分らないのです。あつしも子供心に恐ろしくなつて来たのですが、一座と同行なので気をはげまして頂上へ登り切つた時です。誰か闇の中か

ら、すこし休んで行かうと云ひだしたので、あつしも救はれたやうにある物に腰を下ろしましたがね、妙にフウワリとするので、コリヤい丶処へ休んだと思つて一息入れると、又闇の中から、モウソロ〳〵出かけやうぜ、と頭取らしい声です。あつしも立上がつたがグイと袖をひくものがあるのです。小さな声で、誰だと云ひながら腰を下ろすと、袖をはなされたやうに覚えたので、又立つと、又袖をひくのです。あまりに不思議なもんですから手さぐりに袖の先の方をかうさわつて見ると驚いたね、あつしの腰をかけたのは、土へ浅く葬つてある人間の亡骸が、雨露に曝らされたのだね、丁度袖が其死人の口の内へ這入つてゐるのだ。あつしが腹の上へ腰をかけたものだから、奴さん、口をあんぐりとあいたのだね。闇はしかたのないもので、其処へ袖がはいつたのさ。出発命令だからひよいと起つと口はウツと塞がるのさ。引ぱる奴は分かつたが少気味が悪かつたよ』

『お父さん、もうそんないやらしい話やめときなはれ』

若い妓《こ》はさう云ふ。其処まではよかつたのだが、

『じやア少し稼業の話をしやう。この席で云つちやア、差支えのある妓《かた》もあるでせうが、マア、云はして下さい。上方の女形さんはどうも行儀が悪いね。名はハツキリ云ふといけないから云はないが、あの京屋がね――それではハツキリ云つてゐることになる――女房にしろ、姫にしろ、

娘にしろ、立役よりやア四五寸も前へ出るのだね。女形ツてえものは、控え目にやつてくれなくツちやアいけねへ。吃又のおとくだつて、あれだけ出過ぎた女でも、前へ出ちやアよくねへ。どうもあの人は兎角立役を無視してね……』

だん〳〵話が険悪になつて来た。私は口を出して、

『ほんにこの席にも大分前へ出てゐる妓《かた》がありますね。ソレ千代菊さん、もつとうしろへ〳〵』

と兎も角話をそらしてしまつたが、其処だ私がこれから議論をしやうといふのは、相手がないから大威張である。

女形にも「シテ」「ワキ」がある。源蔵の女房戸浪は「ワキ」であるから、中車説の如く前へ出てはいけないが、松王女房千代は一時「シテ」の場合がある。其人の仕勝手によつて前へ出て差支がない。天網島にしても河庄の小春は「ワキ」である。前へ出てはいけないが、孫右衛門と対座する場合前へ出てもよいと思ふ。紙屋うちのおさんに至つては全然前へ出づゝぱりでなければならない。甚例にひくのは乱暴かもしれないが、能楽の「シテ」は女が多い。其場合、「ワキ」の僧よりうしろへ引込んではゐられない。無論中車の場合は松右衛門の女房とか、三婦の女房とかの場合であらう。すでに東京には坂東秀調といふ心得た人があつて、かうした時にはスツコンでゐるが、外の場合はしやしやり出た人もあつた。私はこの言葉を直ちに享入《うけい》れたくはなかつた。

雀右衛門といふ優《ひと》は、どちらかと云へば型による役者であつた。寧ろ雀右衛門が型を作つて行くと云つてもよいかもしれない。野崎のお光、八重垣姫、すし屋のお里、十段目の初菊、三代記の時姫、壺坂のお里、合邦辻の玉手。どれを観ても四五寸前へ出なければならない役ばかりではなからうか。第一は役者の持つてゐる

（芸）

にもよることは無論である。よく現代の梅玉や、現代の仁左衛門や、魁車などとくらべられたものだが、恐らく、皆違つたものをもつてゐる。若し仮にこの四人に野崎村のお光をやらしてみるとして、私をして云はしめなば、かう云ふ断案を下したい。

百姓久作の娘　お光　雀右衛門
浪人久作の娘　お光　梅　玉
船場の商人久作の娘　お光　仁左衛門
医者久作の娘　お光　魁　車

これはその柄《がら》から云つたので、伎の巧拙を云ふのでは万々ない。
今このお光を雀右衛門型によるものに翫雀がある。
創作に菊五郎がある。

江戸型に富十郎がある。

しかし世間の誰もが、野崎のお光と云へば必らず雀右衛門と云ふ。其処に彼のお光のよさを一切が認めてゐたことが分かるのである。

彼は一面非常な交際家であつた。天晴社交界の花形であつた。彼の天下茶屋の邸宅の成りし日、その披露に彼の汎交さを示してゐた。しかも其日の招待ぶりは頗るふるつたものであつた。其披露宴は盛夏に於て催された。玄関へ這入ると

『どうぞ』

と案内されて新築の湯殿へ。さうして一浴して出ると

『お浴衣を』

と女の接待客が着せかけてくれる。それは真新しいものであつた。帯までも用意されてゐる。一切の人が同じ浴衣で打くつろぎ祝盃をあげる。

イザ帰らうといふと、其処には何物もない。私の衣類は

『イエどうぞ其儘お帰りを願ひます』

と云ふので、兎も角も浴衣の儘帰宅すると、其処には自分の着て行つた衣服も新築の記念品も、さうして自分のたべのこした折も一切とゞいてゐるのであつた。

喜多村緑郎

河合武雄

花柳章太郎

かゝる些事にも心のつく彼であるから、その舞台に於ける衣裳のやかましいことは言語に絶したものがあつた。彼の時姫は、赤姫、白姫、青姫の三通りに着かへたのであつた。三浦之助の宅は借家でもあつたらうがあのむさくるしい家へ、こんなに着換へを持ち込んだのは、さすが北條の娘だと、苦笑を禁じ得なかつた。

しかしそれは女形としての心得である。如何にして自分を美くしく見せやうかと云ふ苦心に外ならない。新派に喜多村緑郎あり、河合武雄もあつた。現代の花柳章太郎も亦中々に衣裳に就ては、所謂うるさ型である。今四世富十郎を襲いだかねての市川鶴之助も亦自身で衣裳屋へ出かけて行く方である。

現代の如く、絵羽をさへ禁じられてゐる世の中では、せめて色合とか、柄ゆきによつて纔かに其役の性格を衣裳の色と其このみによつて表現しつゝある。雀右衛門時代にはその自由を許されたのである以上、彼は、右か、左か、東か、北か、其撰択は彼の芸術的良心の動きによつて、かくありしは寧ろ、かくありて初めて雀右衛門たりしと云ひ得るのである。

衣裳にすら、何の考へもなき者は、或は
（色盲）

と云つてもよいのであらう。

若しそれこれを
（うるさ型）

と云ふを得べくんば、天下の女形、そのいづれを問はず
（うるさ型）

ならざる者は、女形としての存在をうたがふものである。

若し彼にある役の型を問ふ為、彼の門を叩くものあれば、彼は教ゆるに懇切を尽したものである。

其時の長きに渉らうが、その気候の、寒暑にかゝはらず、教えらるゝ者の会得の行くまで飽かず反覆するのであつた。

かくの如くすべてに渉つて、熱心である。さればこそ、一新作に接しても、中々にうるさ型を発揮したものである。

『そこで、こんな風にならんやろか』

と研究に研究を重ねるのであつた。

大阪に医学博士で有名なる吸江《きうこう》先生がある。雀右衛門の舞台に対して特に信仰をもつてゐる。国手の能楽通であり、芝居通であることは、いやしくも、能楽を語り、芝居を云々するもの丶よく識るところである。

国手の顔は、すべての芝居の初日に於て観らる丶。さうして其評言を聞く時、すべての人はその劇通振に一驚を喫する者であり、しかして国手は誰よりも彼よりも、中村雀右衛門を愛してゐたのである。

『もうあんだけの女形は出来《でけ》へんかもしれんな』

まことに然り、もう出来へんかもしれぬのである。

その精神に於て、その努力に於て、その天稟に於て。

中村雀右衛門は近代劇界の女形として、実に尊い存在であつた。

△ 中村梅玉

現代梅玉《ばいぎょく》ではない。先代を今描こうとしてゐるのである。円満な相は円満な芸風と相まつて、まことに円満な存在であつた。晩年の彼は殆ど鴈治郎と一座して、其ワキ役にまはつてゐた。紙治の孫右衛門、土屋主税の其角、碁盤太平記の内蔵之助の母、襤褸錦の高市武右衛門、近江源氏の母微妙、宵庚申の父平右衛門、等等等。

しかし彼は決してもとからのワキ役者ではなかつた。若い時、團十郎の膝下にゐてよくワキを勤めてゐたが、独立して、板額、重の井、実盛、政岡、蘭平、等等は得意中の得意の物であつた。もと京都の生れで、菊太郎、玉蔵を経て、中村福助になつた。さうして後に中村梅玉を襲ふて、角度のない、見物の為を思ふ、至極に平和に終つた人である。

平和といふのはその晩年の事で、彼の花やかなりし日には、嵐橘三郎と其位置を争ふたものである。いつの時代にも、大阪には対比する所謂謙信と信玄があつた。鴈治郎と我當、多見之助と巌笑、宗十郎と延若、政治郎と成太郎、我童と延二郎、と云つた風に。

二代目 中村梅玉

さうしてこの福助、橘三郎も亦中々に鎬を削つたものであつた。

古いところでは、明治七年の九月、筑後の芝居——今の浪花座——で、延若、璃寛、七賀助、芝雀、慶女、三右衛門、荒五郎、延三郎、橘三郎、さうしてこの福助といふとても大一座であつた。狂言は

前狂言　　千石積湊大入船《いりふね》　　帆布八反
切狂言　　世話情浮名横櫛　　上中下

（書出し）

といふ並らべ方であつたが、扨橘三郎と福助とは当時人気の頂天にあつた。相互ひにの地位を争つたのである。書出しといふのは、節季に来る請求書のことではない。番付面の初筆に書かれるのが所謂書出しで、筆どめが座頭《ざがしら》、丁度中央にあるのが中軸、さうして書出しの次が二枚目、座頭の次が尻二枚目、其次が所謂三枚目、と云つた風に番付には其役者の伎倆及、その人気によつて世間も認め、幕内も亦これを許す者によつて定められるので、角力の如く、勝星の多いのを上位にといふわけには行かない。役者の伎倆には、其計量の方法がない。よつて角力の番付のやうに、動かないものではない。役者の申立てによつて左右することがある。此際、又然りで、相共に一歩も譲らなかつた。殊にこの福助は、番付の位置、或は絵看板の人物の描き方などでは殊の外やかましい人で、いつも道頓堀に看板があがると其晩年でも、弟子を連れて両眼鏡《りよがんきよ》をもつて看板を観に行く。ちよつとでも、たとへば鴈治郎の絵面の人物の脚が、福助の人物の肩へでもかゝつてゐやうものなら、

『わしを踏まへてゐる』

と云つて大ひに異議を申出で、、描きなほさせると云ふ位の癇性をもつてゐた。
それだけに橘三郎といふ好敵手と一座するに当つては猶更に其位置が問題になつてくるのは当然のことであつた。
どうもこれは察するに、橘三郎を初め書出しに据えたらしい。それを福助の方で
（異議）
を申立てたので、すつた揉んだの結果、劇界には異例である――一度位は前に例はあつたが――番付を二枚出した。即、一は橘三郎が書出し、一は福助が書出しといふことにしてやう〳〵に鼂《けり》がついた。大分にこれが為に遅れて初日が出たのであつた。
扨時代の新しい方では、市川團蔵が大阪で盛んに活躍してゐた時代で、座は弁天座の出来ごとだつたと思ふ。即「義経千本桜」の通しが出たのである。無論大一座で、
團蔵が知盛と権太、
福助が典侍《すけ》の局と小金吾、
橘三郎が川越と弥左衛門、
右團次が忠信、
と云つたやうな大歌舞伎であつた。この芝居の初日に、椎の木の場で、主馬《しめ》の小金吾が、猪の

熊大之進と相討になつて倒れる。これが福助だから見物の方を向いては倒れないで、スッカリ脚を向けてしまつた。軈《やが》て橋三郎の弥左衛門は出て来た。行きかゝつて、惟盛の身代《みがはり》と思ひついて、とつてかへし、恐る〳〵その首を打たうとして椎の木の露が首筋へポタリツと落て、ヒヤアと飛退くのが幕切となる。弥左衛門の大事の演処《しどこ》である。然るに、見物の方を向いて倒れてゐない為、弥左衛門がこの演伎《しぐさ》をやることが出来ない。いゝかげんにして幕になると、怒るまいことか、明治初年以来互ひに争そつてゐた福助である。其処にはやう〳〵に起上つて楽屋へと志す福助のうしろから、

『高砂屋は小金吾をしらんな。やつたことがないのやな。大根《だいこ》め。弥左衛門をする役者のことを考へたら、あんな死にやうしられたら、何処でワイは芝居をするのや。知らんのなら知らんで訊きに来たらゑゝのや』

と罵声を浴せかけたのであつた。

さすがの福助もちよつとこれは出来ぞこなひであつたと悟つた。

『伊丹屋そない云はんかてゑゝがな。わいかて、この歳になつて小金吾しやうと思ふてへなんだんや。あしたから見物の方を向いて死ぬわ』

と下から出たから事は大事に至らなかつたが、当時傍《そば》にゐた連中は什《ど》うなることかと片唾をの

んだものである。

然しながら、この二人も晩年は大ひに（世の中）――芝居道の言葉で昔日の覇気も、老境に及んでは、若い者に任《まか》し大ひに世の中を悟つたといふ斯道の通語――になつて、福助は殆ど鴈治郎の「ワキ」をやつたことは前に述べた通りで、橋三郎などは私の書《かき》もの――新脚本のこと――で幸蔵主とか、尼御台とか、僧某などの役が多かつたので、

『動物め――私の身体が大きく肥つてゐるので彼はさう云ふてゐた――俺に坊主ばつかりさしよる』

と云つて、さして反対もしなくなつてゐたのも即世の中になつた証拠である。

又梅玉ほど見物の身になる人はなかつた。決して自分勝手なことを云はなかつた。

『それでは見物が困るやろ』

と云ふては長い台詞をカツト、イヤ斧鉞を用ひてゐた。

大正元年の十一月浪花座に於て、長谷川時雨女史作の
「さくら吹雪」

が出た時の事である。これは勝子の事を書いたもので、大詰で、柳原某と、池田某とが、馬上

で出会ふ一場面がある。書卸しは菊五郎が其役と勝子と代つてやつてゐた。

梅玉のところへ、成駒屋さんとお二人でやつて下さいと云つて行くと、

『やめとき、成駒家と二人で長いこと云ふてたかて、見物に受けへんで。芝居の本筋はこの幕を付けんかて分つてるのやないか』

と云つて中々「ウン」と云はない。処が鴈治郎の方では、この大詰を楽しんで、

『高砂屋へさう云ふて。二人切りやさかい一つ初日から作者につけて貰らはんやうにしてスラ〳〵と云はうやないか。さう云ふといてや』

と乗気である。よつて又其旨を付加へて再高砂屋へ云つてゐた。

『成駒家がそない云ふのなら、仕様がない、苦るしいけど覚えるわ』

とそれから稽古の間に見事梅玉はスラ〳〵と云ふやうになつたが、鴈治郎はちつともスラ〳〵どころか気のない顔をして、稽古も

『そこはあんたと二人やさかい、分かつてますがな』

といつも預かつて稽古さへろくすつぽうしなかつた。

『ゑゝのかいな』

とやゝ不安になつて来たが、それでも怪しいながら総ざらひはした。いよ〳〵初日になつた。

頭取が恐る〳〵来て
『今日は大詰は預かります』

つまりこの大詰は出幕にならないことを云ふて来た。

『ゑゝのんかいな。あしたは出るな』

『ヘイ』

と頭取は去つた。あくる日も出なく、又あくる日も出ない。とう〳〵高砂屋は怒つた。

『せりふを覚えとけと云ふよつて一生懸命になつてスツカリ腹へ入れたのや。成駒家が出んのやつたら、倅―福助―にでも代らして、わいは出るのや』

久しぶりで大曲りに曲つた。さりとて鴈治郎が出ないのに他《た》の者を出すわけにも行かない。しかも梅玉の云ふところは道理である。八方頭取や、お仕打の代理として奥役や、作者がかはる〴〵梅玉に詫びたが中々聞き入れなかつたが、とう〳〵鴈治郎の云分が通つてこの大詰は一興行中出なかつた。

幸田露伴作の（壺屋久兵衛）にもこれに似た話がある。松山太夫の父の役が中々原作ではいろ〳〵と長いこと云ふてゐる。それを
『見物が見てへんで。もつと短かうしてや』

と云ふのを、其儘に押つけて、やらしたのであつた。ところが梅玉の云ふ通りそこのところが甚永い。よつて次に新富座《しんとみざ》へ行つた時は、三分の一ほどにしてもつて行くと、

『そやさかい初めから云ふてるのやがな。あの時さうしやへんさかい、今度もあの通りやる』

と云ふて中々聞入れなかつた。これ又八方あたまを下げて、やう〳〵に出ることになつた。それは若かりし日橋三郎と争ふた時の福助が真向に出て来たので、恐らく花やかなりし頃はこれ亦

（うるさ型）

であつたらうと思はれた。

役者は無論旨かつた。その孫右衛門の如きは、町人が侍に扮してゐるといふ気分を忘れないでゐて、しかもそれはあらはではなかつた。尤若い頃は中々芝居をした。

『其縄といたらいかん。アイヤ其縄解くことまかりならぬ』

などイヤに芝居〳〵してゐたが、後には鴈治郎の治兵衛と共に、さうした芝居くさいところを一切ぼやかして行くので、写実風にピツタリ二人の息があつて面白いことこの上なかつた。のちに外の人がやつてもこの孫右衛門には到底及ばなかつた。しかも親でなく、親類でなく、伯父でなく、慥《たし》かに治兵衛の（兄）であつたことは其用意の賢明さに恐れ入つたものであつた。

又菊畑の智恵内も其後いろ〳〵の人のを見たが、この人ほどふつくりとしかも花やかに演じた

のに出つくわした事がない。

〽菊のませがき……

の間で、皆鶴《みなづる》との間にあんなに愛嬌を見せる用意は他人の追従を許さぬものがあつた。

面白い挿話がある。

今の福助のまだ政治郎の頃――それは今の梅玉の一子になつてゐるが実は故梅玉の実子である――芝居へは来てゐるが学校に毎日通学してゐる頃であつた。頭取部屋でこの親子が出つくわした。

『コレお前この頃学校で何やつてるのや』

『トクホン』

『エッ、トクホンて何や』

『トクホンやがな』

『この子は何にもしれへんのやな』

丸で禅家の問答みたいなものである。つまり何にもしれへんと云はれた、政治郎は知つてゐて、さう云ふた梅玉老人こそ何にもしれへなんだのである。

傍《そば》にゐた例の勝彦輔と云ふ作者がそれを聞いて、

『トクホンやないトクキヨだ』

と云つて笑つた。トクキヨとは、即笹木徳教、〔マヽ〕それは梅玉の本名であつた。

又私の書いた（桜のもと）といふ狂言がある。溝口与志といふのを福助―今の梅玉―がやつて、
この梅玉はその父に扮するのであつたが、稽古の時、

『師匠、こゝへ駈付るのに何里ほどあります』

ちよつと私も里数は調らべぬと分らぬので
『大分あります』

『大分といふて何ぼほどや』

『いゝでせう、里数なんか』

『足ごしらへの都合があるがな』

『馬で来たことにして、鞭をもつて出たらいゝでせう』

『それで分かるやろか』

かうした十二分に念を入れる人で、何事によらず注意深かつた。それに就てとつて置きの老人の艶話がある。いかにも念の入つた人である事を物語つてゐる。それは梅玉の処にゐる狂言方で竹中桂二といふのがある。その男のかゝりと云ふのも妙だが、堺の龍神に特に梅玉を贔屓の妓《こ》が

ゐた。浪花座で
「菅原伝授手習鑑」

の通しで、大一座の時があつた。

鴈治郎は菅相丞と車場の松王、寺子屋の源蔵の三役。

この人は道明寺の伯母覚寿に車場の桜丸。

左團次は、道明寺の宿禰太郎に、車場の梅王、さうして寺子屋の松王。

といつた役割で、中々の大歌舞伎であつた。桂二は、

『堺のはいつ見物によこしまひよ』

と相談をかけた。其処に梅玉の嬉しいところがある。

『いつでもかまへんけど、早うおこしなや、一時頃から来てもろて』

何ぞしらん、それは白髪あたまの伯母覚寿が済んで、丁度車場で、前髪の桜丸に出る頃合を指示したのであつた。無論其頃はすでに老人は六十有何歳であつた。

又彼は有名なる富豪で、そのあまり彼は一面担保をとつて金を貸してゐた。

ある人が家を抵当にして金三万円を彼から借りたのである。無論それは、中村福助といふ役者からでない、笹木徳教〔マヽ〕といふ一個人に借りたのであるが、其取引の時笹木の番頭は其借主に

『何処でも御便利な銀行の手形を書きますが、お近くの銀行は何処でせう？』

と云つたので其借主は眼を丸くした。それは番頭は親切に云ふたことではあるが、この言葉の出る以上、少なくとも大阪の何処の銀行にも現金三万円以上の預金がなければこの口巾の広い言葉はつかへぬわけだ、とさすがに金でも借りる人は其処へ眼をつけて、一驚を喫したのである。

私の門下に松島と云ふのがゐた。一時彼の家に起臥してゐたが、ある時ひそかに松島を離座敷へ呼んで

『内緒や。わしの云ふ通り書いてんか』

と筆を執らせ、遺言状の下書をさせたことがあつた。妻君に何十万円、一子政治郎に何十万円、番頭尼谷に何万円、何某に何十万円、彼処の不動産は誰に、此処の家屋は誰に、さうして一切の残りは、相続人福助にと云つたやうな事を書かされ、松島はすつかり気を遠くしたと私のところへ来て話してゐた。

富豪物語はつゞく。

北の新地辺のお茶屋を担保として金を貸したことがあつたが、それが抵当流れになつた。老人は親しく其家を見に行つて、ガラリツと二階座敷の南側をあけると、丁度其処は有名なる喜代路の宅で、しかも中村鴈治郎と二人で御飯をたべてゐたので、すぐピツシヤリと閉めて、

『ゑらい家を抵当にとつたな』

これは頗る名高い話である。

さうして彼は又一面非常な法華経の信者であつた。

其信仰振と、その富豪振と、さうしてその舞台とは一脈相通ずるもの丶あつたのも事実である。

かうした役者も亦将来出来てこないと思ふ。高砂屋梅玉はすべての点に於て役者の長者である。


（第三冊終）

△中村歌六

三代目 中村歌六

殆ど中村梅玉とは同時代の人である。さうして中村時蔵として、大阪に、東京に、京都に頗花やかに、その役者らしい生活に、面白く一生を過した人であつた。無論今の中村吉右衛門の父であることは誰もが知つてゐる事であらう。
晩年は東京にゐたが、若かりし頃はズーツと故郷大阪で打つてゐた。数々の物語をもつてゐる。しかもその一つ〳〵が如何にも明治時代の役者を代表したかの如き観がある。

愛嬌があつて、暢気でしかも舞台が車輪でこれ程逸話に富んだ人も亦少ない。その一つ〳〵が大阪落語にでもあり相なのが嬉しい。恐らくこれからの物語を聞いて、

『ほんまかいな?』

と眼を丸くされることであらう。しかしそれはこしらへた話でもない。私が現在見聞したこと、さうして今の吉右衛門や今の延若に直接聞いた話、又は幕内の誰彼より有名な話として伝へられたことのみである。恐らく、より以上の事もその旅先などであつたことであらう。

一体役者の話と云ふものは、殆どすべてがこの(嘘)らしいことが多いので、仲蔵の「絶句帖」などをよんでゐるとふき出したくなるやうな事が多い。田舎芝居で、由良之助をする役者が五段目には用がないといふので猪に出てゐた。その人が楽屋で其猪の縫ぐるみを被つて寝てゐると、四段目の由良之助の出になつたので、吃驚《びつくり》してゆり起こすと、猪をかむつてゐたものだから、テツキリ五段目だと思つて其儘揚幕から飛んで出た、さうして判官を跳飛ばし、石堂、薬師寺に突当つて上手の襖《ふすま》間にイヤといふほどあたまを打つけた。これは前代未聞の珍事だと仲蔵も書いてゐる。かうした話はいくらでもあるので、さつき云つたやうに

『ほんまかいな?』

といはれる場合が多い。それは幕の内側を識らない人には全く意外なことが多過るからである。

世間では絶対にそんな事で通らぬことでも、芝居道では家常茶飯事である。五百円の受取にちやんと印紙まで貼用して、実際金は四百円よりくれない。さうして、

『だまつてや』

と押へつけられると云ふ国である。午前に逢ふても、午後でも、夜中でも、其日初めて会へばお互ひに
『お早う』

といふ国である。（はやひる）といふ時間があり（よなゐ）といふ別途収入があり（ドロン）と云つて給金《しんしよ》を受取つて置きながら、其芝居を働かずに駈落しても、敢て其責任や義務を問はなかつたり、
（シクタ）（テンドロ）（アレ〳〵）（テン〳〵）（オカンムリ）（トツチル）（ツツクリ）（ハネル）（カカトト）
と丸で外来語のやうなことを云つて、それで通つて行く国である。

『この間あの男がトツチよつてな、あいつはシクタやさかいな、オンタイがオカンムリでとう〳〵首や、家《うち》は世話場でアレ〳〵やし、とう〴〵ドロンしよつた』

何と意味が通ずるであらうか？

歌六翁は全くかゝる国の産としてまことにふさはしき役者であつた。こゝに中村鴈治郎と、この歌六と共通した話の持合せがある。これによつて、役者といふものゝ「ヨタ」さが想像出来ると思ふ。

歌六は如何なる場合でも人をそらさなかつた。素敵にお世辞のよい、親切気もないではないが、マア其実質よりは口先の方が大分先へ進んでゐたのであつた。ちよつとした例が芝居の子役―子供の役者―は大抵の場合達者《たてもの》の部屋へ挨拶に行くものだ。其例に洩れず、ある子役が、歌六の部屋の次の間から手をつかえて、

『親方今日は』

と声をかけると、

『ア坊や、マアこつちへお這入り』

と来る。達者にかう云はれたのだから、子役にとつても嬉しいので、

『ハイ』

と鏡台の傍近くよる。

『大きうなつたな、第一ゑゝ男やな、親爺に似たのやな、立派な達者になるで、今度は何をしてるのや』

『親方のとこへ出てます、小姓一役だす』

『さうか、あの太刀の持具合がゑゝな、しつかりしいや』

『へイ有難う』

と一礼して部屋を出るか出ないかに
『オイ為公《ためこう》、あれどこの子役や？』

とかうである、知りもしないのに、親爺によう似てなぞと真向からお世辞を振舞ふのだから面白い。

鴈治郎の場合は
久し振で東京へ乗込んだ時、それはまだ新橋の駅であつた。大勢が迎かひに来てゐる中で、向かふの方から、新聞記者らしいセンセイがツカ〳〵と寄つて来て
『林君しばらくだつたね』

と行なり手をグツと握つた。鴈治郎はさも〳〵なつかし相に、

『先生、今度の上京は、本間云ふと先生にだけ逢ひたかつたので来ましたのや、一遍ゆつくり逢ひまひよな』

『ウン、部屋へ行くよ』

と二三歩彼が向かふの方へ行くと、側にゐた私に、

『あれどこの人や』

何処の人とも分からないセンセイに
『先生』といふのからがヨタだが、

『あんたにだけ逢ひに来た』

はいくら鴈治郎が八方でも、あまりにそれが過ぎるので、傍でこの光景を親しく見た私でさへあいた口がふさがらなかつた。

つまりは同じ筆法である。私もいやしくも籍を芝居道に置くからは、鴈治郎、歌六を先輩として大ひに学ぶところがあつた。ある時向ふから来た人が、

『南北さん』

と云ふから、此処だなと思つて、

『イヨーお久し振ですな、きのふもあなたの噂をしてゐたのです』

『誰と』

『あなたも御存知の大川君と』

『そんな人僕知りませんよ』

『アさう〳〵岸本君だつた』

『イヤそんな人もしりませんよ』

『……』

『あなた私は誰だと思つてるのです。僕は芝居には関係がない、あなたの親族の○○ですよ』

『ウウ……』

付焼刃は旨く行かない、親類に真向からお世辞を振舞つた天罰である。

かくてこの人を見ると、ます〳〵洗練されたお世辞に敬服するのである。しかも一面その暢気さにはかうした例がある。

歌舞伎座の序幕に源太先陣物語が出た。羽左衛門の源太、八百蔵の平治、この人の延寿、吉右衛門の軍内、宗十郎の千鳥と云つた一幕であつた。歌六も長く役者をしてゐるのである。

（着到《ちやくとう》）——開幕三十分以前にそれをしらす為のおはやしのシヤギリをさう呼んでゐる——のは入るまでに、序幕に出る人はきつと来てゐなければならないのである位は歌六だつて百も承知、二百も合点の筈である。然るに中々に来ない。頭取の幸升といふのがヤキモキして内々かはり役を菊三郎に頼んで置いて、兎も角も、外の役者がゴタついてもいけないと思つて
（着到）

を入れてしまつた。大分してから暢気さうにやつて来た。幸升は
『播磨家さん、お顔が見へないので、代役も心当はして置きました。さうして着到も入れて置きました』
といふと、
『いゝんですよ、私は返しから出るのだから』
と云ひながら
『めでためでたが三つ重さなりて、下のめでたが重たかろ』
とこんな歌を口ずさみながら部屋の方へ行つたので、其時居合せた、私と幸升とが顔を見合せた。幸升の曰く、
『暢気な爺さんだ』
扨多方面な役者も中々に多いが、恐らくこの人ほどの多方面なのはちよつと例がない。近い頃ではこの間戦災によつて亡くなつた中村魁車が其処へ行く人であらうか、
仮名手本忠臣蔵
を例にとつて見ると、立役も、二枚目も、三枚目も、婆も、女武道も、実悪も一切出来るのはこの人と魁車である。

（師直）（判官）（若狭之助）（おかる）（勘平）（かほよ）（本蔵）（石堂）（薬師寺）（与市兵衛）（おかや）（千崎）（平右衛門）（直義）（となせ）（小浪）（天川屋）（お石）（伴内）（ぜげん）（定九郎）（郷右衛門）（九太夫）（力弥）（お才）（おその）（由良之助）

それこそ猪《しゝ》もやれば、雑式《ざうしき》もやらうし、又実際手にかけて来た人である。おかやなんかわざ〳〵買つて出て、六段目から、七段目に居どころがはりになる時、勘平の死骸は二人侍と一しよにセリへひいてとる。おかやはうろ〳〵して其処にある豊島呉座《てしまござ》をとつてクル〳〵と身体《からだ》に巻つけると丁度七段目の手水鉢になるといふ趣向で、それがしたさにおかやを買つて出たといふ暢気な事もあつた。

踊も上手だし、三味線も弾くし、義太夫も語れば、琴もいける、トンボもかへるし、歌もうたへる、まことに器用千万な役者だ。

袖萩と貞任の二つ玉が得意で、しかもこの貞任と袖萩は今も吉右衛門が父譲りによくやるが、これについて面白い話がある。彼の若かりし日、京都でこの安達の三が出た。当時まだ芝居に、電気と云ふものがなかつた。所謂洋灯《ランプ》時代であつた。彼は例によつて袖萩に出て、三味線を弾く時

「ハッ」「ハッ」

とかけ声なんかかけて陽気にやつてゐた。さうして、二役貞任にかはつたが、例の公卿の姿で謙杖の切腹を見届けゆう〳〵と花道へ行く。其処が公卿と貞任とのかはり目で役者としては大事の仕どころである。然るにランプは暗い。
それと時蔵は下手の狂言方に声をかけて
『くらゐ〳〵』
と云つてゐたが、誰もが気がつかない。二足三足、おはやしは揚幕と上手奥でドロンヂヤンを打込む。一つ足をすべらしてキツとなる。
『くらゐ〳〵』
とまだ口の中《うち》で云ふてゐる。イヨ〳〵打込みがはげしくなる。その太鼓の音、鉦の音《ね》でいよ〳〵
『くらゐ〳〵』
が聞こえなくなつた。其内もう仕方がないか
『ハーアテ心得ぬ……くらゐ〳〵……』
とソツと向かふを見て
『このあき御殿のうちに俄かに聞こゆる貝鉦太鼓はハテ何者の』

といひながらたまらなくなつて、其処に下がつてあつたランプの芯を自分でグツと捻《ひ》ねつて
『仕業なるか』

と大見得になつたのはよつぽどおかしかつたと、これは同座してゐた延若の話であつた。

この暢気さが舞台の役々にもあらはれて、

(藤の棚の二九屋源右衛門) といふ役がある。これは頗る面白い狂言で、私はこの人のときさの荒五郎のとを見た。変つた先代萩の一節で、三田平《さんだべい》といふ奴が、槍をふつて
「アリヤ〳〵〳〵」

とやつてくると、

『アリヤアリヤ　ありや何ぢやい』

などいふおかし味は時蔵独特のものであつた。この頃はトンと出ない狂言の一つになつてゐる。

それから、テレメンや、天下茶屋の万屋や、金子等等の番頭これが又頗るおかしかつた。

樽屋おせんの芝居で、里見伊助と番頭が平舞台にゐる。後家が、

『伊助殿、ちよつとこゝを遠慮して下されʼ』

『イヤ私は大事ない者で御座ります』

『ハテ扨行きやれといふに』

『ヘイ』

とあたまを下げる。立上がつて見入刀を前へとつて極《き》まると、

「シヤラン」と三味線になつて独吟では入ると、鸚鵡といふて同じことを番頭が又やるので即、

『番頭殿、ちよつとこゝを遠慮して下され』

『イエ大事ないもので御座ります』

『ハテ扨行きやれといふに』

『へイ』

とあたまを下げ、其処にある箒木をとつてかまへると（シヤラン）と独吟になる。かうした番頭の三枚目はよく昔の芝居に出てくる。しかも時蔵はそれを至極面白く演じるのである。梅由《うめよし》の医者、伊勢音頭の正直正太夫。是等にも亦時蔵一流を発揮したものである。

話はかはるが坂東太郎といふ役者は、名人小團治の真似ばかりしてゐた役者であつた。ある達者がその楽屋で、

『太郎といふ奴は厭な男だ、一切高島屋で、鼻持のならねへ舞台だ』

と云つてゐるところへニユーッとあらはれたのは其当の太郎であつた。達者はすかさず、

『見ねへ、かうした処は高島屋そつくりだ』

と云つたといふ話が伝はつてゐるが、時蔵の場合は更に面白い。

延若が延二郎時代であつた。これ又器用なことにかけては、忠臣蔵のやはりすべての役々を演《し》こなす人である上に、曾我の家の五郎から、鴈治郎、卯三郎、我童、梅幸、羽左衛門、歌右衛門、誰の物真似でも実に旨い。

『ぼんやんの似声《こわいろ》』

と云へばそんじよ其処では評判のものだ。京都で一座した時、延二郎の部屋へ大勢集まつた其処で、

『一つ時蔵のくさゐところをやつて見たろ』

とあの両の手を一つにして右の膝の上へ真直に立てゝ、ア何といふことぢやゝらと少し舌をもつれさす云ひまはしを真似てゐると、のれんの外で

『うまゐ〳〵』

と喝采して這入つて来たのは当の時蔵だつたので、さすがの延二郎も

『どや上手だつしやろ』

と軽う出られなかつた。私の観た芝居の中では、この人の藤浪左膳、中村霞仙の貢《みつぎ》、種太郎の万次郎と云つた芝居が朝日座で出た。其時の初日に大道具がうまく飾りつけてなかつたか、貢が

左膳から万次郎を預かつて玄関先へ出る、つゞいて左膳がそれを送つてくると云ふ処で、バラ〳〵と襖《ふすま》が倒れて時蔵の頭へかぶさつて来た。こんな事には少しも驚かぬ時蔵は
『ハテ怪《け》しからぬこの地震、両人ともに、かゝる思はぬ天変もあり、必らず心をつけて行くがよいぞ』

　種太郎も霞仙も思はず俯向いて笑つてしまつた。

石井常右衛門か何かの芝居で、廊下の行灯に火が這入て燃え出した。奴姿で出てゐた時蔵バタ〳〵とよつてフツ〳〵と消し止め戻つて来て
『御安心なされませ、火事は奴めが消しとめまして御座ります』

あまりに大行に云つたので其時は見物も笑つてしまつた。

明治二十三年の八月に浪花座で慈善興行といふので三日間だけ芝居をすることになつた。役者は、片岡我當、嵐璃寛、さうしてこの時蔵、中村雀右衛門、市川右團次といふ大一座であつた。慈善と云ふので、どの場へもどの場へも皆が出てやることになつてゐた。その時菅原の車場が出てゐた。松王が出てアリヤ〳〵〳〵になる時、右團次の松王は、御馳走に出てゐた杉王の璃寛に傘を渡さうとした、それは稽古場の出来ごとであつたが、璃寛は、

『御馳走に出てゐるのやさかい、傘もつのんかにんしてんか』

と云ひ出した。そんなら仕丁に持たしたらと云ひ出したが、それでは右團次がおさまらない。『杉王が出てるのに仕丁に渡すわけには行かん』と頑張つた。席に時蔵がゐて、『よしわいが出て傘だけもつたる』と云ひ出して皀《けり》がついた。扨杉王が二人出る車場はちよつと図がない。時蔵のところへ行つて、あなたの役名《やくな》は何と致しませうと訊くと時蔵の云ふたのがよい、『そやな、槙王丸《まきわうまる》、どや、松王丸にヅツキをかましにいてるやうでゑゝやろ』とう〳〵、これが型になつて、後日また、槙王丸の出たことがあつた。

すべてかうした手軽さをも持つてゐた。

彼の稽古場などは、『ソラ幕が明く、在郷合方や、其処がお前が出て、何とやらして何とやら、そこへわしが出るわ、本釣や、チヨボ何してんね、語りんか、そのチヨボで、あんたが出て、かけ合になる、ソヤ、君が其処でサワリになる、合方かへんか、もつと在郷様《よう》にしんか、其処へ雨音や、チヨイ〳〵と斬むすで、幕や』

と初めから仕舞まで一人で喋舌つてしまつて、ドン〳〵帰つて行くのだ、外の者がちつとも肚《はら》

へ這入らん。又あくる日も
『何やまだ分らんのか』

又
『ソレ幕があいた』

を繰かへすのである、この筆法は今の延若も時蔵ばりである。何も彼も識つてなければ出来ないことで、其達者さは押してしるべしである。

私はこの人によつて、初めて観せてもらつた芝居が数ある。

（姫小松の俊寛）

も珍らしかつた。

（鳥井又助）の住家も、さきに話した（藤の棚の源右衛門）も、（金子の聞書）も、さうしたものは大抵この人によつて型も共に知つたのである。

△　中村霞仙

今の霞仙《かせん》の父であり、名人宗十郎の養子であつた。翫童《くわんだう》と名のつてゐた時代はまことに見伊達《みだて》

のない、誰からも、
『あれに将来がある?』
など期待は持たれなかつたものだ。然るに、さすがに宗十郎は其時代に於て彼を養子にして自分の俳名《はいめう》を譲つたのである。
実に歯切れのよい役者と云ふのであらう。しかも時代は彼を迎かへ入れたので、少しおでこのあまり大きくない身体も、あの名調子に出会ふと、何も彼も忘れて
「ア、霞仙なるかな」
と思はしめる魅力があつた。極真摯な男で、
大阪の富豪にして通人であつた
（千草屋露香）
は彼を非常に寵愛して、何かと教えもし、座にも侍らせてゐた。その上品さに連れて歩行いても恥かしくないとよく故人が云ふてゐた。その似声をつかふ、はなし家の米《よね》團治―のちの文《ぶん》團治――までが、霞仙のこわいろをやると云ふだけで、この千草屋の御贔屓になつたものだ。極《ごく》内緒でソツと云ふことだが、鴈治郎が「肥後の駒下駄」をやつて、中川縫之助に霞仙が出てゐた時は、も少し声を小さくするが、本当はね、分かつたかね、何だまだ分らないのか察しの悪い奴だ、鴈

治郎の駒平が霞仙にさらはれてしまつたと云ふことさ。

されぱこそ、この人の治兵衛に鴈治郎が孫右衛門に出たことがあつた。孫右衛門がカブせかけてウンと張込んで芝居をする。霞仙の方はや、淋みしくジーツと芝居をするので、この一幕は（心中天網島、孫右衛門意見の段）のやうになつてしまつた。其後《そこで》鴈治郎は孫右衛門をしやうとは云はなかつた。

何とも云へない、新しさもあり、舞台にイヤなところが微塵もない、本当にスツキリした役者であつた。得意とする処のものに、（伊勢音頭の貢）（紙屋の治兵衛）（男重の井）（蝶千鳥の江間の小四郎）（いざりの勝五郎）（鎌倉山の源左衛門）（五大力の源五兵衛）

等等があつた。

私の観た芝居の中で、大毎か何かの連載で越後騒動の荻田主馬をやつてゐた。その閑居の場の扮装と云ひ、当時すでに照明を用ひて月光を利かせ、ジーツと座つた儘芝居をしてゐた偉さは敬服に価《あたひ》するものがあつた、あまりにも夭折した為、鴈治郎の如く大成しなかつたが、若し長生をしてゐたなら、鴈にとつても非常な好敵手であつたらうに。

しかも時代が丁度彼を享入《うけ》れるべく用意してあつたに拘らずあまりにも早く此世を去つた。こ

れを思ふと、例の
（残菊物語）

の菊之助と一脈相通ずるところがあつた。しかも菊之助のは本当に死ぬ前に其本領を発揮したのだが、霞仙はそこへ来ると大分に長く彼の舞台を見せてゐた。惜しいといふ上からは東京の市川新蔵と一つにすべき人であらう。

新蔵は又村上浪六に可愛がられたものだ。

霞仙の舞台、新蔵の舞台は見た人でなければちよつと説明のしにくゐ人達だ。たゞ新蔵は小型の團十郎だと云つた位で会得出来ないやうに、これも亦小型の宗十郎でもなく、一種の役者だつた。

しかも鴈治郎の役どこへキツチリ行く役者で、菅原が出れば、菅相丞と源蔵をやる人だ。忠臣蔵なら、若狭之助に勘平に由良之助だ。

盛綱であり、半兵衛であり、石切であり、伊左衛門なのだ。

人に云はせば、早く死んだからよかつたのだらうといふが、それは詭弁だ。かの天凜をもつて今少し春秋をかしたならばである。

何にしても惜しい役者に違ひない。

△　嵐巌笑

この大人《たいじん》をもつて歌舞伎篇を終らうと思ふ。まことに光栄である。世に大人も多いが、かくの如き（大人振《ぶり》）を発揮した人は世間にも亦少なからうと思ふ。一代白髪のかづらを被らなかつたのも大人の大人たるところで、

『役は悪いのですが、一幕中一番豪《ゑら》い人で、皆あなたに頭を下げると云ふので、立派な衣裳を着て出てもらひます』

といふと、

初代 嵐巌笑

『さよか、ゑゝべゝ着せてもらへますのやな嬉しい事ちや』

丸で子供である。さきに云つた、尾上多見蔵の多見之助時代に、その場合にも云つたやうにいくら彼と位置や役柄を争さふて見ても終に彼の右に出ることが出来なかつた。しかも彼は

『多見やん〱』

とこの好敵手を事もなげに呼んで更に意に介しなかつたが、多見之助の方では一々神経に支へてゐたゞけでも、彼の大人振が読めるのである。

この人らしい話のいくつかをお伝へすることによつて私も大人の仲間入をしてみたいと思ふ。

彼は鴈治郎の太功記の十次郎に対して、その相手役たる初菊をつとめてゐた。十次郎が初菊の留めるのをも聞かないで兜をもつて奥へ行かうとする時、初菊はこれを止めて邪魔するやうに前にふさがる件《くだり》がある。鴈治郎が右すれば彼は左へ行く、鴈治郎の方でびつくりして右へよつた時は彼の身体は左でとめてゐるのである。終に息があはない。鴈治郎は本当に心から

『チエツ面倒な』

とツーツと這入つてしまつた。いかに大人と雖、これは自分が悪かつたと思つたればこそ、楽屋へ行かうとする鴈治郎のうしろから

『兄さんすみまへなんだ』

とたつた一言でこのすべてを決算してしまつた程の大人であつた。

又「道中双六」の呉服屋重兵衛をやつたことがあつた。平作は右團次、およねは片岡愛之助だつたが、この又大人があの持物の多い役に何にも持つて出ない。しかも這入る時是非印籠を置いて行かなければならないのに、きつと持つて這入る、巌笑の十兵衛がは入つた跡、右團次は

『およねや、又印籠をもつて這入つたやろ』

と捨ぜりふでいふ。あまりに毎日のことなのでとう〳〵右團次の方で声をあげて、かはりの印籠を舞台へ置いて芝居をつゞけたといふ。いよ〳〵ます〳〵大人振を発揮したものである。もつと甚だしいのは、先代萩の仁木弾正をつとめて、スツポンから出ると額に血のりがついてゐない、一巻はもつてゐないといふ大人らしい弾正だと、誰も不思議がらない。第一対決で、願書に毛引きをしないので、多見之助の勝元がびつくりして、毛引き〳〵と二重の上から云ふても、スラ〳〵と演じてしまつたので、

『早座《そくざ》の毛びき』

といふ利かさねばならぬ大事の台詞が云へないので多見之助が怒つてみても、

『済まなんだな』

で相かはらずそのあくる日も其次の日もやらない。多見やんとう〳〵声をあげたものである。

かつて東京のよし原で名をうたはれた妓《ぎ》が大阪へ来てこの巌笑を観て、

『何といふ立派な役者衆でせう、あれでやることが旨いと大変な者ですが』

と評したものである。

しかし大人たる所以は其処にあるのだ。この優《ひと》でなければならぬ役が沢山ある。しかも見物に

は重く用ひられて、何としても上手な多見之助が位置の上に於て彼の上へ出ることが出来なかつたのはその大人振が預かつて力あつたと云へやう。

又本よみに行くと、一冊聴くと
『マアゆつくりしなはれ、お寿司が来てまんね、一しよにたべまひよ』

と云つて、世間話をしながら、すしをくふ。それから
『あとを読みませうか』

といふと、

『まだあるのんかいな』

と云つた風である。妻君も亦頗る暢気に出来てゐる。

『鼻汁が出るのんや』

『さよか』

と女房殿、巌笑の鼻へ紙をあて、

『ツンと云ひなはれ』

何と大人ではあるまいか。

かつて天下茶屋の踏切で、この大人に電車が衝突した。さうして少しだが巌笑が怪我をしたの

だが、其時私はすぐに
『それは嵐巌笑といふ人が悪いのではない。電車が悪いので、巌笑が電車に触れたのでなく、電車が巌笑に触れたのだ』
と断案を下して、芝居で大ひに喝采を博したことがあつた。かくの如き大人である。
梅玉同様頗る富豪の聞こえが高い。其天下茶屋の宅の如きは、何とも云へぬ風流さでしかも中々立派なものである。その夫人も亦暢気さが伝染したとでも云ふのか、ある夜更に眼をさますと、ゴト〳〵とたしかに梁上の君子のお見舞らしいので、巌笑夫人は、すぐに嗜むところの小鼓をとりあげた。
『イヨーポン』
と川島万次郎教ゆるところの
「山姥」
を打つた。泥君《どろくん》は
『いとま申して帰る山の…』
彼は聖天山の方へ去つてしまつた。夫君にしてこの婦君あり、まことに天下泰平である。さればこそ天下茶屋に住んでゐた。

その二　上方落語篇

上方の落語は東に比して、甚厚ぼつたい感じがせぬでもない。この辺で止めて置けばと云ふ処からもう一歩も二歩も深入してゐる。上方の噺を近頃東京へ持つて帰つて、かの地の噺に改作された時、その立至つた分をよいところで思ひとまつてゐるのは賢明である。しかし其処に自然脂気《あぶらけ》のなくなつてゐるのも亦辞《いな》めない事実である。物すべてが上方は脂気が多すぎるが、其処が又上方の特有であり、人情、気候、風俗、習慣等等のあらゆる方面から、さうなければならない結果であらう。

（らくだ）（算段の平兵衛）（こたつ按摩）等等が江戸前に翻案されてゐるのを聴く時、ナゼあそこのところを捨てたのかと思はれぬではないが、是亦京阪のコツテリ主義から、江戸前のアツサリ主義にかへられたので、誰かの条下でそんな話が出るかもしれない。

△　桂文屋

上方の落語家を話す時、誰よりも彼よりも第一番にこの男を取上げたに就ては、恥かしながら何れも様身の上の一通りお聞きなされて下さりませ。

（とこの処合方）

もと私は泉州堺の生れ、さる酒造家の家に生れ、千石船の一つも持つてゐた。其頃北海道と取引をして、これからは銘酒を積み、彼からは、彼地の産物を積み、それによつて獲たる利によつて、可なり立派に暮らしてゐたのである。しかも明治維新の際、太政官からの仰せによつて、諸家に範を示す為、金千両を納めた廉によつて、当時感状を賜はつてゐることは堺市史の随処に書かれてゐる。さうして其偉人

「食満屋藤兵衛」

は私の祖父に当るのである。それがその、芝居が好きであつたり、学校を怠けたりして終に酢屋、本屋、宗教家、銀行員、会社員、酒屋の丁稚、文士の門下などを経て劇作者になつたのだが、一時この文屋の家に居候してゐたので、その置候の為にこの男を第一に書くのも一つは報恩を意味するものである。私は実に居候の名人で、数えあげると、私の置候にはこの文屋をはじめ、

（田中智学居士）（村上浪六）（片岡仁左衛門）（中村鴈治郎）（植野某）（榎本虎彦）（長部《をさべ》文次郎）（中村おもちや）（曾根崎新地のく良子）（芝居茶屋大佐）（稲野年恒）

等等豊富なものである。永きは二年、短かきは三日、居候をしてあるいたものである。しかし、其処に何かしら、かつての因縁があつて、居候すべきだけの権利、権利は聊おかしいが、マア〳〵居ても差支のないだけの云分はあつたので、そこへ来ると一文屋に限つては更にそれがなかつたので。仁左衛門やおもちやの如くかねて一度は贔屓にしたことがあつたとか、かつては幾分の補助をしたとか云ふのとは違つて、些の因縁もなく、無論居てやるべきだけの云分はなかつたので。当時文屋は上大和橋の七つ置の裏で、家賃は二円—一月ですよ—で二畳の台所と四畳半の奥座敷の外は物置の二階を改造、イヤ改造といふ程の事はない少し片付けて、寝室にしてゐた外は、真中の庭と、雪隠と家に似合はない大銀杏があつたツきりである、居候の分際で申上ぐべきではないが、まことにさゝやかなる浪宅で、のちに同人没後私は居候より一軒の主人になつた。其時は家賃は二円五十銭に破格の暴騰を示した。しかも私は其処から芝居の都合で、黒の羽織袴で出たり、宗十郎頭巾を被《き》たりして出入をした為、近き松屋町の菓子屋で若い者が集まつた時、

『七つ置の裏に若い詐偽師がゐる』

と噂されたものである、居候はしたが、詐偽は寧ろ度々かゝつた方だ—嘘を云へ—

文屋の家にはお初さんといふ鼠のきらひな女中とも、乳母とも、今日でいふ家政婦ともつかぬ女が一人ゐるだけに、お母さんに苦労をかけてはいけないと女房をもたなかつた。このお初さんは、その家とともに私につけ譲りになつて長く私の家にゐた。主人のことを

（文屋さん〳〵）

といふてゐた。お母さんが亡くなつた時、丁度私は遊そんでゐた、イヤ遊そばざるの止を得ざる境界であつた為、友人の野口といふ人が文屋母堂葬儀委員として私を紹介したので、又私の葬儀委員振が、主人文屋にも亦仲間うちにも大変に受けたもので、葬列帖はその行列を素描したなどによつて怱ち認められ、それを譏かの縁で同家も母堂がなくなつて淋みしいからといふのでズル〳〵と居候となつたわけである。

しかしこの置候は私を敢てはなし家にしやうとはしなかつた。私も亦落語家にならうとは思はなかつた。ズーツと後に浪六のところに居候してゐた頃、年寄の佐渡が島と云ふのが来て、是非私を角力取にしやうと云つたが私はそれにもならなかつた。年恒翁のところにもゐたが、とう〳〵画師にもなれなかつた。

文屋にかこつけて身の上を語るのは聊卑怯であつた。扨文屋の父は、私の耳には初代文枝の門人文太郎と聞いてゐたやうだつたが、ある説に軽口の名人笑福亭松右衛門だと云ふ人もあるが、

私は将来文屋を語らふなんて思つてもゐなかつたから、毎日差向ひで話の尽きた日もあつたが立至つて文屋の家庭にも及ばなかつた。たゞ父は頗る面白い人で、自分の子供に

（お里）（勘造）（陀羅助）

とあまいとにがゐ名をつけて喜こんでゐたといふことは聞いてゐた。陀羅助が即文屋で、姉のお里といふのには度々会つたが、終に勘造と云ふ人には縁がなかつた。

取敢ず落語家中の珍人で、たしか大阪で発行された、現代畸人伝のうちへも入れられてゐるが、高座はどちらかと云ふと一般うけ、所謂素人うけはしなかつたが、楽屋名人で、桂仁左衛門なんかは

『陀羅やんは上手だんな』

といつも云ふてゐた。忘れたが即製の話で、何か舞台で思ひつきで中の島の稲荷さんの洒落をとり入れた時などは、

『あの別才を認めぬわけには行かない』

とは当時名人として識《し》られてゐた三遊亭円馬も評してゐた。それほど玄人受けのする、更に厭味のない高座だつた。自作のはなしに

（宇治の柴舟）

外数種ある。文屋造るところの
（両口《りよくち》の土瓶）
と云ふのも中々有名なもので、手のところも口でどつちからでも茶が出る、今紅葉寺《もみぢてら》の碑に南水《なんすい》翁がその両口の土瓶を描き、彼の辞世の

夢さめて酒まださめず春の月

といふのが物されてゐる。彼の配《くばり》手拭は自作の「手拭の賛」をかき、しかも彼の名筆を揮つたもので、幸ひに所蔵してゐる、即その文に曰く

恋に人目をしのぶ頰冠りは智なり、朝湯に身を浄からしむるは仁なり、男達の鉢巻に勇をあらはしても、老いては下女の手に絞らるゝ雑巾の末路こそあはれなれ

一茶翁の句をかりて

小男鹿に手拭かさむ角の跡

かつら文屋

手拭の智仁勇、まことに面白く、小男鹿に、はなしかなることをもにほはせし奇智まことに文屋ならではの感がある。

さうして彼は、常磐津や、清元や、長唄や、義太夫等等は仲間にやるものが多い、一つ誰もや

らないものをやると云つて、宇治某に一中をならつてゐた。時に爪弾で、都見物左衛門なんかを聞かされたことがあつた。丁度文屋らしくつて面白いと思つた。当時久保田蓬庵とか、中川芦月とか、喜多暉月とか、生田南水、半牧居士、宇田川文海等等の国学者や通人や画伯、文士等と親しく往来して、この方にも亦一見識を有してゐた。

当時桂派の事務係と云つた格で、出番の時間割や、仲間の規約や、落語矯風会の事務やいろ〳〵やつてゐた。殆ど私はそれを手伝いながら、改造された二階の怪しき寝室で、小《こ》ぐらいランプをつけて、夜遅くまで、芝居を論じ、俳句を云々し、山村舞の長所、一中の渋味、音楽、絵画、建築、彫刻、それこそ文字通り縦横に論じあつたものだ。それ等にも亦多少の蘊蓄があつた。見受けたところ、さして物質に綽々たる余裕があつたわけでもなかつたらうが、こんな無遠慮な男をはごくんでゐたのである。私よりは十四才の兄貴で、其処にゐたのは私の二十歳台の頃である。のちに私は桜痴居士の門に入つて歌舞伎座の作者見習に這入つた時、榎本虎彦《えのもととらひこ》や、瀬川如皐、浜真砂助、竹柴鷹二等の先輩はひそかに私を評して

『今度上方から落語家《はなしか》の古手が部屋へ来た』

と云つたものだ。どこかに文屋がのりうつつてゐたのかもしれない。

私が此処に居候をしてゐるうちに伊勢の津に花園お蝶―仮名《かめい》―と云ふ上品な女がよく訪ねて来

たものだ。無論遠来の珍客なるが故に泊まつて行くのである。かゝる時食客のあはれさは、

『イエどつかへ行つて来ます』

と云つて出たものであるが、宿るに家がない食ふに銭をもたぬ、それなるが故の居候である。私はよつぴて大阪の町を空腹をかゝへて歩行きまはつたものだ。この時私は芝居の朝起きを識つたので、夏なれば午前四時といふにもうちやんと掃除を終へて、櫓下も小旗も出してあつた。さうして法善寺の金比羅さんの井戸で顔を洗つて、何事の願ひか、寝みだれ髪の南の妓《こ》によく出逢つたものだ。

このお蝶さんについて三十年後の話がある。のちにいよ〳〵私はこの置候にもはなれ、すべてからも見放され、進退谷まつた日、友人の一人が私に、

『東京へ行つて志を立てやうではないか』

と云つてくれた。しかし私には些の持合せもない、その事を正直に云ふと、兎も角もと彼は五円程の金を工面して来た。さうして曰く

『この金で二人が東京へ行くには、四日市まであるいて、あそこから船に乗れば、行けないこともなからう』と云ふので、二人は歩行いた。夜も昼もあるいて、津の入口まで来た時はもうどうにもならなかつた。しかも一夜、下河原での宿泊料、こゝまで来た食費等を差引くと、もうあ

ますところがない。私はかつての置候のところで馴染になつた、花園お蝶さんを思ひうかべて其居を訪ふた。

『マア〳〵』

といふので浜の聴潮《ていちょ》館へ案内してくれた。

此処に美酒美肴、しかも一夜の宿りは物凄い大尽振であつた。私はもう動けなくなつた、さうしてお蝶さんは

『おみやげと思ひましたが』

と時雨蛤をくれた。私は実に云ひ憎くかつたが、ゴチヤ〳〵と云つて金三円を拝借したのである。さうして半分は友人に渡し、あとの半分をもつて帰阪した。爾来三十余年、私は津の大門町に新たに出来た大門百貨店の支配人辰己市蔵から招かれた。それは宣伝の歌を作り、宣伝の講演をやる為であつた。さうして其夜、芝居座談会なるものを催し、土地の富豪も、土地の記者も、土地の通人も集まつた。席はうつされた。それはかねての聴潮館であつた。私は昔日の思出話をした上、今もゐられるならその時の恩借をお返ししたいと結んだ。座に紺の浦二がゐられた。

『食満君、それは面白い話ですが、その三円は元金だけ返さうといふのですか、もし利に利をつけて返されるなら、可なりの金になりますが』

と紺の浦二は表芸銀行の頭取であつた為かう一本突込まれたのであつた。しかも其人は現存してゐると云ふことまで付加へられた。しかし意は通じられたが、終に面会はしなかつた。自然私は、元利揃ろへた莫大の金も、またその元金三円をも今に於て返金せぬのである。

又しても私の話になるが、これは置候と居候との関係上、話はこゝまで来てしまふたのである。

故人に就て高座での面白かつたことは、置候にある本が入用だつたので、私と私を文屋家へ紹介してくれた野口と二人でその本を探がし金沢の席で渡さうと約束して一緒に家を出た。しかし其本は二三軒の本屋にはなかつた。さうして二人は金沢席の土間へ座つた時、丁度文屋があらはれた。彼は何か古るい旅やうの噺をはじめかけた丁度中頃に

『本屋へよつとくなはつたか、わたいも二三軒探しましたのやけど見つかりまへんのや、もつてなはれへんとこを見ると、おまへなんだのやな、かへりに違ふとこをもう二三軒探しとくなはれ、ナア喜《きい》さんさうやろ』

と高座でスツカリ私との用事を済ましてしまふた。それは鼻もひつかけずに同じ調子で話したのだから、他の聴客には少々辻褄があはぬと気付いた人もあつたらうが、まさか土間の私と話をしてゐるとは思ひもかけぬことであつた。

其舞台が車輪でないやうにも聞こえやうが、歌舞伎篇にも云つた通り

（余裕）
をもたないものは
（芸）
ではない。

十一代目 片岡仁左衛門

晩年私の紹介で彼は高津の片岡仁左衛門の家へしげ〳〵出入をすることになつた。
ある時の片岡家の稲荷祭に、この文屋案で
（即席芝居）
といふものが演じられた。予め何にも極めないで各自思ひつきの扮装で兎も角、六部なら六部、浪人なら浪人、娘なら娘といふやうに見えるこしらへで其処へ出る、さうして何か一つの筋をこしらへて台詞《せりふ》を云ふ、次から次へと出て来た人に関係をつけて行つて、一統の押さへに出たものが、ちやんと大団円をつけて幕になると云ふ趣向だ。大分高級な茶番だが、演者は
片岡愛之助、市川薫《かほる》―今の権十郎、さうして私と置候、外に富十郎とか二三の者もゐた。見物は片岡一家と当日のお客さん達だつたが、何でも敵討の趣向になつたが、登場人物がグツ〳〵

と眼を白黒してセリフをこしらへてゐる面白さに、例の通り仁左君、ククク……と鼻で笑つて喜こんでゐた。しかもその奇才を愛してます〳〵文屋を贔屓にした。さうして文屋は又私によく片岡家へ行くやうになつたことを感謝してゐた。置候に幾分の報恩だと思つた。

しかも私は本当の報恩の為、彼の碑のある紅葉寺に於て法要を営んだ。集まるところの者数十人、盛大とまでは行かずとも、廉酒《そしゆ》廉飯《そはん》を呈して、故人の追憶にふけつた。座に其当時私の宅の居候であり、今は大阪新聞の記者であるところの蹄二といふ男がまかり出で、挨拶をした。

『文屋師匠から見れば、其居候の居候即私は（陪居候）―陪臣に対して―で御座ります。故人は鹿《しか》で、私は馬《うま》でオツトこれは内緒で御座りました。』

と時にとつて喝采を博したものだ。

彼の長所は決して人の伎《わざ》の批評をしない。たま〳〵私が熱罵すると、其場合必らず弁護の位置に立つた。其処にも故人の人格が思はれる。

私は彼によつて当時の落語家の殆どすべてと心安くなつた。しかしそれは桂派の人々で、反対派であつた三友派の人々の中では曾呂利新左衛門位ではあつたが、今日この（上方落語篇）を描《か》き得らるゝのも亦、故文屋の恩義であらねばならぬ。

桂陀羅助、釈台観《しやくのだいくわん》居士、ひそかにこの一書を彼の霊前に供へ、もつて冥福を祈りたいと思ふ。しかも私は彼のことを、なにわづ、番傘、化粧品商報、さうして私の著書（鰒《ふぐ》の味《あぢ》）等等へ書いて置いた。其大方をまとめたものが即この一文である。

甚だ長くなつて済まない。

おあとがつかえて居ります、ではこの辺で鴈首をさしかへることにしませう。

（第四冊終。第五冊欠）

△　桂枝雀

当時桂派《かつらは》唯一の花やかさを持ち、賑やかさを発揮し、大衆の人気を全く一人で背負つてゐた感がある。後年の春團治を見るやうに、これあるが故に噺を聞きに来る人も多くなつたと云ひ得る。只春團治とは違つて、コクメイに型は守つてゐた。所謂一種の脱線はしなかつたが、桂枝雀は桂派の花であつた。

その（稽古屋）にせよ（野崎参り）を聞いても（へつつい泥棒）でも、（借家怪談）でも、派手に派手にと心がけたのか、その師がこの人にあはせてそんな風に教えこんだのか、何にせい、五人に一人はかう云ふ人も必要である。板屋町の足袋屋に生れたのださうで、文左衛門の門に入つて、枝雀といふ名で最後まで押通したのである。それも亦嬉しい一つだ。

文屋の母親の葬式に絵入の葬列帳が仲間の評判になつて、この枝雀の母親の亡くなつた時も、懇望――こんもうはおかしいが――によつて夜伽から葬式まで手伝つた。今もあの夜伽の夜の事を思ひ浮かべると、失笑を禁じ得ない。来てゐる程の者は仲間である。それが夜が更けるにつけ、酒がまはるにつけ、各自の門外不出の珍談が次から次へと展開される。その自由な奔放な、しかも舌をもつて稼業とする連中が仲間にはなす一つ一つは実に、高座以上の聞物であつた。のちの松翁になつた松鶴の、

（ゐて物語）

といふのがある。猿は虱《しらみ》をとることが上手で、それに就ての体験談など腹をかゝえさせたものだ。主人公の母親物語も如何にも孝子として奉仕した逸話である筈だが、それが又素敵に面白い。私は高座であゝした写実の噺をすればよいと思つた。イヤ少なくとも、それに型をつければ立派な噺になるのであるが……

しかして其翌晩、私は船場淡路町の幾代亭の桟敷の一隅に陣取つた。

それは夕部《ゆうべ》あの面白い話をした人々が、けふはどんな顔をして、どんな噺をやるのかに興味を

もつたわけである。

どうも面白くない、少しは引つゞいてのつかれも出てゐたのだらう。ところへ当の枝雀があらはれた、真正面に私の方を向いて
『センセどうも引続きましていろ〳〵有難う御座りました。おかげでとゞこほりなく相済みまして、こゝろからお礼申上ます』

といとも真面目にいとも慇懃に挨拶された。聴衆のすべては一斉に私の方を向いた。私はサーツと顔を赤めた。嘘を云へと云はれるだらうが事実である。其頃はまだ二十歳台の青年であつた私は……

一体はなし家には、(楷)、(行)、(草)の三種がある。正しくこの人は(草)の人である。文左衛門は(楷)に這入る人で、文枝などが(行)の人だと思ふ。

その(草)の中に又この三つがあつて、春団は(草)の(草)で、この人のは(草)の(楷)の部に属するのである。どれがいゝといふのではないが、(草)の(楷)である処の枝雀の
(へつゝい泥棒)

道具屋の表で二人の争ふところなど実に旨いもので、私はよく其人の似声《こわいろ》を身振ではなすと皆顋《あご》をはづして喜んだものである。

私が聞覚えで真似をしてさへそれである。

かうした純粋の上方落語はもう断前聞けなくなつてしまつた。しかも枝雀の頃にはまだ（録音）

といふものがなかつたので、その片鱗さへも伝へることが出来ない。文字といふものではいくら上手に書いて見ても、その、万分の一の面白味も分からせられないことを遺憾に思ふ。役者の芸の一部――ほんの一部――ではあるが、マア〳〵映画といふものがある。はなし家の高座振は（音盤）によつてこれも亦ある一部分は伝へることが出来、もしトーキーならば身振も聊たどることも出来やうが、それは断じて

（影）

である。生きてゐない。却つてそんなものが遺《のこ》る為にひよつとすると其人の真価を疵つけるし。かつて中村鴈治郎の面影といふ、小型写真の引のばしを映写して私に解説をしてくれいといふので、それを観ながらいろ〳〵話してゐるうち私は涙が出て来た。故人を冒瀆するも甚だしいもので、寧《むし》ろこんな愚《ぐ》なものは焼捨てゝしまいたかつた。

團十郎、菊五郎の紅葉狩なども、愚《ぐ》の極《きょく》であり、春團治ののこした落語も亦面白くない。芸人の芸はすべからく、その肉体とともに

（焼き捨てるべし）

である。

幸ひに枝雀には何ものこつてゐない。

よろしい、大ひによろしい。

△　笑福亭松翁

四代目松鶴である。両の手に扇と拍子木とをもつて上手後のところから高座へあらはれるとニヤリ〳〵と笑らつて、座につくところに得も云はれぬ愛嬌のあつたものだ。三代松鶴、即竹山人の門に入つて枝鶴と名のつたので、これも船場の平野町の城代用達浅田屋重右衛門の家で産れたのである。家が潰れてから、かんざし屋の手間取になつたといふことだ。晩年は何か事情があつたか、高座へあらはれぬやうになつた。

妙にこの（松鶴）といふ名は、竹山人でも桂派と反対して別派を立てたり、この四代目も寄席へ出なくなつて、放送などをやつてゐたり、今の五代目松鶴も亦席主との間に妙ないきさつがあつて独立したことがあつて、一時は三越や外のお座敷などを勤めてゐた。名の上に妙な因縁がこびりついてゐるのであらうか。
シヨカク徳に入るの門
である筈が
トカク徳の門を出てゐるカタチだ、悪るい洒落は云はないで置かう。
この人は
（天王寺詣《まいり》）
が得意中の得意で、
「何のかのとモサ曳《ひき》めが」
といふあの調子が今も忘るゝことの出来ないものである。
（くしやみ講釈）も旨かつたし（人形買）にも妙味をもつてゐたし、（豆売）なんか小咄だが私は初めてこの人に聴いて、大阪のはなしのよさにびつくりしたものだ。短かい噺でこの人が得意でよくやつたものに
（せんだん菖蒲《しよぶ》）
といふのがある。御紹介することにしやう。
端午の節句時分になるとよくこの人が、

『此頃に商のふて置きませぬと又一年お耳に入れられませず、こつちもホゲタにかけられんといふ代物だす』

と前置して、

どう云ふわけか男節句には、菖蒲を屋根へお上げになりますが、其季節になりますと、

「せんだん菖蒲」

と呼びあるくもので御座りますが、丁度一人のお侍の行くうしろから

「せんだん菖蒲」

と声をかけたのでお侍はグルリ向きなほり

『何先達ての勝負とか、よし見馴れぬ奴ながら武士たるものが勝負呼はりを致されて其儘には捨て置かれぬ、勝負を致してくれる』

と大刀に手をかけて身がまへをしますと、菖蒲屋はびつくりして物も云へませぬ、通りかゝつた親切なのが仲へ割つては入つて

『お侍様、ソレはお聞違ひで御座ります。この男の申しまするのはせんだん勝負、お侍のお耳には入つたのが、先達ての勝負、ほんの少しの違ひながら、これはお侍様のお耳たがひで御座ります』

と挨拶すると、侍感心して、

『フム左様か、其方はよく物の分かつた男ぢや、中々下へは置けぬ』

『ヘイどなたでも屋根へおあげになります』

小意気な噺を又松鶴は上手にやつたものだ。

さつき枝雀のところで話した

（ゑて―即猿のこと―物語）

を何とかして分かるやうに話して見やうと思ふて原稿紙を大分つかかつてみたが、どうにもならない。

若したつて聴きたくば、私家をソツと音信れられることだ。

この人の話を聞くにつけても、大阪にはかくれたる落語の新作をやる通人がゐたのだらう。可なりお金をつかつて、何も彼も識《し》りぬいて、其体験によつて新作する。誰か名人がゐて、それを高座へかける時に、お囃子のはめ物を考へたり、処々のクスグリを入れたりして大成さしたものに違ひない。

上手に出来た作品には多く失名のものが多い。

和歌も狂歌も川柳も、さうして落語も、はやりうたも、盆踊うた等等も。

現代人はさしたるものでもないものに迄レイ〳〵と名前をあらはす。然るに昔はだ、（落首）など云ふものは実に旨いことを云つたものだが、作者が分らない。しかしこれは分かつたら大変かもしれない。

（立切《たちぎれ》）（百年目）（冬の遊）（菊江仏壇）（味噌蔵）（先の仏）一面

など同巧異曲はすべて同じ人の手によつて作られたのではなからうか。

（こたつ按摩）（禁酒関所）（市助酒）（らくだ）等も亦一人の手ではないだらうか？

追て考ふべしである。

何にしても松翁はおもろい顔をして、おもろい話をしてくれた男だ。

△　桂文三

三代目桂文三である、扇枝からその名を襲《つ》いだので

『わたしは桂ブンサン、あんまりゑゝ名やおまへんな』

とよく高座で云ふてゐた。

それにいつも枕に

『高座はヤクメー（役目）に御座りますればこれより厚う御礼申上ます』

とは必らず話にうつる前に云つてゐた。晩年失明して、桂派から脱して三友派へ出てゐた。

色白な現代の宗十郎の漫画みたいな顔をしてゐた。

小文枝（文枝）扇枝（文三）と並らべて、鴈治郎、仁左衛門のやうに扱かはれてゐた。又さうした正反対の高座を持つてゐたので、共通点は（刺青《いれずみ》）だけで、これは其頃のはなし家の仲間に一種の流行であつたとみえて大分その連中が多かつた。のちの文團次の米團治のも有名だつたし、チラホラと見受けたものだ。この人はやつぱり船場出で、安土町の丼池《どぶいけ》の上番匠の子に生れ、極道からこんな稼業になつた人だけに大阪でいふ頗る

（やつし）―お洒落のこと―

であつた。何だか其辺に円朝に共通点があつたやうだ。小文枝の、上手がらぬ噺振りと反対に大変に上手振つたやり方で、これには大分に議論があつた。本当に上手だと云ふ人と、あれは付焼刃だと云ふ人とがあつた。故人團十郎でも

とあたまからけなしつけた人さへあつた程で、これは諸人を前に（反吐《へど》の出る程厭な奴だ）

を演ずる者の誰しもが甘受しなければならないことであらう。評言で止を得ない事でもあるし、（芸）

又所謂十人十腹、八人なら坂東腹で、金を出して聴きに来たり観に来たりする人々の（痞性）

はどうすることも出来ないとは私がしば〳〵云ふところのものである。

この文三は私が聴いたうちで、（こたつ按摩）

が頗る上乗の出来であつた。外に（猿後家）とか（百年目）、（門付）（馬士《まご》後家）（けいこ屋）（先《せん》の仏）（立切）（菊江仏壇）（みそぐら）等等があつたが、こたつ按摩はあの人の創意も聊は這入つてゐたと思はれるが、沢庵一本貰らつて、按摩がチヨネ〳〵のみはじめる呼吸は旨かつた。

『わたいは長崎でも、うちのかゝは岐阜だんね、岐阜と長崎のもんが一緒になるなんて妙なもんや、しよむない』

とだん〳〵管を捲いて行くところは実におかしかつた。

『わたいちよつと浄瑠璃やりまんね、三つ違ひの兄さんと、しよむない』

と一本一本調子がかはつて行くところたしかに一種の話術だ。こんなこともいくら書いても筆の上ではその面白さは分るまいが、文三のもつてゐる、よい物がスツカリ出てゐた。有名な堀江の妓《こ》で、その家の主人の為に、腕を斬り落された妻吉《つまきち》と云ふのが一時同じ紅梅亭に出てゐて、よく其次へ出たもので、

『器用なもんだす。あれで舞を舞ふてちよつともおかしいことおまへんのや。口で将棊《しよぎ》かてさしまんね。上手だつせ。大分妻吉の方のさし口がゑゝのでこつちも困つて
『お手付』

『ない』』

なんて小咄をやつたものだ。これにつき、もつと痛切な面白い洒落があつたのだが、現存の人だけにそれは預かる。

（門付）

といふ話も面白かつた。浄瑠理の天狗連中が大勢に門付に出る。病人の門でやつては叱られ、一人は、空家としらずに、

〽かゝる処へ春藤玄蕃――どやわいが語るとしんとするやろ――首見る役は松王丸――家中感心して聞いてるで――病苦を助くるか……しや……何やあき家か……』

などいふ調子は文三一流で、しかも徹頭徹尾脱線はしなかつた。のちによく噺に脱線のする人が多くなつて、又その脱線を無闇に面白がるやうになつて来たが、もう其辺から堕落だつた。噺も文三位までは決して型は崩さず、行儀を心得てゐた。今日はすべてに渉つてこの

（行儀）

といふことが無視されて来たことは頗る慨《なげ》かはしき次第で、芝居なども脱線する人が多くなつて来た。噺で云へば人物が変つてくることで、登場人物がいつの程にか演者それ自身になる。芝居もさうで、武蔵坊弁慶実は市川某《なにがし》になつてしまふので、これは

（芸）

ではない。またそれを妙に、現代風の写実だなんて心得てゐる見物や聴衆があるのだからたまらない。

（苦々しい）

といふのは、かゝる時に用ひる言葉だ。

大阪が本家か東京が本家かしらないが

（重歌《じうか》）
といふ話がある、何でも重さねかける歌問答で、次のやうな歌の話をする。
　住よしのはまに雀が巣をすくひ
　　すはや雀の巣立するらん
　りんりんとりんと反つたる長刀を
　　一ふりふれば敵はちろりん
　猫の子の子猫この猫この子猫ねこねこ
と云つたやうな歌をいくつも云ひ、仕舞が
　山王の桜に猿が三下り
　　合の手と手とお〔マヽ〕手と手と手と
といふのを面白がつて、阿呆が
『おもろいな、合のテテテとテテテテ』
『いや違ふよ、合の手と手手と手と手と』
『合のテテテトテトテト〳〵』
と表をガラリッとあけて

『箔屋《はくや》さんはこちらで御座りますか』
と云ふ実に美くしいサゲの話を、改作して
『テテトテトテトテト〳〵』
表をガラリとあけて
『楽隊の先生はこちらですか』
とかゝるのを脱線といふのである。しかし大方の人にはこの方がよく分る、箔屋では分らないかもしれない。
何にしても文三は脱線をしないところに偉さがあつた。この人にも
(御前演奏)
の名誉があつた。
若い頃はよく一本歯の下駄をはいて碁盤の上で松づくしを舞ふたものだ、サツと片脚をあげて、一本歯でキリリキリリと碁盤の上を一まはりするところはちよつと見物を驚かしたものだ。これは大分にその型をやるものがあつた。今は全くあとを断つたが、実にはなし家らしい芸で面白かつたのだが……

△　桂萬光

私の親友に上村《うえむら》と云ふ難波の提灯屋があつた。私はその男と、九郎右衛門町の小笹と云ふのと長野と、小野と云ふ眉毛の毛虫みたいに太い男とが何と云ふか遊び仲間だつた。小野といふのは、慶三とか云つた。

『ヤア〳〵慶やんマイゲ〳〵』

なんて云つて遊そんだもので、当時の不良連中とでも云ふのであつたらうか。一同で桜痴居士の

（求女塚身替新田《もとめづかみがはりにつた》）

の芝居を公演するのだと云つて、毎晩稽古なんかして喜こんだものだ。

イヤ話は脱線したが、その上村といふ友人の父が桂萬光である。

もとは安堂寺町の刀屋の次男坊だつたさうで、刀屋が提灯屋になつたので

　提灯にうちがね

といふ洒落も出さうである。

これが維新の際に刀屋といふものが廃業になつたので遊芸で世に立たうとはじめは幇間《たいこもち》にな

つて北新地から九八《くはち》といふ名で

『へ……今晩は』

とあらはれて出てたので

『九八楽《らく》の種』

とでも思つたのだらう。それが名人初代〔マヽ〕の文都に看出されて、都治《とじ》と名乗つて高座にあらはれた。そんな事で茶屋噺がうまかつた。殊に

（せむし茶屋）

は本当に旨かつた。あの自分の姿を利用して、せむしの型になるところは実際その人を見るやうであつた。

（住吉駕）

（春雨茶屋）（死人茶屋）（親子茶屋）

いくらも茶屋噺は仕込んであつた。平日はとても無口のムツツリした男で、私が店先にゐてもやう／＼

『お出《いで》やす』

とたつた一言言葉をかけるだけで、おかみさんはもう大分の歳であつたがさぞ昔は美人だつた

らうと思はれた。今その末の子の憲ちやんといふのが、いふのが、何日がお母さんの若かりし日が想像される。

(上村郷《ごう》)

とぃふペン看板屋をしてゐるが、これの子供の時分の男振によつてもお母さんの若かりし日が想像される。

この人も亦ムツツリとしたところが桂派らしい鈍重さをもつてゐた。しかも其処に又云ふに云へない情味のあつたのは偉かつた。今私は何だか忘れたが特にこの人の隠芸《かくしげい》といふか表芸と云ふか、それが笛であつたか、四つ竹であつたか、尺八であつたかどうしても思ひ出せないが、それが非常に有名なものであつたに拘はらず晩年のこの人はお客が何と云つてもそれを出さふとしなかつたことだ。文三が舞はぬやうになり、文枝も亦素はなしになり、この人のこの表芸をも封じ込んでしまふところに昔のはなし家の見識といふものが見えて嬉しいのだ。尤噺だけで充分に聴かせるだけの自信のつかないものにはそれは出来ないことであらうけれど、人間誰もがかくあるべき筈なのだが、応々さうは行かない人も多いのだ。殊に

(芸人)

が芸を封じるといふことは、寧ろ尊ぶべきことだ。役者にもある。六代目菊五郎がある期《き》に達した時、踊を封じるといふことはないだらうが、若い時の用ひた一種の手を封じるといふことは

確かに有ると思ふ。鴈治郎が晩年になつて若き日のある（芝居事）を封じたやうに、これは何だかむつかしいことを云ふやうだが、この萬光のやうな人の場合に云ふとよく会得の行くことだと思ふ。

　イヤ一体私は今何を考へてゐるのかな。

△ 林家花丸

二代目 市川箱登羅

　永く大阪にゐたが、どうも大阪の人らしくない、と云つて私はこの人を生粋の江戸っ子とはどうしても思へなかつた。今素性をよくしらないからそれはハツキリした事を云ひ得ないが、役者で云へば市川箱登羅のやうな存在で、江戸か上方か其辺ぼやけてしまつてゐたのかもしれない。しかも顔かたちが箱登羅に共通点があつた。持つてゐる（芸）にも亦箱登羅を忍ばせるものがあつた。林家箱登羅であり、市川花丸《はなまる》であらう。角ばつた容貌に於ても……

さうして其見てくれのやうに皮肉な爺さんであつた。つまりはあまりにも皮肉な為、時にはお客様に食つてかゝることさへあつた。

何か四六時中頗る不平なことがあつて、其為に高座でそれを発散さすのではないかとさへ思つたことがある。だからお客様の方で反感を持つ人があつて、花丸が出るとグルリツと向かう向いてしまふ人があつた。さうなると高座の花丸も亦、それに対向するだけの辛埒さを見せると云つた風に、丸で高座へ喧嘩をしに出てゐる感があつた。又それを面白がり、それに興味を持つ人も出てくるといふわけで、世の中の面白いところは其処で、よし花丸に不平があつたにしてもこの浮世の裏表によつて生きてゐられたとでも云ひ得るだらう。芸人に一人や半分こんな変態なのもゐてよからう。一二の例をあげて見やう。

ある時中座かどこかで、落語家の芝居があつた。円馬と一日がはりか何かで、由良之助をやつてゐた。

丁度七段目であの紫の着付に紫の羽織の片肌をぬいで出て来た。さうすると大向ふから

『イヨー丸顔の由良之助』

諸君は今箱登羅の由良之助を想像すると丁度あてはまる。

平常の彼の高座の皮肉に酬ゆる見物の野次であつたらう。すると、花丸は芝居をやめてしまつ

てツカ〳〵と舞台ばなへ出て来た。私は
「オヤ何をするのかな」

と思つてゐると
『今丸顔の由良之助と仰有いましたね。恐らく其方は赤穂の浪士大石内蔵之介とお知合ひの方とお見受けします。実際は御存知でせうか、この由良之助といふのは大石内蔵之介のことですか、大石は丸顔ぢやなかつたのですか、本当の役者のするやうに面長の錦絵風イヤ役者顔だつたのでせうか、敢ておうかゞひ致します。不肖林家花丸は……』

と云ひ出してもとへ戻らない。

『わかつた〳〵もうわかつた』

と又誰やらが声をかけた。

『もうわかつたとは何事です』

と事が面倒になりかけて来た。

『もうゑゝがな』

とます〳〵見物が湧いた。さうすると、キヨトンと調子をかへて
『とか何とか云つたものだ。イヨーこれは〳〵誰かと思へばお歴々……』

と芝居へ戻した。見物も安心したが私も安心した。しかし、理屈がましく云つてゐるうちにキヨトンともとへ戻した調子が、噺家らしくてよかつた事を覚えてゐる。つまりはこんな調子の男であつた。

今日なら時事を諷刺すると云つた調子で、大抵の場合まとまつた話はしなかつた。又（紙屑屋）とか（稽古屋）とか云つた話の持合せがなかつた。ちよつとでもこんな風なことを云ふと皮肉な笑ひを買つてゐた。しかしそれあるが為決して万人向の落語家ではなかつた。

彼の高座でやつた枕を一つ御紹介して見やう。

『只今ではちやんと学校といふものが出来て昔のやうに寺子屋と云つた風なヨタなものではありません。先生といふものが、ちやんと教科書をもつて叮嚀に教えてくれますから今日の子供は仕合せです。糸、犬、錨、一々絵が描いてあつて、釣竿のやうなもので押さえて、

『皆さんこれは何ですか』

『先生、それは錨です』

『さうです錨です。これは何をするものかしつてますか』

『先生知つてます、雷が太鼓を落とした時、釣上げるものです』

『まだ外に用ひ方がありませう』

『先生、横町の魚寅で蛸をつり下げて置くものです』』

私は笑つた。しかしそれは一般には何だか莫迦にしられたやうな気がしたのでせう。誰もが笑はない。私の笑つたのを皆何で笑つたかと云ふやうな顔をして私を一斉にながめるので私はさきの枝雀の場合と違つた恥かしさを覚えた。彼はジロリツと高座から笑らつた私を見て、今度は外の聴衆を相手にせずと云つた風に、殆ど私一人に向かつて、

『そればかりぢやアありません、読本といふものがあつて、ソレ箪笥は衣服を入れる器なり、さうですね――と私に向ひ――あれであんまり水は量りませんからね』

私は恥かしさを忘れて又笑つた。終に場中は花丸と私と二人になつてしまつたやうな気がした。分るでせう、この花丸といふ男の皮肉さ。

もう一つ私の印象にのこつてゐるのは、又例によつてお客に食つてかゝつてゐたが、ふつと気をかへて、

『イヤこんなことはやめて、一つ林家花丸でも歌をうたふと云ふ器用さを見せてやらう、けふのお客様は仕合せだ、花丸の歌なんかは、もう此後もう一度とは聞かさないぞ』、と例によつて皮肉一番、さうして

（うりもの）

といふ、別に新しくもなく、流行してゐるでもなし、と云つて美声でふるいつきたい程でもなく、至極つまらない歌で

〽杓子売りにやつたら売名を忘れ、大仏さんの耳掻きはいりませんかいな。

といふたやうなのをいろ〳〵と一座の落語家にあてはめて云ふたのだが、イヤうたふたのだが、其中で

〽円馬売りにやつたら売名を忘れ、漢法医者の腐つたのはいりませんかいな。

私は腹をかゝへた。例によつて、誰もが笑はない。あの円馬の感じを実に旨く囚《と》らへたもの。たゞ漢法医者だけでも感じは充分なのに腐つたといふた処に限りなき面白さがあつたのだ。

殊に大阪では人の顔を評する場合

「のれんがあくびをしてゐる」

「足袋屋の看板が水づかりになつた」

とか突拍子もないことを云ふて、それが如何にも其人の顔らしく感じが出るので、かねてからそんな事に興味をもつてゐたればこそ笑つたので、又花丸もこれを云ひたさに、こんな歌をうたつたのである。

どこまでも皮肉な爺さんだつた。

△　立花屋千橘

桂派へあらはれた立花屋千橘《たちばなやせんきつ》！　桂派ももう大分に世間の阿諛して色物を入れるやうになつてからの産物で、円太郎ばりに馬車のらつぱをふいて出て来てのけ其頃には珍らしい（どうじようすくひ）をイヤハヤ珍な手つきで踊つたものだ。丸々とした愛嬌のある男だつたが、

（芸）

は頗る未熟であつた。だから当時若かつた私等の一行は彼が出ると、一同顔をしがめたものだ。当人もそれを意識してゐたか、まことに好人物であつたが、花丸などとは全くの正反対で、何一つ皮肉も云はず、のちに文屋の宅で逢つた時、

『毎度御ひゐきに』

と云はれた時はこつちが冷汗をかいたもので、高座の熱心さに動かされ頗る人気のあつたものだ。さうした上からは晩年の桂派を背負つて立つたとも云ひ得られる。私は当人に逢つてからは思ひかへしてこの人の高座を見直したものだ。しかも、桂派が全く没落してからは、吉本の傘下に馳せ参じて花月派の新生命を開拓した功労者だとあつて、亡くなつた時は

（派葬）

といふことになつた。辞世に

濁る世の鰌《どじよう》を掬ひし我なれば
今は仏のすくひまつのみ

私はかつて、彼の高座を冷視したことを心から悔いたものである。

しかも私が文屋の為に法要を営んだ時も参詣してくれてゐるし、かねての事を云ひ合ひて笑つたからい丶やうなもの丶、お互ひは自分だけの好き嫌ひで、直ちに人を律することを止めなければならないと私はこの千橘によつて一つの学問をしたやうな心持になつてゐる。懐中電気を下げて来て、時々股の下でバツとそれを点火して

（電気応用ダンス）

だなんていふてゐた稚気も、私は当時稚気だと嗤つたが、大衆はそれが又非常な喝采であり、見様によつては、大ひに新しいこ丶ろみだとも云へやう。

春團治でも、円若でも、文我でも、さうした花やかな一面を持つてゐる人には、妙に皮肉な眼で見られて、反対される人も多かつた。

人が喝采するものに妙に反感をもつて皮肉なことを云ふのは、つまりは一種の嫉妬であるかも知れない。世の中には

鴈治郎、吉右衛門等等の熱心さを罵倒するものもあれば、菊五郎、延若等等の余裕のあるのに反感をもつものもあり、これを又称へる者もある。どうせ、人間が人間を観たり、聴いたりするのである以上、もつと大乗的に仏様の心で見聞すれば天下に捨てる（芸）などあるものではない。

大阪の渡辺霞亭《わたなべかてい》の劇評、東京の竹の屋の同じく芝居の評の

（よし〳〵皆よし〳〵）（めでたし〳〵）

と少しも憎くまれ口をきかぬ――よし皮肉はあつたとしても――を学ばなければならない。

△　末廣家扇蝶

京の表具屋の生れだと云ふことだ。扇の手をあざやかにとるので有名で、殊に三下りの〽逢ひたさに用もない門を二度三度通れど出て来ぬ甲斐性なし、さほど山の神が恐《こわ》いのか。

といふのを、褄をもつて女らしく、しかも、さほど山の神がといふ処でトトトトンと拍子を踏んでツンとして向ふへ行く振が何とも云へぬ上手なものだつた。それに舞ふてゐて、高座から足を辷らし、痛いといふ思入あつて、高座の方へつばをつけて座るのが実に面白かつた。噺もス

ツキリと灰汁のないやり方で

（辻うら）

なんか中々に聴けたものだ。三友派ではやはり人気のあつた方で、すべてが厭味らしくつて少しも気障《きざ》でなかつたところにこの人の真価があつた。こんなのを大阪言葉でいふ

（なんともくさらうない）

芸人はだん〳〵になくなつて行くのであらう。これからは、もつと突込んで、黒砂糖のやうな甘味をもつてゐるか、いつそ角砂糖のやうな、サラリツとしてどこで行当るのか分らないやうなのが、つまりは極端と極端が喝采されて、中味のもつた、もつとむつかしく云ふと

（内容のある平面描写）

とでも云つた（芸）はだん〳〵に享入れられなくなることであらう。

さうした見本の一人として、この扇蝶を書いたのである。ほんのそれだけである。

△　曾呂利新左衛門

大変な名を名乗つたものである。彼は

（初代曾呂利新左衛門）つまりは泉州堺の産で、豊太閤に奉仕した、鞘師で、紹鷗門下の茶人で、しかも滑稽、戯謔の多かつたといふ人物とは何等の関係もなく、大阪の新町でたつた二軒よりなかつたと云ふ友禅染屋の息子に生れたが、身持の悪さに親から勘当をうけて、型の如き伊左衛門殿、お定まりのたいこ持となつて、京では

（千九八）

又堀江では

（観八）

と名乗つて、時々は素人噺をもやつた男で、はじめ（松竹《しよちく》）といふ今日名だゝる興行界の両大将の様な名をつけて高座へあらはれ、のちに梅香と改め、都合松竹梅だと喜こんだといふ程の変り者、米僊《べいせん》に付て絵を習ひ、猪里《いざと》漁仙なんて名乗つてゐた。万事この調子で甚無遠慮振を発揮したものだ。数逸話をもつてゐるが人間は好々爺で、少しは変人なところもあつた。

しかし彼の無遠慮さには、消極的なところがあつた。もと無遠慮といふものは積極的であるべき筈が無遠慮の中にこの人らしい遠慮のふくまれてゐるのが可愛かつた。三友派に属してゐたが、よく文屋と往復して

（陀羅やん〳〵）

と肝胆相照してゐた仲だ。随て私とも心安くしてゐたし、後来芝居にも関係があつたので、よく彼を識《し》つてゐる。さらばその

（消極的無遠慮）

さの披露に及ばう。

下の関の春帆楼は名だゝる旅館である。故伊藤春畝公は必らず此処に泊まられるのが常であつた。さうして玄関の大衝立は公の名筆を揮はれた立派なものであつた。ある時曾呂利が、誰か客に招かれて此処にまかり出でた。衝立を見ると、

『ア公爵おなつかしう御座ります』

と其前にピタリッと手を支かえた迄は至極無事だつたが、裏面を見るに及んで、消極的無遠慮さが台頭して来た。勝手に硯をとつて来てスラ〳〵とそれに絵を描いてしまつた。この人の絵や、大抵彼自身に似て猥雑な顔をもつてゐる。春帆楼ではびつくりしたが、ちよつと出来もよかつたので、其儘にしてあつた。公がそれを御覧になつて、

『曾呂利かハ、、、、』

と意にも介されなかつた。何と消極的、イヤこれは聊積極的かもしれない。

この無遠慮さは至る処、木戸御免と見えて堺の大浜の一力楼には、閻魔大王と萬歳が描いてあ

るが、その閻魔がどう見ても曾呂利そつくりの猥雑さである。其賛に

　貧乏のときの定めや大三十日
　二日には又二つ咲く福寿草

中々味をやつたものだ。まだ二枚折がいくつもある。

起上り小法師とブリ〳〵太鼓を描いて

　凩《こがらし》やあむなくのこる柿ひとつ

まだ軸もいろ〳〵あつた。自分が

「生焼《なまや》けのお骨《こつ》」

といふ仇名がある為か、よく、野ざらしを描くが又不思議とそのお骨が猥雑な顔をしてゐるなんかは面白いではないか。

高座はあんまり上手でなかつた。女子供はこの人がトリだつたら皆帰つてしまふ。それをよいことにして、

『端《は》うたの揮毫をやります』

といふて大きな障子に紙をはつたのを持出し、

〽夕ぐれにながめ見あかぬ隅田川

と下座でうたはせ、それにあはしてキッチリさうした絵を描くことによつて、はなしなんかを胡麻化してゐた。これだと子供にも絵のよめないものはないので

パチ〳〵と手を叩いて、兎も角ものこる人もあつたので、大抵の場合、トリにのこされてゐた。

消極的無遠慮さの一つとして、生葬礼をやつたものだ。大正三年頃に、香典保存会といふのを催して、

私儀死去不致候へ共、来る二十六日午前十一時より午後三時迄、於生玉町隆専寺――糸桜で摂津名所図会にも出てゐる名高い寺――当日仮葬として、本葬の儀は未定、大隈伯百二十五歳迄長命を祈る。先僕大正五十七年の見込に御座候。各々諸君も百有余年寿を祈りたまはりたし。万障繰合せ、御一名様にても御誘合され、賑々敷御参詣あらんことを希望す。

絵書曾呂利大仁　猪里漁仙敬白

当日粗供養を呈す（会費無料、但し心ざしの香奠は遠慮なく頂き可申候）諸先生より寄贈下され候書画凡百幅、展売仕候間望の御方様は、金一千円以上入札一手に売却仕候也。

と消極的無遠慮さを発揮した。聊文意の通じかねるところのあるなども愛嬌にて、当日は鼠色無紋の上下にて、亡者から来会者に挨拶をしたものだ。

又こんな無遠慮の話ももつてゐる。

今の十二代目片岡仁左衛門のまだ我童時代であつた。曾呂利には、眼の中へ這入つても痛くない可愛いゝ子があつた。猪里桃太郎と云ふ名をつけて、一度ははなし家にするつもりでもあつたらうが、当時、猪里家といふ小方で大分妓等《こども》も抱えて居つた。そのすべてから

『お父つァん、はなし家にさゝんと役者はんにしたげなはれ』

とすゝめたものだ。曾呂利も其気になつて、当人をつれて我童のところへ弟子入に行つたものだ。

『どやこの子ゐゝ男やろ、一つあんたとこの弟子にしたつてんか』

我童は別に不賛成も唱へなかつた。しかし其子が将来二枚目になるべき素質を備へてないとでも思つたか

（片岡我太郎）

とつまり東京でいふ河太郎《かはたらう》、河童《かつぱ》のことだ、さうした名をつけた。

『ガタロはおもろい』

其処は洒落ものだ。しかし消極的無遠慮を発揮して、

『この子ははなし家の子でも役者や』

といふので銀杏の紋づくしの大振袖を着せて、花やかなこしらへで舞台を勤めさしてゐた。小

方だけに総勢すぐつて見連《けんれん》も催したりして大分この子役に勢援したが、一かうによい役がつかぬ。それに引かへて、猪里家の抱えの妓《こ》には恒富画伯の

(宝恵駕)

の粉本になつたやうな美くしい妓もゐた。が我太郎の方はちつとも美くしくはならない。どうしてもよい役をさせないので、彼は業をにやして、とう〳〵、彼の師匠たる我童の門を叩いて、『うちの我太郎は先代萩の千松や鶴喜代は出来まへんのか、刀持の小姓ばつかりでは、人様にみつともむのおまつさかい、もう連れて帰りまつさ』

とサツ〳〵と我太郎を芝居から連れて戻つてしまつた。

曾呂利新左衛門の一子我太郎は終に役者にならず一時戎橋の食料品屋の番頭や、保険の勧誘員なんかをやつてゐたが、サア今はどこにゐるか私はしらない。

この無遠慮な男に輪をかけた無遠慮な男がゐた。

(浮世亭○○)

といふ名で曾呂利の門下となつて高座へあらはれて

(オッペケペー)

と云ふのをやり出した。

これ即、後日の川上音次郎である。師匠の無遠慮は消極的でも弟子の浮世亭○○は頗る積極的無遠慮を発揮した。

藍は藍より出でゝ藍より青し。

で終に名をなした。さうして新左衛門の為に隆専寺に石碑を建てた。

消極的無遠慮子は彼の喜寿の祝の時

　七七四十苦にもせず
　また五十《いそ》〳〵と百になるまで

など云つてゐた。松年画伯は彼を送つて

　片寄らば右も左も皆地獄
　　曾呂利〳〵と真中を行け

と恐らくは、まだそろり〳〵とあるいて、初代にも会ひ、豊公にも春畝公にも逢つてゐることであらう。

△　桂米喬

大阪のはなしのコツを心得てゐる者に桂米喬がある。何か云ふと
『おもろいもんな』

と云ふ。高座へあがつて、お客様が少ないと、

『前が広うあいたアるといふて、こゝで自転車の稽古も出来ず、おもろいもんな』

とすべてこの調子である。

又お客様といふものは、初め土間の両はしへ座つて妙に真中をあけて、両側へ順序よくならぶものである。米喬それを見ると、

『遠慮なしに真中へ座つとくなはれ、そない並びなはつたかて、会席膳が出るやなし、おもろいもんな』

其調子が本当におかしかつた。

（いかけ屋）（二人ぐせ）（宿がへ）

など今も耳についてゐる。何でも古物商人からすきの道で斯道へ這入つたといふ事だ。

私のすきな〳〵人であつた。其話ぶりに一種の皮肉がありながら、おかし味たつぷりで「いか

け屋」で子供に相手になつてゐる間など写実味もあり、はなしのコツも心得、これは聞上手にも大衆にも一切無差別でうけたものだ。枕もうまかつた。

私は何かしら、斎藤緑雨――正直正太夫――といふ明治の文士とこの人とを一つにして見てゐた。その皮肉ぶりが相通じてゐたのだ。

『広いとこで大きなものを見ますと、それが妙に小さうみえましてな、この間も馬場《ばんば》で、コラゐらい頃合なパイプやと拾はうとしたら水道の鉄管だした。おもろいもんな』

には笑らはされたものだ。曾我の家の蝶六にも似通つたところがあつた。一種堂に入つたはなし振は、其以後私はかうした人を見受けない。

△三遊亭遊輔

何でも東京で幇間《たいこもち》をしてゐたといふことだ。暫らく大阪の高座を勤めてゐたが、私の贔屓の一人である。

北の新地の露地のいとも狭い家で、天ぷら屋を始めたので、たべに行つたことがある。たしか村上浪六――呼捨てにして済まんが、一切敬称を用ひないこと伊藤痴遊にならつたのだから許してもらひたい――と一緒ではなかつたかと思ふ。

主人ぢき〲、揚出して中々うまく食はしてくれた。高座で
『こゝにかり取る真柴垣、夕顔棚のこなたより』

と剣舞式にやるのが味噌だつた。低い声で実にうまゐ噺を聞かしてくれたものだ。

この人の座談だつたか、高座であつたかは忘れたが、私は其後どんな場合でも、噺といふ問題が出るとこの話をやる。かつて上方――雑誌――の催しの北の新地で、

（上方落語会）

をやつた時、私は高座の思入で、この話をしたことがあつた。

冬の寒むい日、北風がピューッと吹きすさむ、雪がチラ〲と、折柄不動堂で護摩をたいて、読経《どうきやう》した坊様、やがて消えかゝつた火を其儘に庫裡《くり》へ行つてしまつた。不動様は
『ホ、ウ寒い』

とたきのこりの護摩の火の傍《そば》へ行つて、身ぶるいをしながらあたつてゐると、うしろから火炎が、ポンと背《せな》を叩いて、

『浮気者め』

いゝ話ぢやアないか。スッキリとさすがに江戸前である。

この遊輔が東京のといふより江戸の

（茶番）

のはなしをしてくれた。

堀の内のお祖様のこしらへで大きなる厨子には入つてゐる。ギーッと扉をあける。

「エ何ぢや、商売繁昌かよし〳〵、エ、何恋をかなへてくれよし〳〵、エ、何病気本復させてくれ、よし〳〵。エッこつちは何ぢやエ何息才延命、よし〳〵、エッお前は禁酒の願かけかよし〳〵、お前はよし〳〵、お前はよし〳〵」

と扉をギユーッと閉めて、お祖師様其中で大欠呻《あくび》をして

『ア、くたびれた』

洗らひあがつてゐる。これも私はところ〴〵で用ひてゐる。

何としても遊輔はいろ〳〵と私に教えてくれた。文屋とは違つた意味で私の恩人である。

△　桂文吾

私は最後にこの文吾を取上げることにした。小さんがこの人からいろ〳〵の話を聴いて東京へ

もつて帰つてゐる。私は北の佐藤の家で、小ぐらゐランプのもとで、広い座敷の丁度真中に一人チヨコナンと座つてむつかしい顔をして一口のんでゐる男を見た。甚真面目な顔をした男、それが桂文吾であつた。

ポツリ〳〵と世間話をするうちにも、文吾一流の観察があつた。しかし其人の座談を聞いて面白いとは思はなかつた。多く京都にゐた為、高座は数しらないが、扨高座へ出ると、そのポツリ〳〵と話して行く間に名人振を発揮したものだ。

（市助酒）（らくだ）

は特別にうまかつた。

当人が酒をのむ調子を其儘舞台に出してゐた。私のしつてゐる範囲でこれは珍らしいことで、故市川中車ののみツぷりも舞台では見うけなかつた。文枝でも、仁左衛門——十一代目——でも、多見蔵でも、近くは吉三郎、富十郎、寿三郎、右團次でも、皆素《す》ののみツぷりをすぐに舞台へは出さなかつたし、又出しもしない。たま〳〵鴈治郎の如きは少しものまないから、のむ人を粉本としたので、素《す》を其儘高座へ出したのは、この文吾といふ人一人と私は思つてゐる。佐藤の家で見た通りが高座であらはれてくるので、無口のむつかし屋で、何だか変人のやうな、浮世をすねてゐるやうな、さうでもないやうな、ゐたいのしれない上戸振がカツキリ其儘、市助になり、らくだになり、うどん屋になるので、至極、内面的な面白さで、ゲラ〳〵笑つて聴く噺でなく、帰り道で思ひ出してはクスリ〳〵と笑らふ、ナイコウした笑ひである。

文左衛門に対しての文吾、円朝に対しての円馬、さうして團十郎に対しての幸四郎、と云つた風にその骨法を伝へてゐれば、文左衛門を云はず、円朝を云はず、團十郎を説かずに、無条件に、文吾のらくだにも、円馬の牡丹灯籠にも、幸四郎の勧進帳にも感心するのが、一種の雅量である。それをいやに利いた風なことを云つて、イヤ文左衛門のを聞いた耳にはだの、円朝にくらべてはだの、又團十郎を観た眼にはなどいふのは、

（知つてゐる誇り）

を振まはす、いやな見得坊だ。そんな人と、一緒に文吾は語りたくはない。さうしてそんな人と噺にしろ芝居にしろ、浪花節でも、娘義太夫でも、共に語るのを恥ぢるものだ。

文吾以後文吾なし

と断言してはゞからない。

これでお仕舞であるが、私はのちの文都の（冬の遊び）も説きたい。のちの文團治の（天狗の鼻）も、のちの小文枝の（三十石）も、春團治の（車屋）も、松光の（米山節）も、文我の（芝居噺）も、円若の（やりさび）も、明学《めいがく》の（琵琶）も、まだいろ〳〵話したいこともあるが、さ

△　桂文吾　188

うく〵はなし家で場所をふさいでもならない。
この辺で雁首をすげかへることにしやう。

（第六冊終）

その三　文楽篇

大阪の芸談としては、何よりも第一番に手を染むるべき筈であつた。しかし私は稼業としての歌舞伎篇、居候物語としての落語篇、さうしてこれを第三に置いた不用意は許してもらひたい。しかも余白が甚乏しくなつたのと、別にさうした計画のある為に、五六の有名なる大夫、手摺、糸をとらへ来つて物語るだけにとゞめたいと思ふてゐる。大阪でいふ(ずるい)のではない。羊頭狗肉でもない。寧ろ謙譲の美徳と思ふてもらひたい。

△　摂津大掾

塗物師の生れであらうが、二見といふ大工へ養子に行かうが、そんなものはこの人を大きくは

摂津大掾

しなかつた。つまりは十一歳の時に竹澤龍之助に三味線を初めて教えてもらつて、のちに三代目鶴澤清七に就て修業をした、それもどうでもよい。要するに、

眉毛の長い、長者のやうに福々しい顔をした、越路から一度春太夫になつて、宮様からこの摂津大掾の名を賜はつて、永らく文楽の紋下《もんした》であつた人を語ればよいのである。人気者といへば東では、中村歌右衛門を襲名した、中村福助、そのゆきかへりの道に、婦女子が毎日立つてゐた位、さうして西ではこの人であらう。尤今日では、林長二郎の長谷川一夫といふやうなのが飛出して聊人気といふもの丶意義が違つて来たやうにも思はれるが、それでも、歌右衛門の福助の人気は長谷川一夫に近いが、この大掾の人気は頗る

（芸術的人気）

である。しかしだ、それは、美声といふことが人気の中心だつた。師匠の春太夫でさへ其人気にびつくりした位だから、今はた何をか云はんやではあるが、たゞその人気が美声だけでは成程、当時八方からいろ〳〵に云はれたのも無理ではない。名人團平がこの人と一座しないで彦六《ひころく》といふ別派を立てたことも、床《ゆか》での行儀が悪いなどと云はれたも、或者に

『何やケレン浄瑠璃』

がと云はれたも、あまりにも美声、あまりにも曲の自由さが、反感をもたれた為でもあらう。

一時、義太夫節はこの人の如く美声をふりまはすのがよいのか、法善寺—津太夫—のやうに悪声をこなし、難声《なんせい》で聴かせる方が名人なのかと対照してまでも、この人を蹴落さうとしたものだ、人気の裏はこわいものだ。

（声）

しかしその温厚な人格が人気を質実な人気にしてしまつた。妻女が其夫のを守る為に、食物に制限を加へてまでも其

（芸）

を守護した等等の保護者により、又迷彩によつて、彼の自覚もあつた。其美声の儘、其曲の自由なるまゝ、その人気の高いまゝに大成して全くの

（名人）

に到達した偉さには自然にあたまが下がる。初めつから（名人畠）の人であれば、かう人気はなかつた筈だ。又当人の自覚がなくつて、それで甘んじてゐたなら、末代に遺《のこ》る

（摂津大掾）

でなく、

「越路といふ声のよい太夫があつてな」

位にとゞまつたであらうに。

何と云つても、先代萩の御殿がこの人が語ると時間が長くかゝつて短かいやうに聞けるが、外の人だと、時間が短かいのに、長つたらしく聴こえたと、その道の一人は私にシミ〴〵と話してゐた。

〽お末がわざを信楽や…

のあたりは実際惚々する美声で、何も彼も忘れて聞入つてしまふ、だからよし名人紋十郎が人形をつかつてゐても、それを観るのを忘れたことが何度あつたかしれない。

しかもこの人が開拓した境地があつた。爾来大掾に私淑した者が続出して、今日もうスッカリそれになり切つてゐるものもある。

比較するのは変だが、美声に魅力をもつたものに、浪曲雲右衛門があつた。又亡くなつた延寿太夫があつた。長唄の如楓〔マヽ〕があつた。常磐津の林中《りんちう》があつた。少なくとも時代が美声を喜んだのも事実だ。イヤどんな時代だつて美声を喜ばないといふやうな時はなからうが、中心をいづれに置くかといふのが問題であつた頃もなかつたではない筈だ。変な言葉だが、さう云ひ得る。

この人は節から人物が生れてくる。

中将姫などは全くの傑作であつた。姫の品格が充分で、あのうつくしい声で語りこなし、しかも其処に哀れさに頗る重味があると云ふのだから、ちよつと追従の許さないものがある。

私のいつも云ふことだが、一年有半、中江兆民が、越路などと世を同じうしたのは天下の幸福だと云つてゐた。

金田菊所について画を習つてゐたが、これも素人芸としては品位があつた。金魚など中々旨く描けてゐた。

多くのお出入先がさすがに貴顕紳士で、自然翁の行状も正しかつたわけだ。

何としてもこの人は

（芸人）

と云ふ人ではなかつた。しかもすべてが貴族的であつたことも特筆すべきことであらう。

△　竹本大隅太夫

團十郎と菊五郎。鴈治郎と仁左衛門。宗十郎と延若、常陸山と梅が谷、いつの場合にも、二つの対照した人物があらはれて、それが又正反対のものをもつてゐるのは、天の配剤とでも云ふのであらうか。こゝにも摂津の大掾に対し大隅太夫のあつたのも亦その軌を一つにしてゐる。

節から人物を生む大掾。

人物から節を生む大隅。

一切が写実から出立してゐるから聴く方で頗る面白い。そのいづれが本来の型にはまつて行くのか、私はさうした事の玄人でないから断言は出来ないが、大隅は個々の人物をあまりにもハッキリと語り分ける。

「摂州合邦辻《せつしうがつぽがつぢ》」

の合邦住家の末段《まつだん》で百万遍の数珠を繰る件で、あの南無阿弥陀ン仏を、姫、入平《いりへい》、婆、合邦、俊徳と一つづゝ語り分けたのである。さう作られてゐるのか、さう語り分けるやうに其数を合はしてあるのか、それは原作者に訊《き》かなければわからないが、外の人のを聞くとあそこは合唱のやうに思はれるが、大隅は独唱である。殊に入平なんか、奴らしく語るうまさは実際興味があつた。

忠兵衛の羽織落としの件でも

「行つてくれうか、行つてくりやう〳〵」

の間に写実の語り口で実に面白く、さもあの場合迷ふてゐるらしい口吻《こうふん》は恐らく人形も遣ひ安いやうに思はれた。再云ふがそれが本格であるか否かは私の知るところではない。一方に大掾ある時、一方に大隅あるのは聴いてゐる方で、カッキリ二つのものが得られるのだから、損はない。沼津でもイロで語つてゐる間に人物を本当に劃然と出して行く。壺坂なども、あまりに名作でないに拘はらず、たつた二人の人物を團平の節付により、大隅の語り口によつて、名作のやうにひきずられて行くところに大隅の偉さがあつた。無論團平にやかましく云はれて、こんなに大成したとは云へ、写実の一面は又大隅の創意であつたとも思はれる。

これは大阪順慶町木島屋といふ鍛冶屋の出で明治五年に太夫になつて春子太夫と呼ばれて春太夫の弟子であつた。品行の上にやゝ難があつたが舞台は熱心だつた。さうして

『どうも芝居を見ると役者のセリフ廻はしがうつりまつさかい、私は断前見まへん』

といふてゐた。一見識だ。成程、大隅の言葉は大隅の創作で、断前芝居の役者のセリフではなかつた。かすめて、小さな声で云ふところ中々味もあつたが、本当らしく聞かせたことも亦無類であつた。この人のあとを行く人がちよつと見当らんが、独創だけに其処へはまる人がないのかもしれない。さうなるといよ〳〵尊いものである。

よいところがあれば弟子の家へも稽古に行つたと云ふことだ。其処も尊いところだ。何と云つても團平にやかましく云はれたことがすべてこの人を大成さしたのではあらうけれど、当人にも

この熱心さがあつて、初めて大隅たることを得たので、大掾とあはせ、やはり一年有半中江兆民が、この人とも代を同じうしたを喜んでゐたことに於てかはりがない。

其かはり、大掾の様に、知るも知らぬも、好きも嫌ひも一様に喝采されたのと違つた。

『何だ変な太夫だな』

と云つたやうに反感をもたれてゐた。

（志度寺）とか（金閣寺）とか（日向島）とかの時代物も旨かつたが、一面世話物も亦上手であつた。（冥途の飛脚）なんか今も耳にのこつてゐる。

私はどちらかと云ふとこの人は好きな方であつた。

△　竹本越路太夫

所謂お三道楽ともに達人の為、大分に八方槍ぶすまではあつたが、さりとて舞台は本当に上手で型に入つた、まことに厳然たるもので、道楽のすぎる為よく調子は痛めてゐたが、それでも語るべきは語つてゐた。

（太十）

などになると、この人は畳の上でも厳然たる人かと思ひあやまらるゝ位である。

松竹社主がいつもこの越路に向かつて、

『あなたは前に見台を置かないとお話は出来しませぬな』

と云つたのが有名になつた位、常は何も彼も道理を無視してゐた。

それは決してよくないことではあるが、それをもつて、
何でも師の大掾に幾度となく勘当を享けたもので、あの人格者の大掾は
『まあゑゝ、やないか』

と云つても周囲がだまつてゐない。それがあまりに度々で、又一々戻つて来ては出て行き、出て行つては戻つてくるといふ有様で、勘当もかうなると伊左衛門同様一つの名誉かもしれない。

当人も仕舞ひには、

『わたいの頸は何ぼあつたかて足りまへん』

と真面目な顔をしていふやうになつた。

越路ほどの太夫だから、これが逸話にもなるので、それを取かへすだけ
（芸）

をもつてゐたのだ。偉い哉である。

伝授は伝授、勘当は勘当で、貴田源蔵《きたげんぞう》とでも名乗るとよかつたのだ。

時代、世話、行くとし可ならざるはなしといふ上手さであつた。若しこの人にして奔放な生活を改めて一意芸道に精進してゐたならば恐らく天下の名人として、しかも天寿も全うしたであらうに、天二物を与えずと云ふのでもあらうか。

しかも妻君も山村舞の名取で、

（芸の家）

であつたゞけに又、

（道楽の家）

だつたので、どんなにその人格に逼塞《ひんそく》たるものがあつても一度

（床）

に対する時、ア越路太夫だつたのだなと忽態度を改めさすだけの伎《わざ》を持つてゐたことに於てやはり、

文楽座の紋下である。

逆効果から云へばこれあるをもつて、越路太夫の名声も高かつたとも云ひ得る。

△　竹本津太夫

法善寺の津太夫と住吉の津太夫と二代一緒に語らう。

法善寺の津太夫は聞こゆる悪声で、床へ上がつた暫らくはモガ〳〵と口のうちに云つてゐるので、送りなどは全く何が何だか分らない。五分、十分、廿分、三十分、だん〳〵に整然なる曲調は人の肺腑を刺す。もう段切前になると

『この人は悪声だと云ふが嘘だ』

と疑がふやうになる。私は何よりも、

（壬生村）

を聴いて実際に敬服してしまつた。あの声で小冬《こふゆ》のうまさ、五右衛門は、手下に鬚を剃らせながら偽使《にせつかひ》の道中につかふ道具をあつらへる間など、型からスツカリ写実に這入つて行くのだ。剃刀が当るので、

『ハサ……ミ…バ…コ』

『頭《かしら》何でごんす』

と手下が訊く。

三代目 竹本津太夫

『ハ…ハ…サ…サ』
『エツ、エ、エ頭《かしら》何でごんすぞい』
『エイはさみ箱ぢや』

　といふあたりは伎巧なのか、写実なのか、義太夫なのか、其間を融和したまことにこれがかうしたの〔マヽ〕面白味だと思つた。つまらないところを褒める素人めと云はれるかもしれないが、何と云つてもあそこが感心したのだ。治右衛門の旨さと来ると又天下一品だつた。

　文楽全盛期はこの人の由良之助、越路の平右衛門、大掾のおかるといふ顔ぞろひの七段目など絶後のものであらう。

　皮肉なものでも皮肉のやうに語らないで通俗に聞こえるところに法善寺の価値があつた。

　渋いのかと云へば艶があり、

三代目「竹本津太夫追善興行」（十三回忌）パンフレット

三代目「竹本津太夫追善興行」（七回忌）パンフレット

色気があるのかと云へば重味が兼ね備はり、何とも云へぬ（味）を持つてゐた。

何だか真面目な人かと床からの感じはさう思はれるが、実際は中々洒落者であつたとのことだ。法善寺なんかで茶店をしてゐるところにも、成程さうした一面は認められる。

のちの住吉の津太夫も鴈治郎と共に大阪府から表彰された人で、床の上手さは法善寺とは又違つた語口をもつてゐた。

（沼津）（日蓮記の佐渡）（蝶花形）（堀河）（日向島）等等に真価が認められる。渋ごのみではあるが、これとても語り込む程よくなる人で、人情味もあつて話せる人であつた。ある事で怒つて中々解けなかつたと云ふことだつたが、それは誰しもあることで難ずることではない。今の古靱の前の紋下《もんした》であつた。二度ほどこの人の為に新作をしたが、中々熱心にいろ〳〵のことを聞き、床本《ゆかほん》も訂正もしてやつたし、言葉の違ふところも注意するとよく云ふことを聞いた。これも当然のやうで当然ではないので、

（文楽）

と云ふ殆ど特種の世界で、特種の人情や格別の約束、意外の習慣をもつてゐるところで、ちよつと門外漢が、けふ云ふてけふ自分のことを通さうとしても通るところではないのである。其中にあつて、人の言葉を入れるなど云ふ雅量は得難いものといふてもよい。

私は総ざらひの日に、この紋下とお仕打と三味線の立とが、本膳で一つ盃がまはると云ふ習慣を可なり長く持続《(マヽ)》して来た。私も新作をした場合その中の一人となることもあつた。何とやら、格式があつて非常によい慣例だと思へた。その席の津太夫の態度も亦嬉しい一つであつた。

この総ざらひと初日には必らず文楽座主が立会はねばならぬことになつてゐるが、かうした儀式ばつたことは世の中が忙がしいにつれだん〳〵破れて行くのも、ひよつとすると、文楽と云ふものがこの習慣と共に破られるのではあるまいか。

今芸術界にそんな格式を保守してゐるのは、能楽と義太夫である。「告朔《こくさく》の餼羊《きやう》」と云ふことがある限り、文楽は又文楽として、長く格式を守つてもらひたい。因《ちなみ》に講夫《こう》健在なれ……である。

△　竹本土佐太夫

天下茶屋で時鳥を飼つてゐて、茶の道にも達し俳句の一つもやらうといふ風流人である。伊達太夫時代は彦六の花形で、即其座の大掾どこを語つてゐた人気者で、一種の訛りのある為に大分異議を申立てる通人もあるが、理解のある上に於ての第一人者で、月郊の（桜時雨）に手をつけて、語りこなした人である。私はこの人の（お夏清十郎湊町）を聴いて頗る感心した。十日戎をうたひながら酒に酔つて這入つてくる人物など実に写実味のある軽い語り口は今も忘れられぬものゝ一つである。よく十一代目片岡仁左衛門が云つてゐた言、

『芝居の方は中心人物はよい役者がやるからよいやうなものゝ、端役《はやく》になると、やつぱり下どこの役者がやるので、どうしても一幕のうち、やらでもよゐやうなところが出来る。義太夫の方はその一幕全部が偉い太夫が語つて、九段目ならおりんでも、一切がその太夫によらねばならぬのだから面白い。わいも太夫になつとけばよかつた』

とは殆ど口ぐせのやうに云ふてゐた。かりそめの言葉だが至言である。

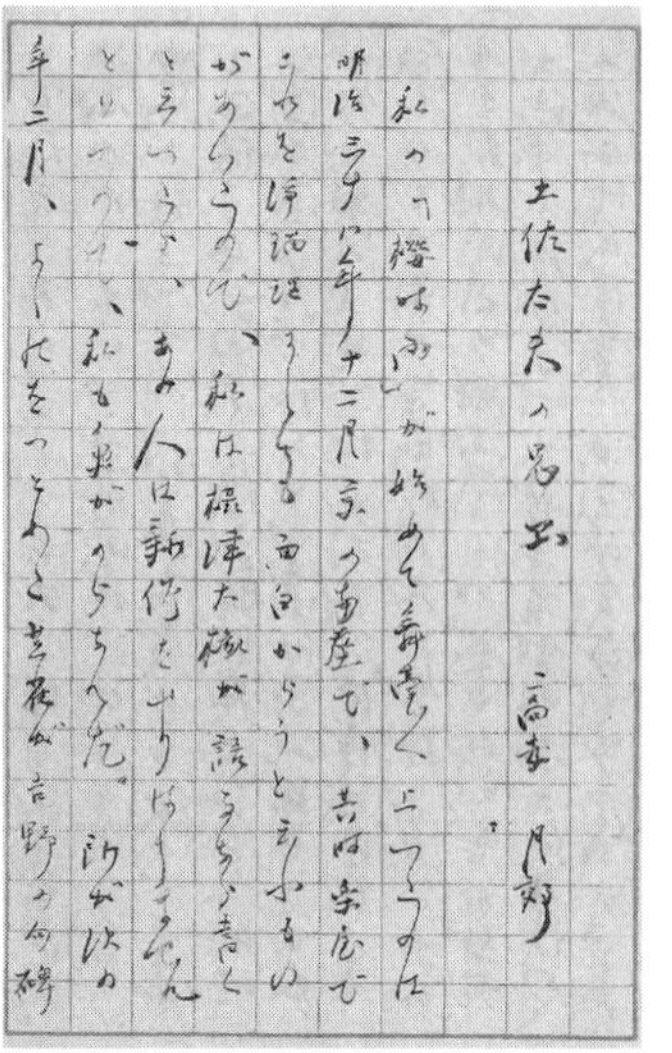
高安月郊「土佐太夫の思出」（自筆原稿）

私がある雑誌へ土佐太夫談を載せる為訪問した時のこの人の話に、

『役者も昔は女形は、常に女形のこしらへで女の情を失なはぬやうにしてゐた程深い注意がは

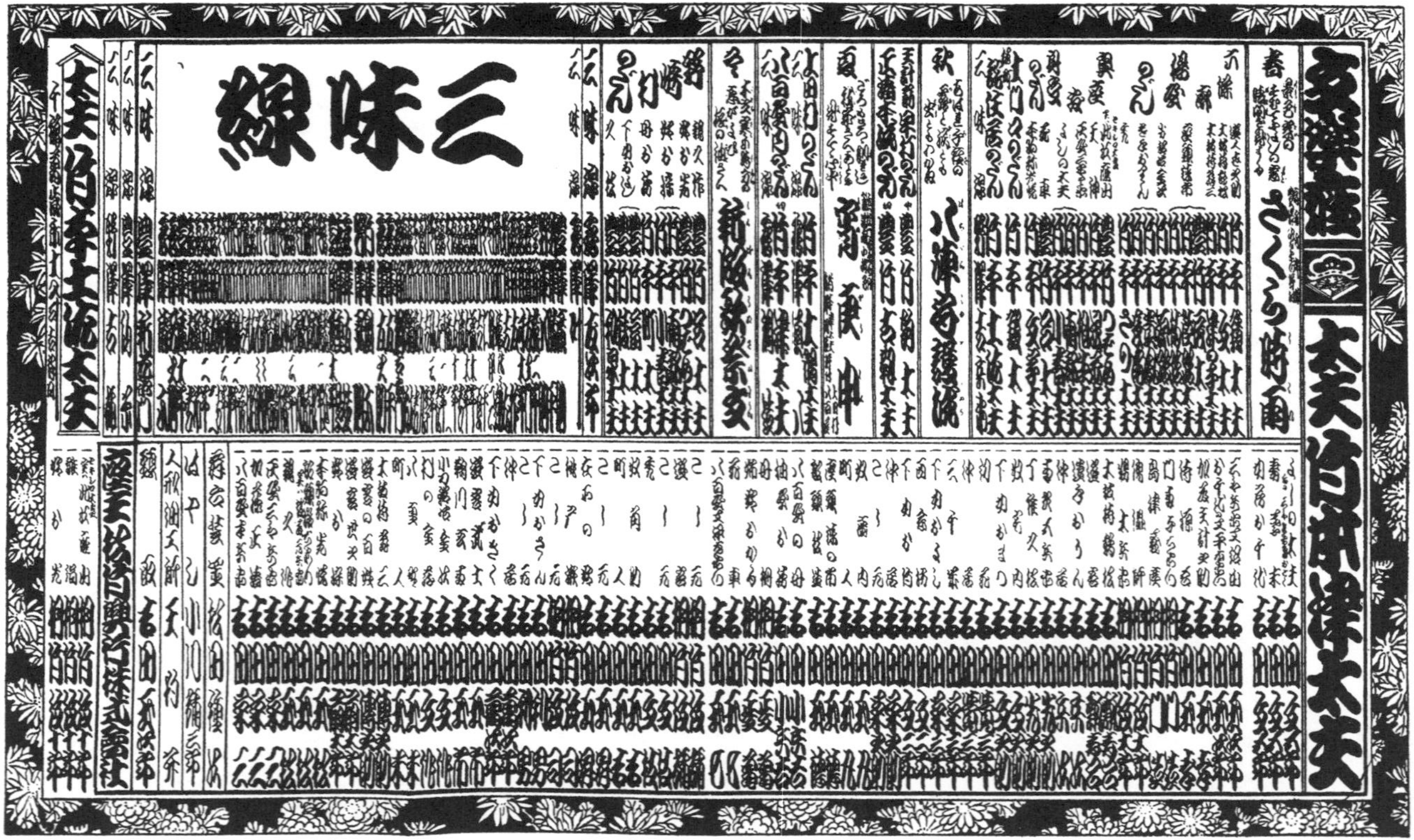

「さくら時雨」番付（昭和7年10月）

らはれてゐたのだが、今日は女形でも洋服の儘で稽古をしたり、筒袖の着物をきてゐたりするのだもの、自分で恐らく女の気分になれまい。』この事を故尾上梅幸に云ふと、梅幸は
『時代ですよ。扮するといふのだから、常に洋服を着てゐてもスワ舞台の時はちやんと大振袖になるのだから、却つて気がかはつてよろしいと云ふてゐたが、どうであらうか』
と彼は疑問符をうつてゐた。私は今俄かに、土佐太夫にも梅幸にもどちらにも団扇は揚げない。兎も角そんな風に観てゐた、見識だけを話して置けば私の役目は済むのである。
一体文楽ほど伝統を重んずるところは外にも少ないのだから、あの床で大落しになつた時、揚幕の方で
『イヨー何々太夫サマー』
とあれを何といふのかしらないが、爾来廃止になつてゐるが、是非一つ復活してもらひたいものである。
時代を云々するところではない。時代を云々するのなら、あんなものは全然廃止にすればよいので少なくとも郷土芸術を銘打つなら、形式も一切昔の儘でありたい。さうして一年の二月とか三月とかを、時代に応じた興行法をとるのもよからう。浄瑠璃―所作―を入れたり新作をやつたりするのも、其時がいゝでは〔脱文アルカ〕常は座席にして置いて貰ひたい。

甚土佐太夫に済まぬが、ちよつとお座敷を拝借したわけだ。

△　桐竹紋十郎

無論手摺《てすり》の紋十郎で先代であることも無論である。女形の人形の名手で、何とも云へない情を人形の上で見せた人だ。いろ〳〵の型物にも精通してゐるので、嵐璃寛や、中村雀右衛門や、さうした人々が、或は八重垣姫は、或は雪姫、時姫《ときひめ》、夕ぎり、お里、お園《その》、何でもさうしたものを盛んに訊《き》きに行つたもので、或時私は誰かに付いて彼のもとの御霊の文楽に訪問したことがあつた。南側の小さな部屋はそれは〳〵上手に取片付けてあつたのも覚えてゐるし、型についての話も中々要領を得てゐた。さうして教訓になることも大分話してゐたが、其時代には、人形浄瑠璃の楽屋めづらしさに、紋十郎から人形についてのいろ〳〵を訊かうなどいふ特志はなかつた。今考へれば惜しいことをしたものである。

すべての上に少しも脱線せぬ、型を守りながらも、創作もあり、妙に写実に流れはしなかつたが、それでも活きた人間のやうにあつかはれたのが、さすがに名人だつた。

しかも紋十郎の遣ふ人形には艶のある上に、一種の品格を備えてゐる。

私の識つてゐる手摺の連中をよく〳〵観察すると平日のすべてが直ちに人形の上にのりうつ、てゐる。この人のやうな風格で人形をつかふから人形のそれにやはり風格を備へてゐるのがちやんと見〔脱文アルカ〕

近頃盛んに、人形を解体して素人方の前にそれを公開するやうだが、厳密なる意味に於て、あれはもつと極秘で、

『足はない。たゞ衣紋だけで足があるやうに見せるのだ』

と説明すると、もうそれだけ、人形を見る時に、

『ア人形に脚がないのだな』

と直覚して、女形の情を折角つかつてゐながら、素人の頭《あたま》が其処へ行かなくなる。誰も彼もに公開するわけではなからうが、芝居の楽屋を見せるのと一般、それは内側からは一切公開しない方がよゐのではなからうか。松竹社主は、役者の平服を着たまんまの

（舞台稽古）

は素人に見てもらふな、といつも云つてゐるが、これは至言だ。伏見人形でも裏側は彩色が施こしてゐないのである。

近頃の人は、その一部を識つて、さも全部を識つてゐるやうな顔をしたがるものである。昔で云へば、それは「半可通」といふて、愚慢《ぐまん》大人なのだ。

其上で私は桐竹紋十郎が、部屋へ人形をもつて来て、立至つた説明をしなかつたやうに思ふ。あつたにしても、どうです、ソツと種明しをしなかつたことにして置かうではないか。

これは別な話だが、私はこの上に於て、ちやんと上下をつけての

「出つかひ」

といふものは、忠臣蔵の八段目、妹背の道行、千本のよし野山位の程度にとめて、いやしくも、泣いたり笑つたりする場面は一切黒衣でやつてもらひたいと思ふ。

△　名庭弦阿弥

まことに稽古のやかましい人であつた。素人衆に教えてゐる時、本職の用事で私が訪問したことがあつた。

『今お稽古の最中だつさかい、ちよつと待つてたげとくなはれ』

と次の間へ私を入れた。それは「三十三間堂柳由来《(マヽ)》」の平太郎住家《すみか》の段を、お弟子の顔は見え

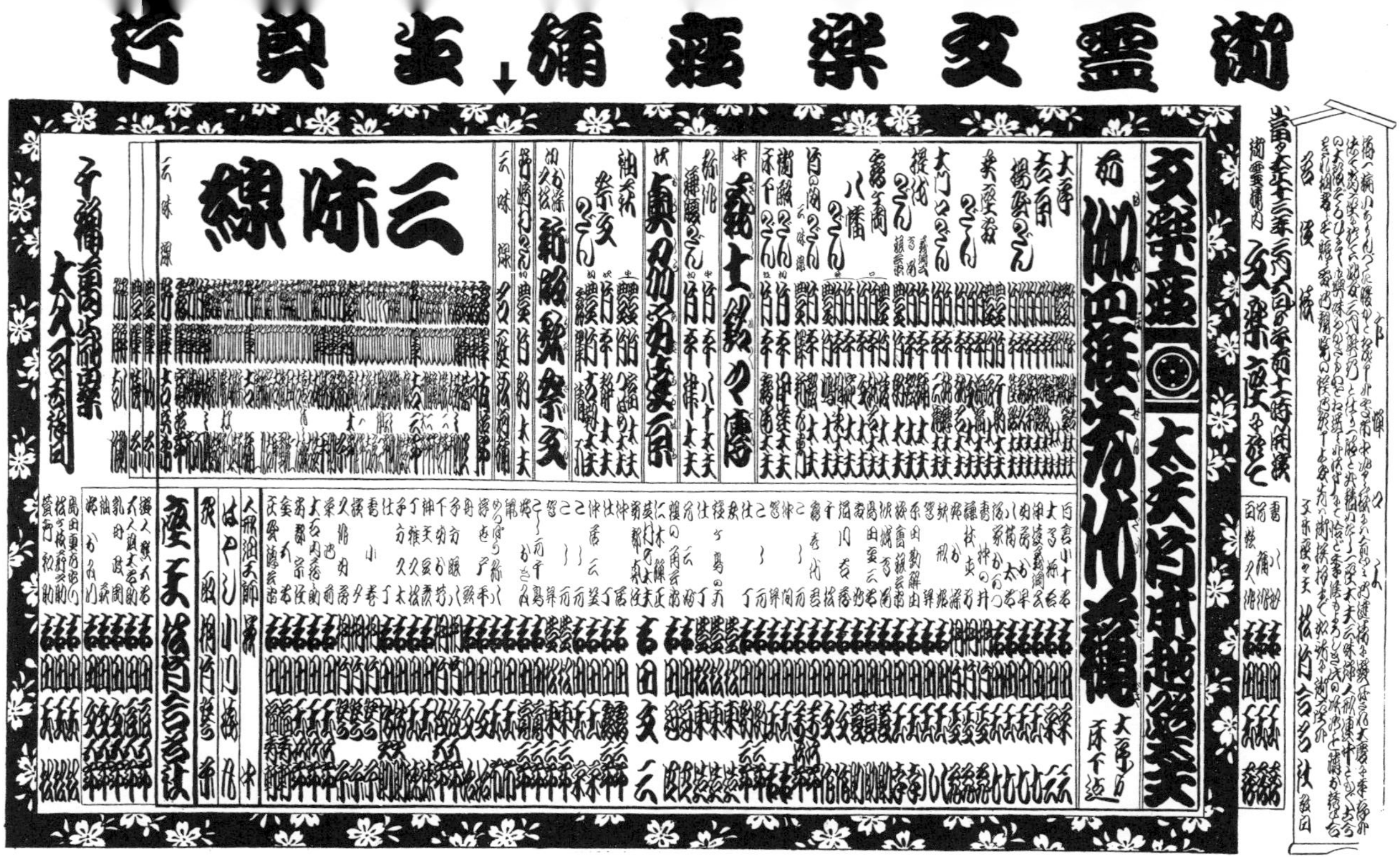

紋下竹本越路太夫、三味線名庭弦(絃)阿弥両名記載の最後の番付(大正13年3月。矢印の先が名庭弦阿弥)

ないけれど、つまり仲間でない、お素人で、即旦那衆であることは翁の言葉づかひでよく分つたのであつた。

『サアもう一遍やりまひよ』

と三味線が聞こえてくる。やがてピタリッと三味線がとまる。

『いきまへんな』

『さよか』

『柳の精だつせ、あんたのは本間のおかみさんやがな、そんなんあかんな』

とかうである。私の耳へ這入つてくる旦那衆の義太夫は何年やつてゐるのか頗る器用で、ちよつとした玄人はかなはない位だと思つてゐるに、成程、世話女房で語つてはいけないのかなと私は思つた。それから殆ど一時間、翁は私のゐることにもう殆ど気がつかない程熱心に教えこんでゐた。私もそれを聞いてゐることが面白かつたので、決して退屈はしなかつた。やがてその旦那衆の方で、

『御来客やおまへんか』

と云ふのでやう〳〵に気がついて、

『さうだしたな』

『いろ〳〵有難うおました』

『今度は次の六の日だしたな』

『へイ』

『大分分かつて来ましたな』

『有難う』

と云つたやうな言葉がかはされて客は去つた。私は弦阿弥に逢ふべき用件を思ひ出した程聞入つてゐたのであつた。

さうした熱心さは、無論床《ゆか》に於ても見らるゝし、第一大掾歿後、やはり文楽の総稽古には三味線の監督として、出張してゐた。しかも土間に控えて一々、後進を教ゆることが懇切叮嚀であつた。

『清六さん』

『へイ』

『あすこな』

と床へ近寄て、三味線をとつて、自分で弾いて見せて、

『こないやりまひよか』

『ヘイ』

と云つた風で、中々の親切ぶりと云ふよりは、先輩として到れり尽せりであつた。久しく廣助として、大掾を扶けて来た人だけあると私はいつも感心させられたものである。

つまりはこの人のやうなのは

(芸の中)

に生きてゐる人で、私は友次郎の場合もさう云ひ得る。私のこしらへた

(肉弾三勇士)

を友次郎が作曲した時も、彼の高麗橋の宅へ行つて、大勢の人達と一緒にその稽古に親しく立会つた。

『サアもう一遍やつて見まひよ』

と、又三味線をとりあげて、やりはじめた。

食満南北脚色「其幻影《そのまぼろし》血《ち》桜《ざくら》日記《につき》」(昭和7年9月・文楽パンフレット)

『そこ〳〵、そこんとこは、進軍らつぱだつさかい、一つあたり前の糸のやうにやらんともう一つ勢をつけまひよか』

と云つた風に決して弟子まかせにせずと、一々手をとつて教えてゐたので自然私も頭が下がつて、大分長い時間、それを聞いてゐた。

一体文楽のけいことといふものは中々励しいもので、これから見ると、芝居の方がもつとゆるやかだと思つた。それは太の三味線の音がビン〳〵とひゞく関係もあつたらう。さうして大勢の合奏の時が多かつた加減もあつたらうが、かつて聞いてゐた、團平の稽古と云ひ、かうした事を直接に見せられては何事も、不熱心や、ヨタや、遊びごとでは出来ないのである。

私などはもと遊び心で斯道へ這入つたので、文楽の如きは殊に私としては一種の余戯なので、さうした人達の真面目さを見た時、私は大ひに教えられるものがあつた。

今は殆ど斯界を去つたのだから云ひ得るが、私は決して

（真摯の態度）

で向かつたのではない。私は芝居とか浄瑠璃とか、舞踊とか云ふものに向かふ時、私の稼業だと考へたことがなかつた。私の新作は所謂書流しで正書と云ふものをやつたことがない。そんな心持で向かつては、あの数多い、いろ〳〵を短時日にこなして行くわけには行かなかつたのであ

る。早さに於ていつも人後に墜ちなかつた。それは本当云へば真摯でないから出来たもので、その一つ〳〵に心血をそゝいでゐては恐らく今日生命がなかつたであらう。かう云つてしまつては頗る

（ヨタ）

にも聞こえるが、私はそれ以上私の性格として、それ以上どうにもならなかつたのだ。役者の中にも私と同じ態度の人が決して少なくはなかつた。

『ソロ〳〵やろか』

といふ風な態度の人を、名前は明らかには云ふをはゞかるが、可なりそれが多かつた。私は文楽に於ては、これを見受くることが出来なかつた。これは一つは、稽古が短かゝつたといふ割引もあらうが、その態度でなければ出来ないのではなからうか。又局外だから私の眼に、私の心にさう響いたので、彼等の中にも大ひに綽《しやく》々として余裕のあると云つた態度の人もないではないのだらうが、さう映じたのかもしれない。

私は一二手摺の人にその態度を見受けたのであるが、これも私の眼にさう映じたゞけなのかもしれない。

私はこゝに於て、松竹社主を特に語りたいと思ふ。恐らく、私の数多く逢つた人の中に

（熱心）

と云ひ得るのは、この人であらうと思はれる。私は初め
（道楽）

として斯界に投じた人で、その態度ですべてに向かふのだと思つてゐた。然るにさうでない。

徹頭徹尾（熱《ねつ》）で押通す人である。であるから、

（熱）

をもたない人は先天的に嫌ひであつた。

（中村鴈治郎）

と共鳴したのも其処にあつたと思ふ。勢熱ならざる私と、どこかに喰違ひのあつたのは是非ない事である。

熱のないといふことは中々むつかしい問題で、熱のあるのとはツイ隣同士なので、決して極端と極端とではないので、

（芸）

と云ふものを、本当に分解すると分かるやうな気もするのだが、其処に、熱ならざる熱といふもの、尊さも認めぬわけには行かない。

何だか脱線に脱線してしまつて、とつつけもない処へ行つてしまつた。

私は殆ど局外である。文楽に就いては多くを語り得ない。

私は実子も養子も凡《をよそ》子といふものに縁がない。私の書いた脚本の中でよく人から云はれて、

『君の描く子供はすべて其父の子になつてゐない。子の愛のない者の描く親子の問題は危険である』

と叱られた。本当にさうである。私は子供がかけない。面白い例をひいて見やう。

私の芦屋の家へ、私の友人がその子供を連れてやつて来た。私は丁度机に向かつて原稿を書いてゐた時であつた。私の傍へ来て、その友人の子は無邪気に遊そんでゐた。私は私の傍に子供と云ふものを高々三十分だけ置いてくれ、それまでは興味をもつが、それ以上の時間はその子供に憎しみがかゝるとかねてから家人にも云つてあつた。ところが、三十分も立たぬうちに、その子供は私の万年ペンをとりあげて、グッと片手に握りしめて、グーググーッと畳へそれを無惨にもたてよこに墨を引つぱつたのである。私は吃驚《びつくり》して取上げた時は、もう万年ペンは曲つてしまつ

食満南北著『酒場の女』函

て用をなさない。しかも畳は二畳の間メチヤ〳〵である。其父を顧みて、私は何か彼が私に対して詫をするであらうと期待してゐた。然るにその父は曰く、

『うちの子は賢明やな。万年筆といふものは字を描くものであることを識つてる。何と云ふ賢しこい子であらう』

と高らかに其子供をさし上げた。私はその父の常識を疑がつた。しかしそれが子を持つ親の常識である。私はこの光景を目撃しないで、私にさうした脚本を描けと云はれても私は断じて書き得ないのである。

もう一つこれは私でないが、私が子のない親に同情した物語である。かつて南海電車の中で、赤児が小便をしたいらしく泣いたのである。それは親として直覚の出来ることであるらしい。其婦人には勇気があつた。車中に向ひ、

『今この子にはゞかりをさしてやりたいのですが、御迷惑でなければお許しを願へますまいか』

と同乗者に対してかう呼かけたのである。第一に子をもつた車掌であらう、

『よろしい、こつちを少しあけたげて下さい』

と片隅の客を避難させた。さうして車中は一せいに、

『やらしたげなはれ』

と叫けんだ。座に一人の子供を持たない人がゐた。その人は早速、朝日か毎日の投書欄にそのことを書いて送つた。

「無礼である。公徳などいふ文字はつかはない。私はこの際車中に子供といふものを持たない乗客のあることを考へない、親達の無礼さをいきどほつた」と結論してゐた。

面白いと思つた。恐らく私も席にゐれば同感である。

この一文は、私が文楽には局外であるから、あまりに立至つては描《か》けないといふことの例に話したのであるが、

恐らく、子のある親達がこの一文を読んだ時、これは又反対に

『子のなき者は、人情を解しない木石もたゞならぬ者』

だと評されるであらう。私は甘受する。つまりは私には絶対に

（子の味）

を識らないのである。識らざる者が徒らに想像によつて、識れるが如く説くのは危険である。

よつて謹で擱筆するものである。

そんなら、何やしらんけど大分云ふてやはつたやないか、と云はれては一言もない。多謝々々。

この前後はひそかに抹殺してもよゐのであるが、ナ其処は又これに共鳴する、南海車中の子なき

人もあるもの丶ことである。ソツと誰にも分からないやうに載せて置かう。考へると私も中々気の弱いところがある。若し実子が一人でもあつたなら、人一倍（子煩悩）であつたかもしれない。断じていふ、（しれない）である。

その四　大阪俄篇

すでに亡びたるものである。聽て亡びるべき運命を持つてゐるものも数ある。然るにこれは全くカゲを止めぬ哀れさである。かつては、曾我の家に於て、その片影を見せてゐた。たしか（源平布引瀧）であつたと思ふ。さうして、厳密なる意味に於て、かすかに残つてゐないことはないが、恐らく、それを指摘されれば、其人は厭な顔をするであらう。又今日それを取出して、死児の歳を数えるでもないが、一種の記録である。かつては、それも立派な（大阪の芸）のうちに語らるべきものであつた筈だ。尾半小半の一座、鶴屋團十郎團九郎の一派、大和屋宝楽、たにしの一座等等によつて、私は少なくとも面白く、実に他愛なく贔屓にしたものである。

価値は時代によつて左右しらるゝものである。かつては今日の浪曲の前身を認めなかつた人もあらう。昔の軽口と今日の漫才とに交渉のあることをも識らない人もあらう。社《かみ》祚《しも》姿の行司のあらはれた時代の角力、軍談よみ物であつた講釈の席、影絵と云つて、今の映画の前身、歌劇の前身がヘラ〳〵だなんて云つては叱られるかはしらないが一脈相通ずるところもあらうし、すべては時代であり、又すべては変遷である。

私は今大阪俄を描く聊誇《いさゝか》をもつてゐる者である。

しかし書けば書く程、

『そんなもんがおましたのか』

と云はれるかもしれない。

あまりにも遠き昔ではないのだが……

△鶴屋團十郎

眼の巨きかつたことによつて、ひそかに市川團十郎に俄流にいふと、ヅツキをかましに行つて、鶴屋團十郎と名乗つたのである。鶴屋は右團次のをかりたのか何にしてもその名がすでに思ひ切つてゐる。曾我の家《や》の五郎も出立当時なればこそ、曾我の家と名乗つたのであらう。一時和田久一と本名で旗をひるがへした事さへあつた。鶴屋團十郎、團九郎亦、其処に一脈相通ずるところがある。たしかに（たにし）とか（ホウラク）とか（すきなべ）とか云ふよりは一歩も二歩も進んだ名であつたらうと思ふ。千日前の改良座に立籠もつて、大衆の一部の人気を呼んだものである。誰かゞさう云つた。

（大阪俄）

なるものは、かうした物を見尽した人と、かうしたものを見初める人との為に登場したものだと。成程さうも云へやう。川柳家五葉といふ人は

芸術と云はれて困る鴈治郎

といふ句を公にした。其処だ、何処だ、エイ火事ではない。大阪俄には二つの行方がある。一つは落語の立体化のやうな世話物と、さうして、多く義太夫物の芝居化されたものをもう一つ俄化したものとの二つである。

（ボテかづら）

を用ひるのは多くこの、時代物とでも云はうか、義太夫物の俄化の方に多い。落語の立体化はのちに云ふ、社会劇の前身である。とらへ来たつた題材によつては馬鹿に出来ぬものもあつた。嫉妬のあまり、白衣に鉄輪《かなわ》を戴き物凄きまでの行相をして―実際はさうでもなかつたが―花道へかゝり、

『恨めしき人々よな、イデヤ祈りころしてくれん』
と思はず空手をふりあげて
『しもた鉄槌《かなづち》忘れて来た』
これが、落語の立体化の方の調子である。その間抜さにアツと見物は驚いたものである。
一つの方は、お染が、野崎村へ訪ふて来る門口から
『牛作様はうし方かえ』
『ソリヤ何や』
『分かつてるがな、久作様はうち方かへ、ソレ牛作様はうし方かへ』
と云ひながら、自分で義太夫を語つて
〽こわ〴〵ながらのれんごし
と見ると久松は久作の脚に灸をすゑてゐる。お染は手真似で呼出さうとする。久松は、今はいけないと云ふ身振をする。二人はだん〳〵とそれが嵩じて、ヨイハツ、ヨイチヨイ〳〵、と拳《けん》になつて行くと云つた思ひつきである。
この團十郎といふ人は、前の方の社会劇の役者として尊とかつたものだ。
（道楽稽古屋）

などは腹をかゝへさしたものである。

「岩はん」

とよく呼んでゐたが、それはこの人が、まだビラ屋をしてゐた頃、昼は教養に勉強して夜になると俄をやる時の通称だつたといふ事だ。初めは三玉と云つてゐた。

間抜けた事が第一の得意で、あのボーツとした処に、くらべては甚礼を失するかもしれないが、高田実に一脈通ずる処がある。

一体（俄）とは……となると、人様の智恵ではない記憶を拝借することにしやう。渡辺霞亭といふ通な文士がかう云つた。

大阪で聴くものは（義太夫）、観るものは（俄）であると、
これは思ひ切つた云方である。

最初は私の故郷である（泉州堺）の
（二羽屋嘉平次）

といふ人で、二羽屋の「ニワ」と、嘉平次の「カ」とをとつて、

「ニワカ」

もう一説は大阪の東横堀の染物屋豊島屋利八といふ人が、京の島原の輪違屋で盛んに遊そんだ

頃、俄をよく演じたが、その輪違屋からの思ひつきで即（二〇加）といふ提灯に茶気をそへて顔をかくして祇園祭に流して歩行いたとも云ふ。又、其場ですぐに何か思ひついて洒落る即俄といふのから来た。マアそのいづれでも今俄に極めなくつてもよい。取敢ず

「所望ぢや〳〵」

と云つて、所望されて、おかしいことをやるので、定小屋で打つたものでは無論なかつたのであるだけは確であらう。夏の夜の涼み台などにはもつてこゐのよい風景であつたらう。大阪の若い人達はこの二〇加にはよく出かけたものらしい。東京のよし原の（俄）がかたちをかへて上方へ這入つたとも思はれる。江戸の絵には、顔を真白に塗つて、所謂ボテかづらを被た連中が夜の郊外を帰つて行く版画などを観たこともある。

それは扨、鶴屋團十郎は愛すべき俄師であつた。

（第七冊終）

△　鶴屋團九郎

曾我の家《や》の十郎が團十郎であれば、五郎は即團九郎である。といふのはいつの時もかうした二

曾我廼家五郎

曾我廼家十郎

人を並べることによつて、双方の光るのは事実で、家庭劇の十吾が團十郎で、天外が團九郎である。天外と云へば、現代天外のお父さんの天外はこの鶴屋の俄の一座の狂言方で気の利いた男振で、頻りに拍子《ひやうし》柝《ぎ》をうつてゐたのだが、よくこの團九郎がその天外になつた狂言方を舞台でからかひに行くのだが、そのよい男は、上手に交《かは》して一緒に遊ばうとはしなかつた。つまりは、今に見ろ、君達のやつてゐるやうなもう時代から取のこされた真似はしないぞ、俺には成算があると考へながら、あの拍子柝を打つてゐたのだらうと想像される。若しさうでありとすれば、天外は中々偉い男だ。今の天外にもさうした魂が見えぬでもない。十郎が時蔵の舞台で端役《はやく》を勤めながら考へ、五郎が珊瑚《さんご》郎のもとで、幕明きだけに出てゐながら、何か画策してゐたのと同じで、役者で云へば、仲蔵であり松助である。さうして鴈治郎であり、中車であつた。飛んだ処まで行つてしまつたが、この團九郎といふ男の舞台には大衆受けにする愛嬌をもつてゐた。質に於ては確かに團十郎の方が二三枚方上位だが、前受はこの男の方に団扇を揚げる。

やはり、團十郎の三玉と一緒に出てゐた二玉である。

この座に團治《だんぢ》と云ふのがゐて私は贔屓だつた。團十郎に似てゐて又別の趣をもつてゐた。何かとか云ふと巨きな眼をむき出すのが限りなく面白かつた。

團九郎はやはり社会劇の方に力を入れてゐた。

是等の人々も、現代に生れてゐたなら、もつと俄の改善に努力してゐたらう、すべては時代の産物である。

薬学博士で大阪言葉で講演《こういん》をする木村彦右衛門と云ふ、橋筋《はしすぢ》のたしか「久代屋《くしろや》」といふ薬種屋の旦那が俄と妙に関係があつて、いつもそれを観てゐて、思ひ出話の中に、

其構成の要素を掲げて見るに、

（一）衝動による享楽、例せば女が毛脛《けすね》を出すとか、かづらを落すと、てか〳〵の禿げ頭であるとか、女に扮せるものが、不意に尻を捲つて男の素振《そぶり》をするとか、男役が不意に女の「せりふ」を云ひ、女が男の言《ことば》をいふとか、或は釜淵双級巴《かまがぶちふたつともえ》の五右衛門釜煎《かまいり》の場面で、五右衛門が「泣くな泣くな」と云ふと、五郎市が「泣き居るナー」と五右衛門の声色《こわいろ》にて云ひ、五右衛門が「ソリヤ私《わい》が云ふのやがな」といふ如き、安達が原三段目で貞任の使丁《してう》が貞任のせりふを先に云ふ類である。

（二）は浄瑠璃の口合ひ、地口化である。太閤記十段目の「風が持て来る陣太鼓」口合ひに、

前に少しも関係がない「アノ姉さんは茎大根を持つて来たナー」と独白あつて次で浄瑠璃文句になり「姉がもて来る茎大根《くきだいこん》」と地句つても、まづ許されて居つた。

（三）人名の口合（地口）である。元は寧しろ半ば上演人物の自個《じこ》紹介で「人はアンタがあまり無茶を云ひ又自慢がゑらく、而《さう》してナマタレであるので、アリヤ熊谷次郎直実ぢやなうて、無茶がい、自慢なまたれぢやと云ひます」

「そうすれば私は道具やで今来いと呼びつけられたので、義経やのうて、呼《よび》つけと云ふやうなもので」。それから各人の人名地口が終ると、此内の一人が「これで皆役割が出来ましたかな」となつて二〇加に這入るといふ。

と話されてゐる。其通りで

安達の三で浜夕が出て

『オツ表に物貰らひがゐる。誰ぞ腰元ども、ハイ何の御用と腰元もなし』

と語るのである。腰元のないところが二〇加の生命なのであるが、この面白味はちよつと現代の人には享入れられぬかもしれない。第一今日ではその原作である「安達の三」とか「堀川」とか「酒屋」などをさう〳〵くわしく床《ゆか》のチヨボまでしつてゐる人が少なくなつてゐる。たとへば、酒屋の宗岸《そうがん》が、くど〳〵と云ふ処に

『それから思ひかへしてみても唐《から》の大和《やまと》も』

と拍子づいて云ふと、一同が
『里の恋路か山吹流しとさりとは是はうるせへこんだに』

とちよぼくれになる。

『まつた〳〵どこで間違ふたのやら、もう一遍やろ、エーとそれから思ひかへして見ても唐も大和も』

『里の恋路か山吹流しの』

『まつた〳〵又間違ふてるがな、一体どこで間違ふのやろ』

『風呂屋で間違ふたんや』

といふやうなことになるのだが、清元のチヨボクレも識らず、酒屋のこゝのところの文句も識らない人の一体これは何の洒落だか、ちつとも分らないことであらう。

其段は團九郎演ずるところの、社会劇はよく通ずる筈である。

歌舞伎篇の卯三郎の場合でも云つたやうに、こゝでも「河内十人斬」をやつたが、どこやらに間が抜けてゐた。

「上方調」の

「あほらしい何云うてんね」

といふ間延びのセリフで聞かせるものである。低調だと云へば低調だが、一種また掬《きく》すべき味《あぢはひ》もないではなかつた。

しかしこれはどんなことがあつても復活される気づかひのないものである。

△　大和家宝楽

この人と「たにし」とが丁度團十郎團九郎の一座の真向かふの柴田《しばた》席に陣どつてやはり二〇加をやつてゐた。持味のある人で厭味がなくつて、至極サラリツとしたよい（芸）を持つてゐた。私の一番感心したのは、由良之助の七段目である。力弥の使をうけて、
力弥『カタキ高《こう》の…』

といふを押さへて、

『かたきと見えしは群れゐる鷗』

トうたひにまぎらす処で、彼のは力弥が

『かたき高の』

といふと

『コレ、高い山からな、谷の底みいればな、瓜やなすびの花ざかりソリヤドンドンドン』

といひながら扇子で耳を教える。力弥はのび上がつて由良之助の耳へ囁やくといふお約束になるのだが、この高い山をうたふた間抜けさが実に旨かつた。私は笑つたものだ。三味線が大変自慢でよく舞台で弾いてゐた。

瘦型《やさがた》のどちらかと云ふと尋常な顔をしてゐたので、たにしや團十郎や團九郎のやうな顔から来る滑稽味は全然なかつた。

さうして此人は多くの場合、時代物をやる人であつたといふのは義太夫がうまいし、三味線はひけるし、渋い芸をもつてゐて、真面目に芝居の一つも出来る人であつたからだ。近い人で類型を求めると、志賀《しが》の家淡海《やたんかい》によく似て芸の行くところもやはりそれに一脈通ずるところがある。上品すぎるきらひがあつた為、大衆には團十郎一座のやうには行かなかつた。

これにつけても、役者から出て、二〇加を目ざし、それを喜劇に化せしめた、曾我の家兄弟はゑらかつた。十郎の如きも宝楽に一脈通ずるところがあり、自作の名脚本も数ある。十郎をこゝへ描くのは、二〇加師あつかひにすると、怒《をこ》るやうな男ではないことを識つてゐる。彼十郎は文屋のとこへもよく来た。私の知己《ちき》でもありつまりはしやれた男であつた。この二〇加でいふ時代色が十郎で、世話色が五郎だ。

今曾我の家は大事の十郎、蝶六の二人を亡くしてゐるが、その二人が無い為に、今日の曾我の家にまだ〳〵生命があるのではなからうか。今日、宝楽で候の、團十郎で候の、團九郎で候の十郎で候のと、轡を並らべて、陣頭に立たれたなら

（大阪の芸檀）

もちよつと面くらふことであらう。イヤめんくろうでのうて團九郎ぢや。

マア〳〵二〇加らしいサゲがついた。

私は去るものは追はず、これ以上二〇加に就て云はうとは思はない。

たゞ今日現存せる「狂言」にこの呼吸がある。といへば狂言の人々に叱かられることは万々承知であるが、

「イキ」

は一つだと云つても差支へはなからう。つまりはヘラ〳〵を歌劇の筆法である。

その五　春の踊篇

上方の芸界の産んだもの、中に、この「春の踊」などは中々盛んなものであつた。今は松竹の「春のおどり」のみが継続されてゐる。

『春のおどり』

と名づけたのは、其命名親《なづけをや》 松竹社主即白井松次郎である。それまでにも、都をどり、芦辺をどり、此花をどり、浪花おどり等等は皆、春のをどりには相違ないが、それを真向から

『春のおどり』

と名乗りをあげたのは松竹が最初である。これに習らふて「宝塚」でもやつた。小さなキヤバレーなどでも真似たものだ。

爾来松竹では「秋のおどり」「冬のおどり」「夏のおどり」とたゝみかけてやつてゐる。今日猶かつ引つゞいて、大阪の一つの名物として

白井松次郎

「都をどり」「芦辺をどり」など中絶したるもなほ気を吐いてゐる。

「踊」は「をどり」でなくては仮名ちがひである。然るに、この春夏秋冬の場合は必らず「おどり」とかいてゐる。それが慣例になつたのにはかうしたエピソードがある。私がたま〳〵最初に間違つて

「春のおどり」

と書いてしまつたのが、誰もが気がつかず、しかも何だか「をどり」より「おどり」の方が字のをさまりがよいのでツイ〳〵それが例になりしかもよく見物が来るので、かうした世界の延喜として、終にさう極まつてしまつたのである。

しかしこれは何といふても、京大阪の「廓のをどり」に向かふをはつたのがそも〳〵の最初である。実にこの

「春の踊」には

（京の祇園の都をどり）

（同じく先斗町の鴨川をどり）

大阪では

（南のあし辺をどり）

（堀江のこの花をどり）
（新地の浪花をどり）
（新町の浪花をどり）

さうして、時には住吉でも「岸辺をどり」といふのもやれば、今里も、南陽も催すことがある。

私がたのまれて其後立案し作歌したものだけでも

「台湾の蓬莱をどり」
「神戸のみなとをどり」
「土佐の南国をどり」
「姫路の何とかをどり」

等等数ある。

何にしても、これは、盆をどりの転化であり、伊勢音頭のひそみにならひ、遠く女歌舞伎の末流である。

苟しくも人間である限り、踊つたり、うたつたり、それに群集は合唱もし、踊り狂るひまはるのは、どんな国でも、どんな未開人でもやることで、其処には必らず、一つや二の踊はもつてゐる。

合唱によつて士気を鼓舞することもあれば、踊によつて勇気を倍加さす力もある。それは人間の本能である。日本全国の津々浦々にも必らず、それを持つてゐる。（阿波をどり）（潮来《いたこ》をどり）（おけさをどり）（木曾をどり）（出雲ぶし）（河内音頭）（近州《ごうしう》音頭）（山中ぶし）（大漁踊）等等数えてゐては限りがない。古くからも（何ぶし）（何木やり）（何々くどき）（何々組）（何づくし）（何まつり）（何をどり）等等は皆これである。

七夕にかこつけ、祭礼に便乗し、豊年を祝し、或は雨乞にも、神いさめにも、仏前にも、一切はをどりによつて、祈願も、祝福も、弔意も、行事も、皆これによつて来たのである。洋の東西

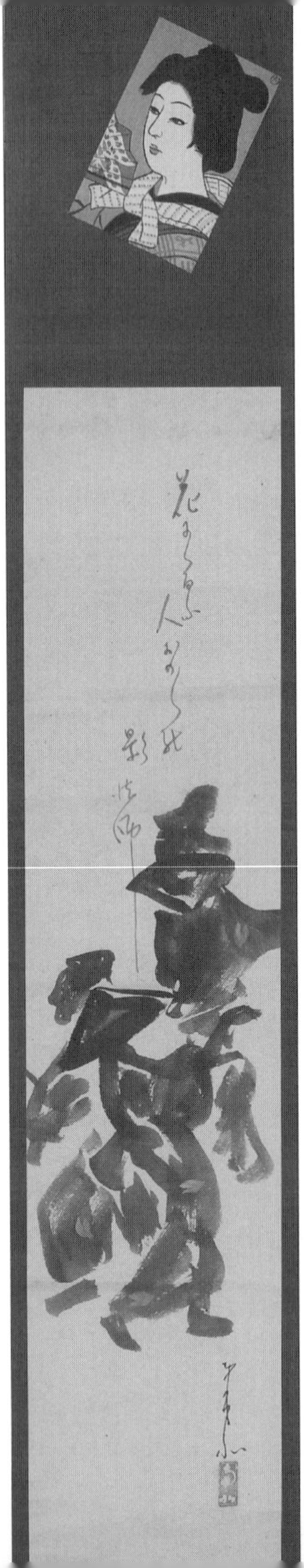

をどりの図「花にくるふ人おの〱の影法師　南北」（上図は別人図）

も、時の古今も、有智無智も、貴も賤も、老も若も、一切無差別、踊によつて人心を融和して来たものである。

物の本に見えたのを拾つてみると、

（雨乞踊）（供養踊）（業平踊）（鎌倉踊）（堺の浜踊）（豊後踊）（飛驒踊）（七夕踊）（聖霊踊）（丹前踊）（田植踊）（豊年踊）（団扇踊）（手打をどり）（こわけ踊）（伊勢をどり）（かつしやう踊）（友甫流踊）（鹿背山踊）（帷子踊）（信濃踊）（清水踊）（越前踊）（大しのひ踊）（中しのひ踊）（土佐の踊）（小しのび踊）（宝踊）（御舟踊）（よしの踊）（はんや御寺踊）（さつま踊）（若衆踊）（御寺踊）（唐船踊）（鵜つかひ踊）（正月踊）（長者踊）（山伏踊）（しうとめ踊）（さんをき踊）（餌さし踊）（獅子踊）（吾妻踊）（小町踊）（四季踊）（春霞踊）（京鹿子踊）（君から踊）（こんぎやら踊）（天満てづる坊踊）（なしも踊）（ごんごり踊）（御座うつ踊）（與作踊）（都万歳踊）（馬士《うまかた》踊）（さんがらが踊）（安倍川紙子踊）（ちゆつちゆら踊）（づんからもんがら踊）（君ちり踊）（晒売踊）（難波長吉踊）（一番鶏踊）（棟上踊）（伽羅之板橋踊）（源五兵衛踊）（薙刀踊）（小野村彦惣踊）（山谷土手路踊）（お先鈍助踊）（福之内踊）（大小児踊）（下六藤六踊）（丸福頭巾踊）（福助買初踊）（有馬初踊）（順礼踊）（次郎冠者踊）（さい鳥さし踊）（卯の葉重踊）（八重垣踊）（文まげ弥太踊）（髪結小五郎踊）（傘踊）（新座のや踊）（ゐぜき踊）（楊弓踊）（先陣宇治川

踊）（なんほゝ踊）（竹馬踊）（白樫踊）（舟指踊）（七つ道具踊）（柴間の市踊）（山の手奴踊）（早咲梅踊）（菅笠踊）（権之助踊）（金山まぶ踊）（岡山通踊）（馬場先踊）（杣山踊）（しととん踊）（四季花笠踊）（艪拍子踊）（釣舟踊）（三番叟踊）（地福踊）（君はしんぞ踊）（しててん奴踊）（世つぎ踊）（糸屋娘踊）（珍内花笠踊）（春駒踊）（荒木弓踊）（牛窓踊）（三国玉屋踊）（弥之介踊）（美濃国てしやこ踊）（だうらく踊）（唐人踊）（ゑじま踊）（暦踊）（もんつくつ踊）（但馬小女郎踊）（都の町青物踊）（拙僧踊）（梅の木踊）（手合相撲踊）（藤内太郎冠者踊）（蟹川踊）（俊乗坊踊）（さゝら踊）（伊勢宮めぐり踊）（菖蒲苅踊）（芋の子踊）（ていこや踊）（はい〳〵踊）（のんやほゝ踊）（二所踊）（まん丸踊）（今度屋踊）（ふくとん踊）（芦苅踊）（足をどり）（競馬踊）（塩竃踊）（手綱踊）（手まりをどり）（文七をどり）（樽をどり）（那須の与市男踊）（さゝら男踊）（美男踊）（だんじり男踊）（競馬女踊）（唐獅子女踊）（鹽竃女踊）（大福帳男踊）（鎗権三男踊）（六法女踊）（御幣女踊）（しからみ女踊）（鈴鹿名所女踊）

　書きかけたから書いたものゝまだ中々何千といふ数がある。踊なるかな、踊なるかなである。そこで、大阪だけの踊を書かう。都、鴨川の如きは、又の機会として。

△ 芦辺をどり

　はじめは京の都をどりにならつて、大阪の南の演舞場―今は映画館になつてゐる―に創《はじ》めて五花街の妓によつて演じられたもので、それは、霞仙の件で云つた、千草屋の露香と云ふ通人の旦那様の手で出来た歌で、時は明治二十一年の十一月であつた。「御津《みつ》の初汐《はつしほ》」と云ふので第一回が創められて三回まではこの千草屋の作歌、それから宇田川文海、奥村粧兮などを経て、生田南水がズーッとやつてゐる。尤中で又一度露香に戻り須藤南翠などがあつたが第四十四回までは生田南水で、第四十五回からは又ズーッと私が作歌してゐるのである。中々大がゝりで、のちには歌舞伎座へ移つてとても豪華版の時代もあつた。その稽古が大変で、何組かの妓が大小取まぜ、おはやしから、長唄、常磐津、ある時は義太夫、振付は、三人、四人。大和屋の阪口理事がそれは〳〵喧《やか》ましく、自分で柝《き》を入れて熱心に稽古に立つ。又妓輩《こども》もよく云ふことを聞いたも

第48回あしべ踊パンフレット

阪口祐三郎

ので、高いとこから、

『サア、二の組初めんか』

『ハイ』

と居ならぶ。一人でも足りないと、

『そこは誰がゐるのや』

『富田屋の小玉はんだす』

『小玉に電話かけ、来やへんのならやめときと云ひ』

と頗る厳重なものである。

『もとい』

なんて号令がかゝる。又すつてんぺんからやりなほし、全く妓輩はヘト〱になる。衣裳はしらべねばならず、かづらから、大道具、持物、中々うるさい程用事がある。私なんか踊の始まる前は殆ど毎日演舞場の弁当をくつてゐたわけだ。第四十七回の時の企画を書いてみると、

第四十七回　あしべ踊
大阪名物

考案　阪口理事
作歌　食満南北
節付　杵屋如青
振付　山村若子
鳴物　望月朴清
笛　望月太喜之助
背景　木村芳忠
同　阪藤芳隆
衣裳　三越
同　高島屋
同　大丸
別踊衣裳　三越衣裳部
大道具　曾根哥吉
同主任　宮田外吉

とこんな風である。振付にはある時、吾妻春

第四十八回大阪名物『あしべ踊』解説

考案者　阪口取締
作歌　食満南北

歌題　さくら櫻

第一　櫻の廓
第二　櫻人形
第三　潮見櫻
第四　櫻風呂
第五　櫻の宮
第六　隆専寺の櫻
第七　大阪城の櫻

本年は五花街といふ名に因みて。大阪の櫻の名所をとり入れ、それに毎年の思想善導の意味をふくませて、敷島の大和心といふをもあはせ用ひてさくら櫻と題しました、これは廓の春の踊といふ主旨を忘れずすべてに渉つて賑る絢爛な舞臺を振を御覧に入れます。

第一　櫻の廓

この段は主題歌ともいふべく、櫻の廓と題してすべて二十八人の踊子が、宗右衛門町の橋々の背景に廓の情緒といつたやうなものをあらはします持物は逢状をきかした天紅の扇と、送りてうちんとを用ひます、さうして美くしく花やかに踊ります。

第一　櫻の廓

二上り「心あらん人のためとや、霞むらん浪花の三津の春の景色、やまと心を咲きそろふ、花のすだまの花すがた、そもいくばくの濃粧ぞ、花物云はぬことやある、水にうつりてゆらぐ時そのくちびるの動きでや、けふ木の下を宿として、あるじと見ばや櫻花。

「さくら桜」作歌食満南北（第48回あしべ踊パンフレットより）

枝や、音羽菊蔵や、かつては楳茂都扇性なども携はつてゐた。節付はのちには廓内の杵屋正一郎がやるやうになつた。

　殆どこの廓は、以前伊丹幸の主人森下幸助が立てたものだが、のちには阪口祐三郎が一切を一人で切まはしてゐた。先頃中絶してゐたのを一つ新地も、堀江も、新町も一緒になつてといふ企画で、すべての準備も整ひ、作歌も大道具も、衣裳の下絵も出来たが、ある差支の為無期延期になつた。暫らくは、あし辺踊といふものは観られないであらう。

　ちよつと花やかで、一日に総勢、九十九人が三組あるわけだから、延人員二百九十七人になるわけだ。今第五十回の時の番組を参考の為に書いて見やう。

番組

二日、五日、八日、十一日、十四日
十七日、二十日、二十三日、二十六日
出番

桜組		松組	
伊丹幸	里　精	大和屋	世々太郎
々	栄　丸	々	世々勇
紀の庄	歌　鶴	鎌田	小　照

富田屋	里喜代
大和屋	栄喜久
々	玉羽
桂屋	艶勇
大和屋	一よし
富田屋	松菊
々	松代
大和屋	つや栄
々	花寿
小田	福二郎
桂屋	艶福
新河芳	よし美
々	よし丸
浜繁	里花
々	浜喜多

末広	扇成
笹屋	笹奴
石川	小仙
富田屋	欣富久
大和屋	すみ丸
々	小春
々	小竹
伊丹幸	里丸
々	里吾
富田屋	小辰
々	嘉久弥
浜繁	浜仕女
々	美貴子
三栄	千代寿
々	三ツ富

第50回あしべ踊パンフレット

大和屋 鈴千代
々 初丸

五枚羽子板

藤内 大和屋 そめ弥
玉椿 桂屋 艶寿

扇八景

少将 富田屋 貴久寿
虎 大和屋 克栄
喜瀬川 小田 秀寿

浦島年代記

浦島 大和屋 七五三弥
乙姫 々 久栄
従者 桂屋 太郎
々 富田屋 福喜美

大和屋 三ツ君
々 栄づる

囃子

笛 浜繁 秀次郎
小鼓 石川 福づる
々 伊丹幸 里代
々 大和屋 はん龍
々 々 松子
々立 々 秀
大鼓 々 ぶん
太鼓立 々 梅代
々 々 小つる
々 小田 作栄
々 富田屋 玉一

芦辺をどり（『南地大温習会成功記念写真帖』昭和8年より）

神使　々　三代丸

卯月の紅葉

おかめ　大和屋　玉勇

博多小女郎

惣七　大和屋　もみぢ
小女郎　々　花子
禿　々　小玉勇
々　々　福雛

長唄

三味線止　紀の庄　芳二
々　大和屋　浜寿
々立　々　文勇
唄立　々　光香
々　富田屋　菊葉
々　浜繁　笑奴

地方

義太夫

三味線　平辰　登女吉
々　平芳　万二
々立　平辰　登女之助
太夫　大和屋　常奴
々　平芳　兼之助
々　大和屋　末

常磐津

三味線　大和屋　艶千代
々　富田屋　里たま
々立　々　里太郎
浄立　々　松雄
々　大和屋　里栄次
々　富田屋　里福

（同右）

△　芦辺をどり　246

三味線止　大和屋　玉づる
々　々　勝子
々立　々　光勇
唄立　々　すゞ
々　富田屋　栄三
々　浜繁　秀丸

清元

上調子　大和屋　雪春
三味線　々　呂之助
々立　々　はん次
浄立　々　喜久子
々　々　喜久柳
々　富田屋　光弘

一等茶席抹茶点前

二日｛大和屋　政千代
々　くす子
伊丹幸　金龍｝

兎も角もその豪華ぶりを示したのである。

△ この花踊

堀江の演舞場で演ずる処の物である。それは大正三年の三月に始まつたので、最初は藤村叡運《ゑうん》と云ふ僧侶の作歌で、太閤記だつたので、それから井関鴨州、江上修次郎を経て、第十九回の「堀江繁昌記」からズーツと私が受持つてゐたので、「仮名手本忠臣蔵」や「廓曾我」「先代萩」「菅原」と云ふ風に芝居の題材をとつて舞踊化して来た。丁度寅歳で「国姓爺」の作歌も出来た時、自粛することになつた。この廓の分はいつも義太夫が這入つて、その中心を成してゐるのだ。

こゝの稽古でちよつと面白い話がある。振付若柳吉蔵《わかやぎきちざう》の時だつた。何でも六七人出る別踊で、吉蔵が頻りに振をつけて、一人づゝ呼出してその振を付してゐたが、もう歌も仕舞になり相なのに、まだ一人のこつてゐる。其妓がたまりかねて、

『お師匠はん、わたい何処へ出まんね』

吉蔵もちよつとドキツとしたが、あの大きな鼻をビクともさせず、

『丁度こゝからだよ出といで』

と振をつけたがほんのちよつぴりで、この役に出る妓は飛んだ場損だつた。

いつもよその廓にそむけて、三月に出してしまふので其相談会は、丁度鰒《ふぐ》の季節である。一同

大ひに当りますやうと、相談の帰路は
（ふぐや）
と極《き》まつてゐるので、忠臣蔵の時などは
『丁度鉄砲が出るよ』
と喜こんだものである。
その企画の日を素描すると、
伎芸部の小川、野口、河島、其他のお歴々に長唄の長三郎、若柳吉蔵、それに、義太夫の吉弥、常磐津の文字八、鳴物の喜惣次、などが集まる。
私の前にはヰスキーと南京豆が置かれてある。糖尿病の為に、いつもこれに極まつてゐる。さうして片手間に頻りに舞台の衣裳を描いてゐる。
小川『五段目はどない極めまんね』
南北『常磐津にしてもろてんか。狂言仕立で僕に案があるのや』
文字八『長いといけないよ』
南北『短かうするわ、八分か十分』
野口『十分やと長いで』

南北『シシの十六分はどうや』
小川『定九分にしいな』
河島『さうなると五段目の五分はあげんならんな』
取締『無駄云はんと、話すゝめまひよか』
長三郎『長唄がいつでも割をくてまんね。今度は別踊のゐゝとこ一つ二つおくなはれ』
南北『落人は本間やと清元やが一つかへて長唄にしたらどうや』
清元『そんなら、わたしの方は』
南北『八ツ目の道行は』
吉弥『あれはわたしの方へ貰らひまつさ』

とこんな風に話がすゝんで行くのである。

△　**新町浪花踊**

これは第一回は明治四十一年四月で廓はかう云ふてゐる。

当廓で浪花踊を開催いたしましたのは、明治四十一年四月の事であります。そも〳〵浪花踊を

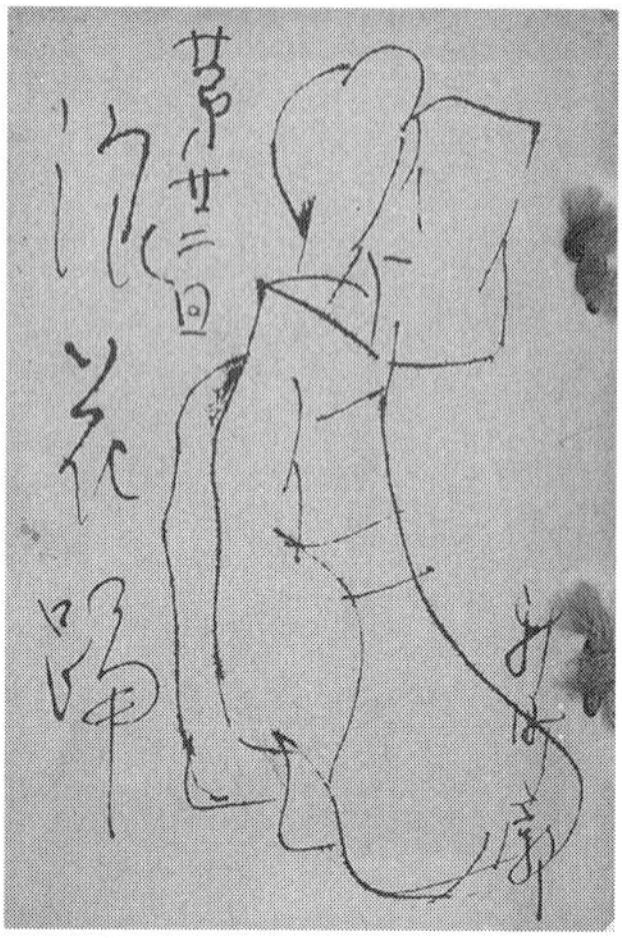

第22回浪花踊パンフレット
（食満南北筆か）

この廓で開催しました動機は遠く元禄、享保時代に行はれた「大会踊《をほよせ》」が宝暦、天明の頃になつて廓内に踊舞台を構へて興行した古例を想ひ起して再興したものであります。作歌を久保田蓬庵に、作曲を杵屋佐吉に、鳴物を宝山左衛門、福原鶴三郎に、振付を楳茂都扇性に、道具を朝日座の長谷川に、背景を野村芳国に依嘱しました。こは偏に斯界の名匠を網羅して都踊や芦辺踊についてつかぬ踊を開拓しやうと云ふ技芸部の志に外ならぬものでありました。踊の衣裳に縮緬地を用ひた事、それを色異《いろちが》ひにした事、踊子を三人立ち、四人立、五人立とした事、素囃子《すばやし》を一場加へた事などが即ちそれで、この大膽な我が新町の新しい試みは当時非常に歓迎されたもので云々

　新町はこの試を自慢しただけあつて楳茂都扇性の踊子のならべ方は頗る新しかつた。これは外の廓では出来なかつた事で、何人が並んで出るにしても、二人はキツチリ一組になつてゐるので、よしその一人が病気や外の事情で出て来なくつても、次の日の人をくり上げて使へばよいといふわけだが、楳茂都扇性のは、一人を別にしたり、今左の方から出したのをグルリツと反対に使つ

たり、中の三人を端の方へ持て行《や》つたり、横に並らべたものを、縦につかつたりしたのだ。ところがかうなるとその特別に扱かはれた人達が病気をしても、次の組の人と次の組の人とたつた三人よりないので、誰にでも頼めるといふ便法は立たない。しかもあとの二人が変ることを拒否した場合、踊全体を休まなければならない。出場者に非常な権利のある廓の踊はとてもこの真似は出来なかつたものだ。しかしこれに啓発されて大阪の踊はやゝ型から脱して来てだん〳〵趣向をこらすやうになつて来た。京の都踊は、

（かへつてそれは踊の堕落だ）

といふので、この千遍一律のキチン〳〵と拍子に合はして行く踊を改めなかつた。

元来大阪は踊の土地でなく寧ろ（舞）の地であつた。即

（山村流）

新町演舞場（第22回浪花踊パンフレットより）

といふ上方特有の舞によつて、江戸流のは入れなかつたが、時代はそれでは許されなかつた。楳茂都はその山村から出たので、大阪の師匠として一人江戸風になずまなかつた。しかし他は花柳であり、藤間であり、若柳で、京は井上流一本だつた。かうなると勢、山村流と云ふものは聊でも説く必要がある。

山村若子

山村舞とは、山村友五郎を派祖《はそ》とした舞踊の師匠筋である。この程その派の流れを汲み、大阪の阪町に久しく居をかまへて、多くの弟子に山村流を教えてゐた、山村若子こと舞扇斎吾斗が歿《な》くなつて、其娘のお君《きみ》〔マヽ〕が若《わか》子として今其流派を守つてゐる。が京の井上のやうに確固たる信念のもとに、井上流より一歩も出ないのではなく、今日では、山村本流の舞踊のみでなく、大ひに江戸派の舞踊が加味されて正しき山村流の舞とは云へなくなつてゐる。それだけ融通性があるのかもしれないが、

「純山村舞」

の為には甚惜しと云はなければならない。元来山村舞なるものは地歌を地にして頗る御座敷風の舞で、しかもその根幹を為すところのものは観世流の能楽である。

（金輪《かなわ》）（葵の上）（汐汲）（関寺小町）

などが存在してゐるのでも分る。

初代山村友五郎は初め役者だつたが、のちにスツカリやめて振付になつたので、養子が二代目友五郎を襲いで、新町にゐたので
（新町山村）

と云つた。これが鴈治郎の背負《せをひ》呉服屋をしてゐるのを見て、役者に転向させた伯楽《はくらく》であつた。

私は今山村流のことを云はうとしてゐる、友五郎の素性を云々するのではない。

即山村流を、この大阪のすべての踊に用ひることを私はいつも勧めてゐたが、地のうた淋みしい、群舞には向かないといふので皆がサモ尤らしい顔をして反抗するのだが、それが頗る分らない。あの流義を用ひて群舞が出来ぬ理屈がない。又地歌がナゼ淋みしいのか、それも分らない。

琴、三味、尺八などの合奏で山村舞の「あし辺踊」「浪花踊」「この花踊」が観たかつた。

△　北陽浪花踊

これも其廓の曰く。

明治十五年六月に初めて浪花踊を開演して以来、技芸奨励の為、毎年の恒例として、明治二十

三年歌舞練場の祝融氏に見舞はれるまで、之を継続して来ましたことは大阪に於ける此種舞踊の嚆矢と申すべきでありませう。そして更に大正四年四月、現在の北陽演舞場の落成と同時に、この浪花踊を復活して第一回とし、爾来年殊に回を重さねて云々

といふてゐる。さうして此処《こゝ》は多く名古屋の西川によつて振を付けてもらつてゐた。作歌も亦東京の文士が多く、背景は田中良であり異色はあつたと思ふ。

丁度本年、かつてから望んでゐた通り、いよ〳〵私の作歌で再復活されやうとしたのが、無期延期になつて、其歌詞は空しくなつたわけだ。

さうして西川派以後は、多く、寿輔、芳次郎等によつてゐた。

（彦根屏風）

は最傑作であつたが、あの小姓が刀を杖にしたカタチが妓輩《こども》では何とも旨く絵のやうには行かない。これは、誰か男の役者に一度型をつけてもらひたかつた。何にしても佐藤駒次郎といふ人が中心になつてやつてゐたので手堅い踊であつた。さうしてすべての踊からはづして五月に極めてゐたのも、策の得たものであつたが、

（初夏のをどり）

といふ感じであつたことも事実だ。

△春のおどり

扨、最初にちよつと話した松竹座の春のおどりである。これは当初から私のすべての案が入れられてゐた。これも亦私の書いて企画〔マヽ〕のある日といふのがある。『上方』から転載してみやう。

春のおどりのあくまで

「皆の智恵」

と云ふことは何によらず必要なものである。一人の頭脳《あたま》から出た分別はどうしても底力がない。

ヰスキーを飲んでゐる千葉吉造、

レモンチーを取よせる江川幸一、

ハムライスをパクつく山田晋吉、

スリーキヤツスルを捲いてゐる大森正男、

譜面をくりかへしてゐる松本四郎、

大きなカバンをもつてゐる鹽尻精八、

洒落を云ひに来たやうな杵屋正一郎、

背《せい》の高いのが少し前こゞみになつて這入つてくる玉置、

ジヤケツに歳をかくしてゐる文吉、皆揃ふ。

「今年は『桜』といふのを主題《テーマ》にしやうぢやアありませんか」

ラッキーストラッキーを一本つまみあげて千葉が口を切る。

「い、でせう」

去年、その去年、その又去年の「春のおどり」のすべてのものを参考として置いてゐた大森が賛同する。

「江川さん、何か新らしい案はありませんか」

「最近の仏蘭西の雑誌からヒントを得た舞台面があるのですが、あれを一つつかつて見たいですな」

「コレだつか」

山田は前の雑誌をひろげる。

「おもろいな、この場面にこないだ試写でみた奴《やつ》をつかつたら」

「またブランカードかいな」

「こんだ一つカーテンでこつたろか」

「日本踊の方はどないするのや」

「ゑゝことあるで、豊国《とよくに》あたりの版画の感じでやつたろ」

「紫の鉢巻ならもうゑゝで」

「ハチマキ反対の意見が出る」

「阿呆」

「脱線せずに、もつと研究して下さい」

大森は
「主題を桜にするのですな」

と大きな帳面へ書入れる。

「文さん、一つリボンをいろ〳〵取寄せてみて下さい」

「よろしアマす丈長《たけなが》どうだつしやろ」

「それもよかろう早くね」

「十八日に舞台でかけてみる」

「十八日にですな」

と大森はまた書入れる。

「主題歌はどないします」

「懸賞募集にしまひよ」

「面白いあつまるかいな」

「いつも同じ作者より面白いでせう」

「春の歌募集の件、新聞へ広告することとしませう」

又大森は帳面に書入れる。

「けふは其位にして次には皆何か一つづゝ案をもちよつて下さい」

「あんなら橋屋へたのみまひよ」

「シツ〳〵」

「この儘別れたら、またよれへんさかい、これからお近いとこでもう一遍案をねりまひよ」

「ともかくわたい、ムカイでめしくひまつさ」

「いゝから一緒に行きませう」

皆出て行く。

さうして幾日か後《のち》には何かしらまとまる。

さうして其間に

（春のおどりの台本）

が出来上る。

今日は大分に違つてゐるが、第三回位はこんなことであつた。

さうして、何年かたつた今日は、千葉は鎌倉へ、山田は東京へ、食満は宝塚か、ホイこれは僕のことだつた。大森は宝塚歌劇へ、のこつてゐるのは、杵屋、江川、玉置位になつた。

さうして其頃は、飛鳥明子、香椎園子《かしいそのこ》、藤代君江《ふぢしろきみえ》が三頭目《とうもく》であつた。

それも一切今は関係がない。

うつりかはるは世のならひだ。豈それ「春のおどり」のみならんやだ。

その六　南北篇

余白にこれを作る。私の村上浪六がりに居候の頃の物語である。

下根岸の墨田様のお向かふの庭に、色の黒い、もみあげの長い、キリ、ツとした男と、色の白い肥大の男とが、四つに組んでゐる。だう見ても、横綱らしい白い男が抛つ筈であるが、

「ボテーン」

と音してその大地に地ひゞき打つて倒れてた。

『どうだ二十貫山』

『先生《せんせ》やつぱりあかんわ』

未来の横綱のやうなのが私である。

大地に生えてゐるやうに立つてゐるのが、村上浪六翁である。

其処へ、原稿料をもつて来た。

『食満出かけやう』

翁は金を摑かむと、私を連れて、浅草へさうして、更科で、したゝかに食つた。帰路は伊勢由へよつて
「八幡黒の鼻緒、糸まさの通つたのを見せろ」

『先生いつものですか』

『アン』

八幡黒の外に、先生の母堂、先生の夫人、先生の子供、先生の下女、さうしてかくいふ食客の分も、当地でさへ
金五十何円也、
手の切れるやうな紙幣、たつた今手にしたのを投出す。

『毎度有難う存じます。根岸のお宅へお届け致しまする』

番頭はヒヨコボカしてゐる。

『帰らう』

翁は原稿料を摑かむと何よりさきに家内中の下駄を買ふのである。

『この大晦日は思ふやうに金がないから、俺の家では正月は二月のことに仕様』

正月だけに鶴の一声である。

一月は済んだ。困つたのは七五三縄なんかの飾りものがもうなかつたが、兎も角私の工面でいろ〳〵それらしい物を作り、家庭もそれと心得て、おせちを作る。雑煮も出来る。友人達もあつまり、
時は二月一日、翁の家では、まさに正月で、かくとしつた人達は年始の礼にくる。根岸は大変な騒ぎである。

「めでたい〳〵」

と翁は下戸であつたが、屠蘇の用意も出来て居り、大何とかいふ人などは腰を据えてのんで行くといふ始末、南僊といふ画家も来る。霜柳といふ劇評家も来る。とても賑やかな正月。

再春は如月の元日といふのも面白かつた。

翁は万事にこんな風であつた。

上等を茶と飲むことと、鬼ずしといふ通りに名物のすし屋があり、其処の印籠《いんろう》といふ烏賊のすしが大変な好物であつた。兎に角美食家であり大食の方であつた。今もなほ健康でゐられることは全く、運動が足りてゐたからだ。私が角力の相手をしたからで、そのおかげで私も健康であることを喜こぶ。

今日では万年筆などをつかふが、かつては日本紙に何本か筆をもつて原稿を書いてゐた。それは甚うつくしいものであつた。私は久しくそれを真似て、やはり毛筆で、紙へかいてゐたが、近頃はやはり万年筆を用ひてゐる。

（道楽）と（便利）とは両立しないものである。

私が今説くところの多くは、かねては翁の説くところであつた。これとても

（気焔）

といふのであらうか、即

（人の云ふ処の者）

たとへば、原田甲斐は悪人だと云ふに対して彼は、伊達家の革新派の第一人者である。老漢、伊達安芸の如きは寧ろ伊達家を誤まるものであつた。

明智光秀を誰か逆臣と云ふ。彼は信長の譜代の臣でない。若し彼の

「敵は本能寺にあり」

との一句、当時これをしも逆賊と呼ぶべき所為ならんには、誰か家臣の内の二或は三は馬の轡をとつて

『殿、主君に刃向かふものは乱臣である、とゞまらせたまへ』

と諫むべき者もありしならずや。さるに、誰一人さる行ひもなく、

(快哉)

を叫けんで、信長の旅宿に向かひしところのものは、臣亦織右府《しょくうふ》の暴逆を憎くみたりに非ずや。

と談はすべてこの筆法であつた。もつと突進みし奇抜の言語を弄したものである。聞く者亦
(快哉)

を叫けぶのであつた。

私のすべては翁に培《つちか》はれたるすべてである。

その絵も亦翁の筆を学び、その生活も、その行住座臥も、私はのちに福地桜痴居士の門に入りしが、その美食、その美服、をも亦学びたりき。

　極道に教えられたることばかり
それは、浪六、桜痴の両翁に学びたるすべてを詠んだのである。

一は関西風にて、一は関東風であつた。

さうして私は文屋に学ばなんだのは、私の性格がたま〲、文屋のもてるものを享入れるものではなかつたからである。

私は少にして書を秋本吉造といふ七十九銀行の一行員に学び、発展ぶりを同じ、行員高木理気

蔵に学び、しかも小笹米太郎に導かれ、長瀧智大〔マヽ〕にひそみにならひ、稲野年恒を真似、斗酒なほ辞せず、年恒翁亦私の師であつた。しかもそれは丹青の途でなく、李白の片鱗であつた。

孟母の三遷、故ありと云ふべし。

私は今六十有六であり、居をうつすことすでに七十有余度である。先考、蓮月尼も、終に吾に及ばざりしものがあつた。

（第八冊終）

若殿の悪戯

食満南北　作
酒井亞門　絵

㈠

江戸には程遠い。さうして石高はさう〳〵大身でもない、桐山丹波守家貞と云ふ領地のうちに可なり名高い温泉をもつた藩主があつた。

面倒である参勤交代も、徳川に対するいろ〳〵の義務も責任も、その一切は当主である家貞の役目であるのは勿論、若し領地の百姓や、家の子に何か不満があつて

「赤い運動」

を起こすやうな事があつても、それはやはり当主の当然受け〔マヽ〕べき責務である。

その弟、所謂次男坊としての桐山惣十郎には当面の責任がない。さしたる義務もない。当年二十四歳、

若殿の常として殆ど定まつた用事をもたない。

この「アンニユー」に処するにしては桐山惣十郎は少し若すぎる。

幸にフツ〳〵と湧く領地の「いでゆ」それが唯一の若殿の慰安の場所であり、また世の中と接する通路である。

かうした若殿にはいつも寵臣のあるのは型の如きもので、またこの寵臣なるものが若殿にくさ〴〵の悪戯を教ゆるのも亦月並な出来事である。

『その飛車目ざはりぢや取退《とりの》けい』

と仰有るのも此種の若殿。

若殿のけふの御無理の軽《かる》いこと
川柳子はすでにうたふてゐる。

惣十郎殿のお気に入りは、真田《さなだ》幸吉といふ軽《かる》い名の男で、これが若殿を温泉の別館《べつやかた》へ連れ込んで、碁、将棊、百人一首、などより、又別に不思議な本を見せる、妙な画をくりひろげる。不思議な本、妙な画と云ふのは、つまりは猟奇的な、さうしてエロチツクでありグロテスクなものであつた。

美くしい若い孕み女の腹をすでにさかうとしてゐる挿画のある馬琴あたりの著書や、紅葉ちりしく龍田川の筏の上に女を裸身《はだか》にして川の中へ立てたさほにくゝしつけ、其口の処へ盃をもつて行つてる見るからに悪党らしい男が其女の美くしい衣服を肩へバラリツとかけてゐる画などを喜こんで見せる。上田秋成によつて描かれた、蛇が女の処へ忍びよる物語や、其他、京伝、京山、曲山人、春水、などの著書をも勧《す》める。

若殿惣十郎殿はそんなものを読んだり、見たりしてゐるうちに、著書の上でなく、又画の上でなく、実現させて見たいと云つたやうな野心？　を抱くやうになつた。

立派な不良性である。

大身でないとは云へ、兄は一国の領主である。其弟にさして不足をさせやう道理がない。つまりは金がありあまつて、身体《からだ》にひまがありすぎて、年が若くつて、海に面し、美くしい川をもつた領地からは、海の幸《さち》、山の幸《さち》、常に飽食暖衣《ほうしよくだんえ》であるだけに、始末にいけない。

小人閑居してよく不善をなしたがる。

又真田幸吉といふ奴、何処で什《ど》う調らべてくるのか、城下の事情に精通してゐる。

本町の角の呉服屋の娘は当年十七歳で色白の瓜実顔《うりざねがほ》しかも許嫁さへもつてゐぬとか、温泉街《まち》の芸者衆に江戸から流れて来た頗る仇な半四郎に似たのが此頃あらはれたとか。城下の常昌寺に近頃吉三のやうな小姓が来てゐるとか、佐田屋の鰻はオツに喰はせるとか、繁太夫の師匠は高橋の詰にゐるとか、伝三《でんさ》と云ふ親爺が刺青《いれずみ》が旨《うま》いとか、茢豆家《かりまめや》の女将《おかみ》がエロ的な蔵書家《ざうしよか》である事も、江水《こうすゐ》と云ふ画家が師宣《もろのぶ》以来の美くしい、さうした画を描《か》く事も、和泉屋《いづみ》の隠居が兎角若い女をあつめたがる事や、何でも軟派《なんぱ》の消息は識らぬと云ふ事がない程に通じてゐる。最幸吉の下には一人の探偵が犬になつて一々報告するといふ機関もちやんと整のつてゐるにはゐるが……

『オイ幸吉』

若殿は欠伸《あくび》の中から呼かけた。

『ハイ御用で?』

『何か変つた事はなからうか?』

『変つた事と仰有いますと?』

『変つた事さ』

『御退屈ですか?』

『退屈だともさ。お前暫らく俺とかはつて見てくれないか』

『ハヽヽヽヽヽ、、そんな結構な身の上に一日でもよろしい成つて見たう御座います』

『成つて見るがい、、全くやり切れなくなるぞ』

『地獄へでも行つて見ますか?』

幸吉は飛んでもないことを云ふ。

『行つて見たいな、女を血の池へ追ひ込んだり、人を石臼で搗《つ》いたり、面白相だの』

うかつな事も云へない。若殿は幸吉が案内するなら「地獄」へでも遊びに行くつもりだから怖《おそ》ろしい。

『ハ、、、幸吉はいろ〳〵の事を識つて居りますが、まだ地獄への道案内だけは調らべては御座いません。それよりは若殿』

と四辺を見廻しながら傍へよつて来た。

『ムウ』

若殿が膝をすゝめると。

『ナ、こんな事は如何でせう』

と耳元で何か囁《さゝや》いた。

さも〳〵嬉《うれ》しさうに聞いてゐた若殿は、幸吉が言葉を切つた時、

『面白い〳〵、やつて見やう、しかし旨く行くだらうか』

何でも出来ない事のない世の中だと思つてゐる若殿さへ、其処に「不安」をもつやうな策、一体幸吉は何を囁いたのであらうか？

『ハ、、、、、』

事も無気に笑つた幸吉は、

『筋書《すぢがき》通りにトン〳〵と運《は》こんで行けば、大詰は若殿は立派なお手柄、めでたし〳〵と皃《けり》がつくのでは御座いませんか』

くさ草紙流の大団円までつけての勧め上手にフワ〳〵と乗つた若殿は、

『面白い、やつて見やう〳〵』

膝をだん〳〵に乗出《のり》してくる。

いでゆから戻つて悪い芸がふえ、で温泉なんて、あの生あた丶かい、程よい天然の湯にしたつて、眼の前には大抵山があるか、とう〳〵と流る丶川をもつた自然の風光に接して用もなく、グツタリしてゐる者に、天下の経綸《けいりん》が什《ど》うの、孔孟の教えがかうのと云つて見た処が通らない。大抵は

「悪い芸」

を覚えるのである。

「アンニユー」に悩《なや》んでゐる若殿惣十郎と、不真面目な真田幸吉との間に囁かれた一つの芝居。それはどんな筋の脚本で、どんな舞台が展開されて行くか、お話はこれからである。

（二）

丹波守のもつ領地の温泉場も亦それの御多分に洩れず、山あり川あり、傾斜《けいしや》の街《まち》には竹細工などを売る店、湯宿《ゆやど》、湯女《ゆな》、楊弓場《やうきうば》、かたの如き月並な湯の町で、「温泉神社」「糸瀧」「小ゆるぎ橋」といふ蛍の名所、元湯観音など又弘法大師のトツコで什《ど》うとかしたといふ旧蹟など例例によつて例の如きものであつた。

この蛍の名所としてしられた小ゆるぎ橋を通りかゝつた、十作と云ふ処の男の眼にそれこそ不思議な

光景が展開された。

『ヒヤツ』

と惘れて飛のいた十作はあむなく川へ落込もうとしたのをグツと踏しめて、なほも不思議な光景に眼をうつした。

それは「小ゆるぎ橋」の丁度詰《つめ》のところで、ヤ、小高い堤に小判が四五枚落散つてある。小判だけなら、何の苦もなく十作は拾《ひ》らつて其筋へ届出るとも亦ニユツと其儘に懐中《ふところ》へ仕舞はうともさして、

『ヒヤツ』

と飛退《とびの》く程の問題ではないが、その小判のあひ間あひ間に血が流れてゐるのである。最それが血であるか、紅であるかまだ意識しなかつた十作は、たゞ赤い色に駭いたのである。しかも其処にニユツと白いものが二つも出てゐた。大きな大根《だいこん》とも見えるが、それは正しく人の脚である。しかも白さの上から、その曲線の工合から正しく若い女の脚《あし》である事を直覚したのである。

かうこまかく描《か》くと、さうした順序に一つ一つ発見されて行つたやうであるが、小判も血も、白い女の脚も一時に十作の眼に映つて、それを一時に関係ある如く結びつけて、

『ヒヤツ』

と驚いたのである。何も其筋のお役目《やくめ》の者が、お取しらべと云つた風に巨細に見たのではない。

しかし十作は最初「ヒヤツ」と驚いた時よりはだん〳〵大胆に成つて行つた。それは女の脚――若《わか》い

——と云ふ事が十作の猟奇的興味をそゝつたからである。

什んな人間にも、探偵癖《たんていへき》がある。猟奇癖がある。さうして先取権を獲《ゑ》たがる。それは人間の生きてゐる上の興味なのだ。

十作は怖る〳〵、また妙に面白相にその白い脚に近寄つた。

全く裸身にむかれた若い美くしい、十七八でもあらうかと云ふ女の子が、局部〳〵に赤い血を流して、丸く盛り上がつた乳《ちゝ》を真上にして、黒い髪をちらして堤から下へ流し、その血の処になほも小判が二ひら三ひら落散つてゐる。

白い肌、朱《あか》い血、黄色く光つた小判、この三つの色彩が妙に調和をとつてゐる上に、青い草《くさ》を枕にしてゐる死顔が何とも云へぬ美くしさを感じさせた。

十作はひき入れられるやうに覗めてゐた。其うちにそれが温泉宿《おんせんやど》のむさしやの娘のお絹だと云ふ事をはつきり意識するやうになつて来た。

『アッむさし屋のお絹坊だ』

思はず叫けんだ。叫けぶと同時に手は口を押さえてゐた。十作は又同時に

「かゝり合ひ」

といふ事を恐れたのであつた。

しかしまだ十作はぼんやり立つてゐた。小判にも未練がないでもない。

「アンニユー」に処しかねた若殿惣十郎はけふも朝から真田幸吉をつれて猟に出かけたのだ。猟と云つてさう大した獲物をうつのではなく唯何かなしに山の中を歩行いて来たのである。しかしさすがに領主の若殿だ。こしらへだけは実に立派だ。歌舞伎のダンマリに出てくるやうな美くしさである。其姿の儘《まゝ》小ゆるぎ橋を通りかゝつた。

十作はこのもの〳〵しい若殿様を見上げて走りよつた。

『モシ〳〵あそこに人が殺されて居ります』

と訴へた。

『ナニ人が殺《ころ》されてゐる』

若殿は旨いものが見つかつたものだと思つた。何でもよい退屈をしのげる材料がころがつてゐれば、それで満足なので、この際人が殺されてゐやうが、牛が倒れてゐやうが、事件は成べく大きい方が面白いのだ。

『幸吉』

『ハツ』

『人が殺されてゐると云ふのだ。一応取調らべやう』

大きな事を云つたもので、若殿に何が取調らべられるものではないと侮つては見たが主命である。十作に案内させて、共に堤へ下りて行つた。

十作の指さす方を見た若殿は、それこそ十作以上にこの惨たる光景に興味をもつた。かねて物の本の上で、文章でよみ、画で見てゐたのが眼前に事実として展開されてゐるのである。

『幸吉〳〵』

はげしく呼立てた。

『ハッ〳〵』

幸吉が傍へよつた。

『見い。美くしい若い女が殺されてゐるぞ』

『ヘイ』

さつきから幸吉は充分にこの光景を見てゐたのである。しかもこいつ亦若殿以上に嬉しがつて、人の気のつかぬ処にまでちやんと眼をやつてゐたのである。

この間に十作はこれだけの事をするのを忘れなかつた。

ソツと手近《てぢ》かな小判をひろつて、グッと下腹の方へかくした。

『若殿、小判が落散つて居ります』

幸吉もやはりいやしい心の持主であつた。若い女の裸身といふよりも小判といふ現実《げんじつ》的な浅ましい凡情が先に立つた。若殿は一向に小判に興味はもたない。

『フ、ン、扨はこの娘が多額の金を所持いたし居るを何者かゞ知つて殺害いたしたものと見へる』

若殿は頗る簡単にこの事件に解決を与へてしまつた。其処は幸吉の方が流石《さすが》に一日の長である。

『若殿、金《かね》をとるのが望《のぞ》みなら、衣服までもはぎとる程の奴どんなにあわてたつて、このやうに金を蒔き散らしては置きませぬ』

『フム成程』

『まして、この美くしい娘、もしなぐさみものにしたのぢやア御座いますまいか』

『左様かな』

若殿は若殿、こんなエロな話に耳は傾けぬ。其処は何処やらに小身ながら大名の弟である。

十作は恐る〳〵、

『これは温泉宿《をんせんやど》のむさしやの娘のお絹《きぬ》ぼうでございます』

と兎も角住所姓名だけを判然と申上げた。

『さうか』

若殿にはむさしやでも駿河屋でも、おきぬでもお糸でもそんな事に一向頓着はないが、若殿は考へた。

『幸吉、役向の者にそれ〴〵伝へい、さうして、この不思議な事件を桐山惣十郎自ら詮議してきつと殺害いたした者を捕らへて見せると届けて来い』

『へエー若殿が？』

と幸吉が惘《あき》れてゐる内にもう懐《ふところ》中から紙を出して、腰のやたてをとつてちやんと其周囲の見とり図《づ》から、娘の堤《つゝみ》を逆《ぎやく》に川の方へ頭をやつて、脚を堤《つゝみ》の方へあげてゐる格好まで写生してしまつた。

『幸吉〳〵何か小判の外に落散つた証拠の品がないかよく取調らべて見い』

妙な役向きになつたものだ。

『オヤ〳〵』

と幸吉は思つたが、若殿の仰せだ。泣く子と地頭にはかなはない。

草《くさ》むらのうちをいろ〳〵さがして見た。

『こんなものが御座りました』

幸吉の手の上へ乗せられたのは血のついたお守札《まもりふだ》であつた。

『フム見せい』

若殿は手《て》にとりあげた。それは決してこの辺の者が所持すべきものではなかつた。江戸深川《ふかがは》八幡のお守札であつた。

『フム慥《たし》かに殺害したは江戸の者だ。見い、この守札は深川八幡のものぢや』

若殿は何でもすぐに解決してしまふ。助手は大抵ではない。

『でもこれが殺した奴のものか、又《また》むさしやの娘の所持のものか、それさへ分明では御座りませぬ』

幸吉は探偵として大分に若殿より上《じやう》の部である。

『成程』

又しても名探偵は行つまる。

『何にしても唯一の証拠《しょこ》ぢや』

『マアどうでもと』

と幸吉は思つてゐるが、一々「幸吉〳〵」とアシタントに使はれるのが苦しかつた。

『幸吉、ソレ〳〵役向の者へ委細を申達するがよいぞ』

『ハイ〳〵』

　とは云つたもの丶一つ若殿を困らしてやらうと悪い了簡を出したものだ。

『シテ若殿、この亡骸はどう始末をつけませうか？』

と何と云ふかとジツと見上げると、

『親元へとゞけつかはせ』

成程解決は早いが、藪をつ丶いて蛇を出したやうな幸吉は、飛んだ処へ来あはせたものだと思つた。

『かしこまりました』

仕方がない、命令なのだ。

『其方そのむさしやといふのを知つてゐるか』

十作もか丶りあはせではあるが、こいつはとうに日当になつてゐる。

『ハイ〳〵よう存知て居ります』

『案内してくれ』

『へイ〳〵』

幸吉はそれ〴〵役向へも届けて出た。十作に案内させてむさしやへも行つた。母親にも泣かれた。

『マア安心するがよいこの敵は若殿がとつてやると仰有るから落着てゐるがよい』

とそんな事までも口添へして、可なり面倒な事を一人でやつてのけた。

一応は事件は落着した。無論若殿惣十郎殿は矢表に立つての、臨時探偵に立つとは仰有《をつしや》るが役向は又役向で捨てゝも置かれなかつた。

㈢

当時、桐山丹波守の夫人お貞の方は江戸上邸づめであつた。さうして丹波守は国へ帰つてゐた。参勤交代といふものはこんなに夫婦を別々に置くものであつた。

丹波守だつて若い。国表に一人ではゐられない。所謂二号のお亀の方といふのを連れて、温泉の別《べつ》館《やかた》で天下晴れて、それこそ大名らしく、

『お亀、琴を所望』

なんて鼻の下を長くしてゐた。

其ひまにお亀をつれてお忍びといふので温泉街をそゞろ歩行きした時、フツとむさしやの前で、丹波

守は未通女《おぼこ》らしい、若い美くしいお絹《きぬ》を見てしまつた。見てしまつただけなら問題はないが、脚はピタリツととまつた。無論惣十郎の兄である。其処に一脈の血が通つてゐる。丹波守も亦無事な好色な大名気質をさらけ出してゐる殿様だつた。

無論お絹を見てピタリツと脚をとめたのは何を意味するかといふ事は二号であるお亀の方にはあざやかに直覚された。

『御覧遊ばすものとは違ひます』

言葉は短かいが釘をさす一言に、手をとらんばかりにして、

『もうお帰館遊ばせ、むさいものがお眼につきましたな』

柳眉は逆立つてゐる。

丹波守は、袖ふりあふも他生の縁、もつと見てゐたい、イヤもつと事件を進展させたかつた。

大名の常として領地の女は皆自分のもの〻やうに思ふてゐる。

しかし此場合お亀の方といふ面倒なものが付いてゐる。

『フム帰らう』

足は進まなかつたが、又機会のない事はなからう位に考へて其日はしぶ〱別館《べつやかた》へ帰つて来た。

それは其日お付であつた家臣が、主人の蔭《かげ》口をきくのは大名の家とてかはらない面白半分に幸吉に伝へた。事件ほしやの幸吉はそれに又脚色を用ひて若殿惣十郎殿に話した。

こんな事でこの事件は若殿惣十郎殿の耳へはもうとつくに這入つてゐる。

『扨は？』

若殿はすぐに解決に向かつて突進《とつしん》する癖《くせ》がある。

一体このお亀の方といふのは、江戸深川の産れである。丹波守江戸在番の時、この深川の賤しい町家の娘を垣間《かいま》見たのである。

『かうと思つた事』

を存外平気で押通すのは小身と雖、大名気質である。

『殿様の駄々《だゝ》』

といふものは通り相場である。

早速医師平河渋庵といふ、仲人にかけては至極名医があつた。この先生の「サジ」はお亀をお亀の方にして仕舞つた。さうして丹波守の溺愛によつて、かくの如くお傍去《さ》らずといふ事になつたのである。

さうした過去《くわこ》の歴史をもつてゐるお亀の方である。

しかも「アンニユー」な若殿惣十郎は「このかみ」の愛妾は、無論正式のものでないと心得てゐる。

此処にも亦「若殿気質」がある。ある日ソツトお亀の方の部屋へ忍んだ。

『およし遊ばせお兄上に叱られます』

存外要領を得ぬ一言である。江戸深川町家の娘にそんな「台詞《せりふ》」はなかつた筈である。これあつて以来若殿は妙にお亀の方が眼の上の瘤《こぶ》であつた。

サアだから解決が早いわけである。

江戸深川に育つた娘、それが深川八幡のお守札をもつてゐた、と云ふのは合理的である。

むさしやの娘を兄《あに》が見染めた事を識つてゐる。女の嫉妬、これも亦合理的である。

さすがに金に不自由のないお亀の方、小判の落散つた現状、これも亦合理的である。

若殿の頭脳《あたま》にはこんな事が描《ゑが》かれた。

むさしやの前へピツタリ足をとめた丹波守、お亀の方は今日までの寵愛をこんな田舎の娘に奪はれたくはない。型の如き敵役《かたきやく》の女中を連れて湯治に出かけた。さうして人をつかはして旨い口車でお絹を誘ひ出した。小ゆるぎ橋の手前へ来るまでに、其生娘《きむすめ》らしい容姿《すがた》、所謂ふみにじられてゐない美くしい花、自分とくらべては何処かに、はちきれ相な若《わか》さをもつてゐる肉体、そんなものがお亀の方の眼に映るともう矢も楯もたまらない。女中にソツと眼くばせした。万事のみ込んでゐる。女中は突然《とつぜん》後ろからお絹を刺した。

『アツ』

とお絹が倒れた。ヅル〳〵と黒髪をもつて堤へ引ずり下ろした。嫉妬はかの女を裸にしてしまつた。

さうしてその白い肌を
『これを殿様に見せるつもりか』

などとあらぬ事を口走しつて無闇に斬りさいなんだ。しかし其時お守札を落とした事には気がつかなかつた。

これが若殿惣十郎の想像である。合理的結論である。

現在むさしやの主人は其夜《よ》、お邸風の若い男がお絹を誘ひ出したといふてゐる。

『テツキリ』

である。

この合理的な解決を幸吉に話した。

幸吉はジロリッと若殿を見て、

『まだお若い』

とぬかした。

『ナー何故《なぜ》？』

若殿はつめよつた。

『ちよつと受取れませんな。成程深川八幡のお守札は理屈に合つてゐますが、御城下にだつてお守札——何処のでも——もつてゐるものが無いとも限りませぬ。それに大殿がお絹を召抱へやうとお約束をなすつたとか、現在一度でも怪しい場所でお会《あ》ひなされたとか云ふのなら、さうした悋気も出ませうが、まだ先でしらぬ位の事で、裸身にまでして殺すと云ふのはあんまり気違ひじみた事で、これは受取れぬ話、またこんな相手に小判を蒔き散らして置いたといふのもいよ〳〵受取れぬ話では御座いませんか』

と幸吉は異議を申し出た。さすがに一日の長である。

『では幸吉、証拠となるべき品か、何かの手がゝりをさぐつて見やう』

『マアさうお考へ遊ばすならよいやうに』

幸吉はさう〳〵と取上げなかつたが、若殿は、こゝまで考へた事が惜しかつた。其処に動きのとれぬ証拠が必らず自分の手に入ると信じてゐる。

「アンニユー」

はだん〳〵若殿の悪戯を増長させる。

若殿は腹心の女中を
「お部屋のお見舞」

と称して玉子製《せい》の菓子などを持たして訪問させた。

「お部屋様」

なんて云ふものも亦
「アンニユー」

なもので、珍《めづ》らしい若殿付の女中が来たといふので、

『歌がるたとらうではないか』

『お相手いたしませう』
早速にお傍の女中は招集《しよしう》された。
『これやこの行くも帰るも別れても』
『お手つき』
なんて声がしばらくつゞいた。
皆は暫らくだと思つてゐたが、それが存外の時間を空費してゐた。
若殿付の女中は、
『けふはお表も入らせられぬ。マア部屋で寝たがよい』
と云ふ、おぢき〳〵のお言葉で其日は
「お部屋様」
の次の間に夜の宿直《とのゐ》のものと一しよに臥せつた。

(四)

夜は更けて行く。
奥庭の夜を守る柝《き》の音《をと》。
サーッと渡る夜風、さうして樹々に当る物凄い物音。

若殿付の女中は眼が冴えて来た。

宿直《とのゐ》の者はと枕をあげて見入つた。

「いぎたなく寝入つた女中等」

それはたまらない滑稽なものであつた。

文金に矢飛白などと云へば国貞あたりの画を思ひ浮かべるであらう。

双六盤にもたれて、さも〳〵エロチツクな眼で、何事かを夢見《ゆめみ》てゐるやうな版画を見た事があつた。

そんなものが思ひ浮かばれるであらうが、事実は全くそれを裏切つてゐる。

奥に育つてゐるだけに色は白いが、肥つてゐる。

「寝《ね》ぬ筈《はづ》の宿直《とのゐ》」

だけにチヤンと着物は着てゐるのだが、帯のヤの字は崩れて、何といふ字だかよめなくなつてゐる。

文金の根はガツクリ落ちて平打は手のとゞかぬ処に落散つてゐる。あられもない本当の「太股《ふとも、》」といふ
奴を惜気もなく露《あら》はしてこれはそも大の字に寝てゐる。

ヤの字が大の字になるまでには、いろ〳〵にもがゐたらしい。

こんな光景が眼《め》に這入ると猶更に寝付かれなかつた。突如《とつじよ》
『許しておくれ』

お部屋様の部屋からこんな叫けび声が洩《も》れて来た。

『ハッ』

と思つた。

暫《しば》らく耳をすましたがつゞく言葉がなかつたので、

『お部屋《へや》様は夢《ゆめ》を御覧《ごらん》なされたな』

とさして気にもとめなかつた。また暫らくすると、

『ア、苦るしい堪忍しておくれ、妾が悪かつた、ア、〳〵』

もう女中はたまらなくなつた。思はずお部屋様の居間へ飛《とび》込んだ。

真紅《しんく》の夜具《やぐ》をはねのけて、白い〳〵雪のやうな肌もあらはに、小《ちい》さくうづ高い女が見ても好もしいやうな二つの乳房をのぞかせて、自分に自分の髪の毛を摑んでゐる優しい二つの二《に》の腕《うで》は象牙細工《ぞうげざいく》のやうに美くしい、しかもこの物凄い光景が一しほお部屋様を美くしく見せてゐる。

『もしお部屋様〳〵』

女中はうしろからかゝへて介抱した。やつと気のついたお亀の方は、額の玉なす汗をぬぐひもやらず、

『ア、恐《こわ》かつた』

とホツと吐息を洩らした。

『夢《ゆめ》でも御覧遊ばしましたか』

『オ、恐《こわ》い夢《ゆめ》』

『どのやうな?』

『それは』

什《ど》ういふわけかお亀の方は口《くち》をつぐんでしまつた。

女中の眼はギラリツと怪しう光つた。

『御城下の小《こ》ゆるぎ橋《ばし》といふのを御存知で御座りますか』

『エツ』

お亀の方はギヨツとしたが、キヨロ〳〵四辺《あたり》を見まはしてゐる。

『もうおやすみ』

『ハイ』

問答はそれだけであつたが、若殿の玉子製のお菓子とこの女中とは多大の効果をあげた。この一夜の報告を受取つた若殿惣十郎は鼻高々と事の仔細を幸吉に話した。

『やはりさうでしたか?』

幸吉は腑に落ちぬまゝに首肯した。若殿は勝《か》ちほこつた。

しかし若殿自身の口《くち》から何としても兄《あに》丹波守の愛妾の罪を摘《てき》発《はつ》したくはなかつた。イヤ摘《てき》発《はつ》するにしてはあまりに情実が許さなかつた。

若殿は気ばかりあせつた。

知《し》らさぬやうに、知《し》らすやうに、噂の立つやうにと再女中を使つた。

口《くち》の軽い女は、かしこでもこゝでも其事を喋舌《しやべ》つた。

策《さく》は正しく成功した。

「小ゆるぎばしの娘殺し」

はお部屋お亀の方だと誰云《たれい》ふとなく、城内一パイの取沙汰となつた。

若殿惣十郎はある日兄丹波守の居室を訪問した。

『兄上』

『オツ惣十郎か、何事ぢや』

『下々の取沙汰お聞きになりましたか』

『取沙汰とは？』

『温泉宿の娘絹を殺害した者が城内に居ります事を』

『ハ、、、、お亀の方だと云ふのか』

丹波守は一笑に付した。若殿は車輪になつてつめよつた。

『火のある処には烟が立ちます。よく〳〵お取調らべあつて御成敗なされずば、領地の民はお亀の方を恨《うら》み、ひいては兄上を恨みまするぞ。民心が領主にはなれて行く事は何よりも寒心すべき事でござりまする』

『お亀の方にいとまをとらせいといふのか』

『イヤむさしや方へ申達し、父母の見る前でお手づから成敗なさるゝが彼等への潔白、一つには亡《な》き絹とやらの亡霊に手向ける唯一の方法でござりまする』

『惣十郎』

『ハツ』

『其方《そち》は、城内一パイの取沙汰をまことゝ思ひ居るか』

『あまりに事が明《あきら》かになりすぎて居りまする』

『ある夜《よ》お亀の方は悪夢《あくむ》におそはれたのを唯一の証拠ぢやと云ふのか』

『左様とも申されまする』

『ハヽヽヽヽ、あれはお亀は京伝の作つた怪談やらの本を読《よ》み耽《ふ》けつて、しかもあの夜は歌がるたに夜更けたつかれのあまり、その物の本が夢となつてあらはれたとの事はわしがぢき〱聞いた事ぢや』

『ハ、、、、、』

惣十郎は高笑ひをした。

『兄上、それは兄上を瞞着しやうといふお亀の方のこしらへ事でござりませう』

『惣十郎そちやナゼお亀を罪を〔マヽ〕おとし入れやうとするのぢや』

『エツ』

『マア聞け』

丹波守はちよつと居住居をなほした。

『若いいたづらな男があつて、わしの眼を忍んでお亀に云ひよつたと思へ』

『エツ』

『マア聞け』

と丹波守はます／＼落付いてゐる。

『何とかしてお亀の方に復讐をしやうと思ふてゐたが、いたづらな若い男はフトむさしやの娘お絹とやらを見て又思ひをこがした。悪い者をかたらふて、おびき出させ、小ゆるぎばしにてさん〴〵にかの女《をんな》をなぐさみおつたぢや』

『アア兄上、ソリヤ誰《たれ》の事でござりまする』

『マアさ聞けといふに』

丹波守は惣十郎を制しながら、

『しかもそのいたづらな男は、あくまで其女をさいなみ、すき心を満足させたぢや。しかも、ありあまる富は小判をその亡骸のそばへなげつけたのは、まだ其処に少しの良心はあつたのであらう』

『ア、ア兄上、ソリヤ誰《たれ》の事《こと》でござりまする』

『マアさ聞けといふに』

『フム』

『そのいたづらな男は、かたらふた悪い奴にかねて申ふくめて、江戸深川八幡のお守札を手に入れて置いたぢや。それを其亡骸のそばへ捨《す》てゝ置いて、他の者が手を下したやうに仕組みおつたぢや。何と悪い奴であらうかな』

『アア兄上、ソリヤ誰、ソリヤ何者でござります』

不思議に若殿惣十郎の顔色は青《あほ》ざめてゐる。

丹波守は声《こえ》をはげました。

『惣十郎、そのいたづらな男といふは其方であらうが』

『ヤツ』

『莫迦者め』

丹波守は大喝した。

『ババ馬鹿な、左様な事が』

『ないといふか』

『聞くもけがらはしい事でござる』

『左様か、お亀其者をつれて来い』

『ハイ』

優《やさ》しい声は聞こえた。

しかもお亀の方の女中によつて高手小手にいましめられた、幸吉とかつて使にやつた女中の二人は見すぼらし気《げ》に小さくなつて其処へうづくまつた。

『ムウ』

若殿惣十郎はもう二の句がつげなかつた。

××××××

××××××

泣く子と地頭である。

事件は闇から闇へほうむり去られた。

落散つた小判の外に何なにがしかの黄金によつてむさしや夫婦の口にふたをしてしまつたのである。

「アンニユー」

が生んだ若殿の悪戯は幸ひに城下の民にはしれ渡らなかつた。さうして惣十郎殿は、江戸の上邸へしばしおあづけとなつた。

若殿惣十郎は物珍らしい江戸へ出た。

「若殿の悪戯」

は決してやまなかつた。第二の小ゆるぎばし事件、第三の小ゆるぎばし事件は、絶間がなかつた。

「アンニュー」

ほど恐ろしいものはない。

「劇壇三十五年」

【復製にあたって】

一、原本は、縦二一・二糎、横一五・二糎の大きさである。表紙（表裏共）と両見返は、食満南北の自筆。表紙の題字のみ濃墨を用いて、その他は薄墨。挿絵は彩色で、広告絵は朱単色。

一、原本の精確な再現と読み易さに配慮し、写真版（297～302頁、328～330頁、355、356頁）と線画撮り（写真版以外）に依った。

一、写真版の部分は、約70％に縮小した。

一、線画撮り部分は、次のような処理を施した。

①自序は90％に縮小した。

②本文(1)～(23)は文字をできるだけ大きくするため上下の線や頁数を省き104％に拡大した。元の体裁は、口絵3頁を参照されたい。

③原本の印刷不良で読みづらい文字は、復製の最終頁に、「難読箇所一覧」として掲げた。また、食満南北の挿画の文も活字で紹介した。

④「食満南北交友芳名録」は90％に縮小した。

一、巻末の四頁分は、黄色地の一枚物（縦一九・二糎、横五〇・〇糎）で、「劇壇三十五年並に還暦記念会」のプログラムである。写真版で約78％に縮小した。

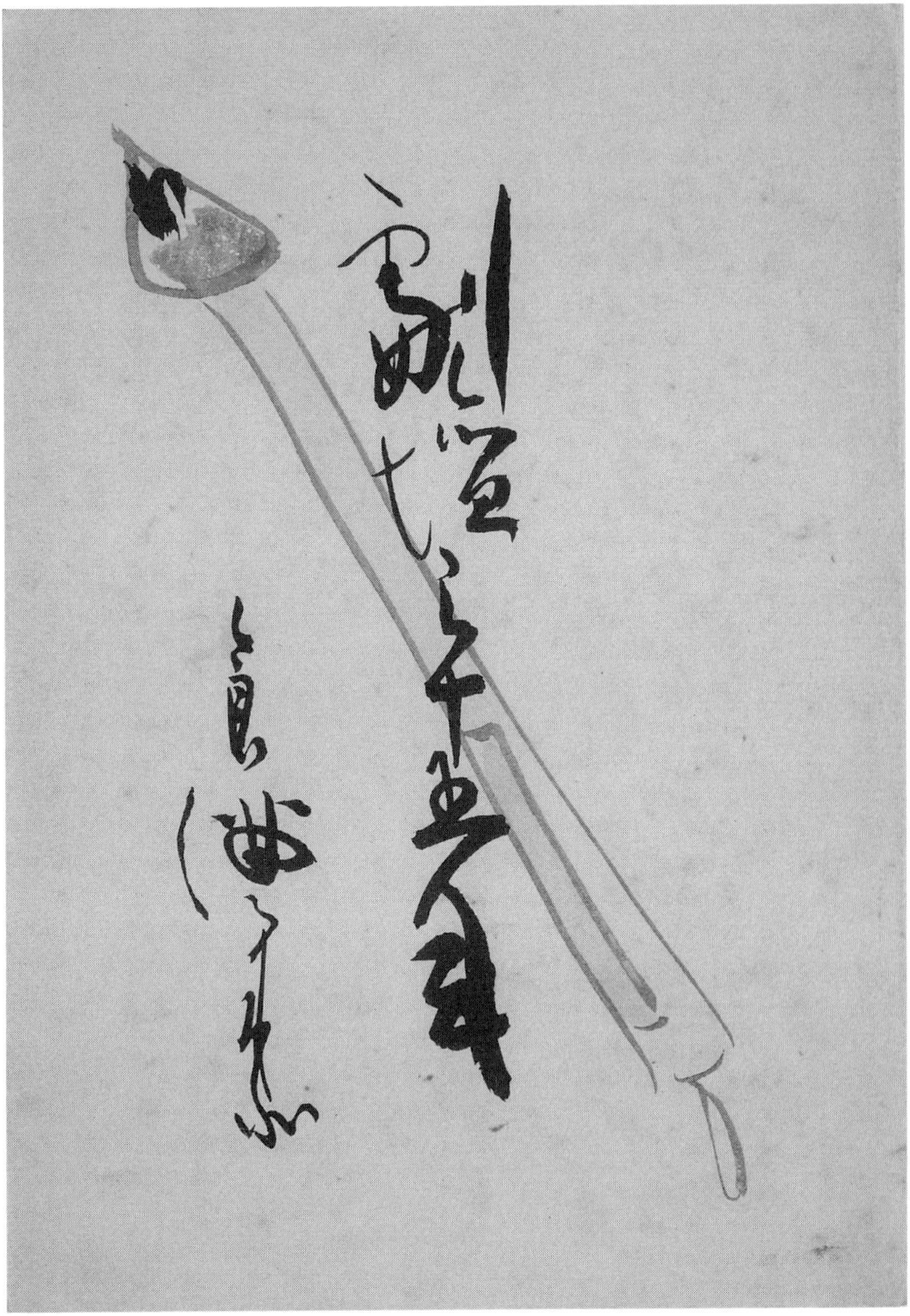

（表表紙）「劇壇三十五年　食満南北」

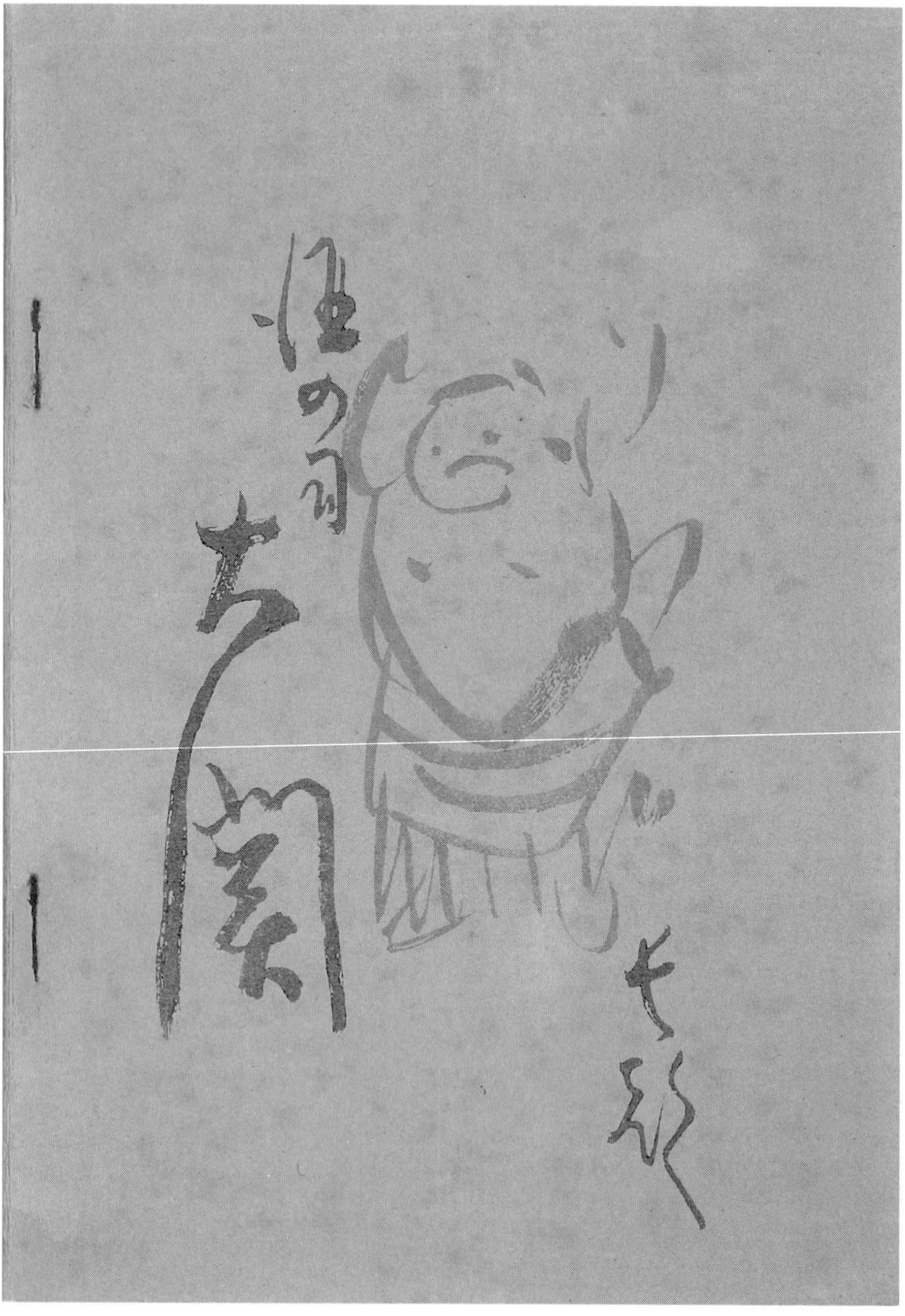

「酒の司大関　長部」（表見返）

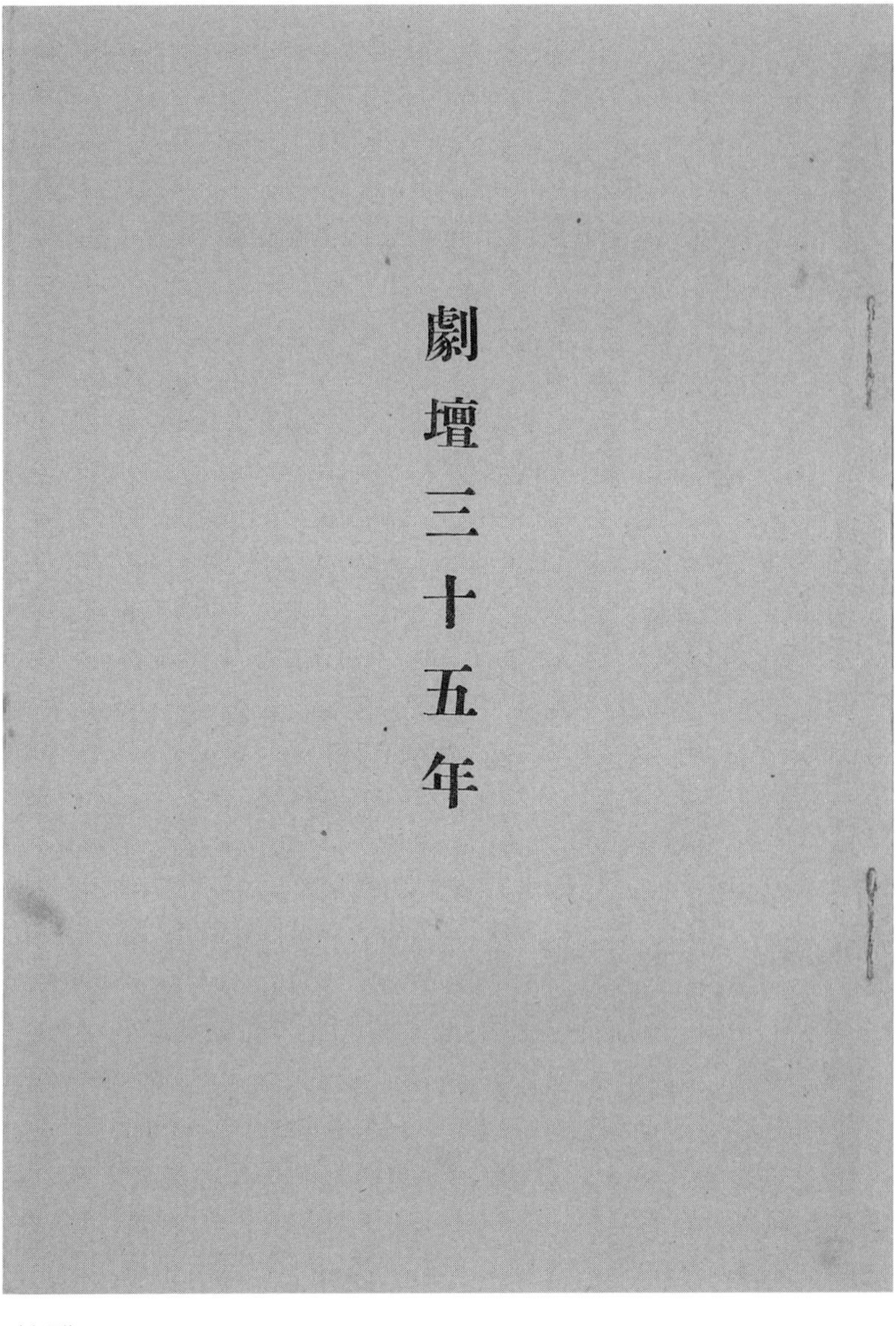
劇壇三十五年

（本扉）

天下茶屋「陶弘居」に於ける筆者

（口絵）

自序

紀元二千六百年、輝やかしいこの歳而かもお隣の支那では新生國民政府の成立、どちらを向いても非常におめでたい時、私も亦劇壇生活三十五年、さして永いといふわけではないが、可なりいろ〳〵の方面に活躍をつゞけて來た。さうしていつの程にか還暦といふことになつてしまつた。

それを記念する爲めといふので夕刊大阪の鷺谷氏の發案で、時局柄派手々々しい事にならない程度で一夕會を催さうではないかといふ事になつて極く親しい方々が集つて下すつた。とたんに私は、お前の交友名簿を整理しろ、挨拶狀をかけ、會の當日は何か踊れ、これがせめてもの皆様への御愛嬌だとう疊みかけて命令されたのである。

しかもそれがこの月のはじめの項ではあつたが、その忙しさといふものかは全く目の廻るやうであつた、その上鷺谷氏から紙上を貸すから劇壇生活三十五年を書け、それを一まとめにして當日の御來會者へおわかちしようではないかといふて來られた。

私は私の日誌を三十五年間讀むさへ大きな仕事だつた、しかも例の惡筆、同社の馬場諦二氏は私の字をよく讀む一人として鷲谷氏は同氏に命じて校正其他のすべてに責任を持たされた。甚だ同氏にはお氣の毒であつた。それが刷上つた時は、私自身にさへ何の事か解らぬやうな場所さへ出來てしまつた。これは如何にも忙しかつた事を物語つてゐるもので却てそれが愛嬌になるのかもしれない。

なほ再校には岸本水府君まで煩はしてゐる始末、其の外のすべては發起人の皆様の御盡力なので、私はたゞそれを非常に感謝して居る。すべてはお許しを願ふことにして兎も角この小冊子をこしらへていたゞくことにした。

昭和十五年三月

劇壇生活三十五年

食滿南北

（一）

私《わたし》は泉州《せんしう》堺《さかひ》の産れである。柳《やなぎ》の町、大道の角《かど》に「宗《そう》建場」といふのがあつた。其處の酒造家食滿藤平《とうべい》といふ者の孫《まご》で、明治十四年七月三十一日住吉神社の宵宮の日、その宗《そう》建場の表では、堺《さかひ》名物の地車が喧嘩《けんくわ》をはじめて盛に屋根《ね》の瓦《かはら》をめくつては投《な》げあつてゐた中に喊々の聲《こゑ》をあげたので、別に母親貞《てい》さんが日輪《りん》が懷中に這入《は》つたと夢見《ゆめ》たわけでもなく、さしがねの蝶々《てう》がフワリ〳〵と飛《と》んで來たわけでもない。かうしたケタタましい物音《おと》の中に貞《てい》さんの次男だから貞《てい》二と名附られて兎《と》も角《かく》も堺《さかひ》では由緒《しよ》のある、しかも堺《さかひ》市史《し》の隨所《ずい》にうたはれてゐる功績《こうせき》もあつた人の家にこんな者がヒヨツコリと出來たわけである。藤平《とうべい》は後に酒造業を廢《はい》業して寺地町の家へ移《うつ》つた。これを手始《はじ》めに私《わたし》は爾來《じ》七十有餘軒《けん》をうろつきまはつてゐたのでイヤまだうろつき中である。

さうして私《わたし》は堺宿院《さかひしゆくゐん》尋常小學校から殿馬場の高等小學校と轉々した。イヤ其以前熊野校に行つてゐたかもしれない、何にしてもさうした學歴《れき》よりもつてゐない、のち早稲田大學へ入學したが、これは少しの間で、どこかには大學卒《そつ》業と云ふことなつてゐるが、あれはたしかに間違《ちが》ひである。青年期《き》には本町にあつた七十九銀《ぎん》行や、宇《う》和島橋《はし》にあつた融《ゆう》通會社や、銘《めい》酒大關の倉《くら》男や、備前の利生の堀尾《ほりを》と云ふのに養《やう》子にやられたり、いろ〳〵と轉々したが、終《つひ》に新在家町といふ處で銘酢《めいす》彌生の醸造元として兎《と》も角《かく》、新宅《たく》をしたので、それを型《かた》の如く芝居《しばゐ》とそんじよそこらと、時代によつてたゝきあげてからは本當にそれからそれとわたりあるいたので、終《つひ》に村上浪《なみ》六先生が同郷《げう》である處から、東京根岸《ねぎし》の同家に弟《で》子ともなく、食《しよく》客ともなく置《お》いてもらつてゐるうち、それではいけないと云ふので、田中霜柳《さうりう》君といふ可なり古い劇評《げきひやう》家も亦《また》上方の人だつたので同氏を通じ田村成義《よし》氏のところへ行つて

『一つ作者にしてもらへませんか』

と頼《たの》みこんだのである。それは明治卅九年頃《ごろ》で、團菊歿《きくぼつ》後間のないどちらかと云ふと芝《しば》居と云ふものは大分に下火になつて世の中から忘《わす》れられやうとしてゐた時代で一方芝翫―今の歌《うた》右衛《え》門―が東京座《ざ》―今はない―に立籠り、一方、八百藏、羽左衛《え》門、梅幸《ばいこう》が歌《か》舞《ぶ》伎《き》座《ざ》に、さうして高麗藏―今の幸《こう》四郎―がその兩《りやう》方にかけもちをしてゐる。段《だん》四郎は芝翫の方にゐると云つた風で、源《げん》之助《すけ》等が淺《あさ》草の宮戸座《ざ》といふので大いに江戸前の芝《しば》居を見せてゐた頃《ころ》で私《たし》が歌《か》舞《ぶ》伎《き》の作者で兎《と》も角《かく》も番附の裏《り》面に食満貞《てい》二といふ名のかゝげられた時は、果《はた》して歌《か》舞《ぶ》伎《き》と云ふものが存《そん》續して行けるか聊《いさ》か怪《あや》しかつたときである。それはあまりにも大きい團十郎、菊《きく》五郎の兩《りやう》優《いう》が相ついで逝《ゆ》き、當時

『モウ芝《しば》居は見られないよ』

と云ふのが街《まち》の聲《こゑ》であつた。それなればこそ私《たし》の名をつらねた作者部屋もこんな小人數の顔《かほ》ぶれだつた。

（立作者）福地櫻痴居士（二枚目）榎本虎彦・竹柴讃二（スケ）瀬川如皐（ツケ師）瀧眞砂助（見習）食満貞二

なので、福《ふく》地先生は小紋《もん》のオツな羽織で白いひげを逆《さか》になで

「天金へたねは何だか聞いて下さい」

と昔《むかし》の通人ぶりを發揮《き》すれば瀬《せ》川君は机《つくえ》によりかゝつて盛んに毛《け》拔《ぬき》でひげをぬいてゐる。讃《たか》二君はコツ〳〵と拆をうつてゐる。榎本《えの》さんは黒《くろ》衣を着ていろ〳〵指圖《さしづ》をしてゐる。眞砂助《すけ》さんは道具帳《どうちやう》をそれはそれはうまいこと描いてゐる、さうしてこの部屋へは幸堂得知《こうどうとく》翁が見える。饗庭篁村翁《をう》が來られる。何かの考證《こうしやう》に大槻《つき》如電翁《をう》のお顔《かほ》も見える。ある時などはこの如電翁《をう》に連られて上野の博物館《くわん》へ太皷《こ》の寫《しや》生に行つたとなどもあつた。さうして部屋附は頭《とう》取が市川團八と其倅《せがれ》、市川孝《こう》升、

（二）

さうして田村成義《よし》氏、桝井老《らう》人、小笠原《かさ》翁、阪野翁《をう》等々でまことに部屋は賑《にぎ》はしかつたが今日のやうに亂《らん》雜ではない、團菊《きく》當時を思ひ合はさるゝ程頗《すこぶ》る嚴格《げんかく》なものであつた。たとへば子役さんなどもこの作者部屋の板《いた》間に手をつかへて

『お早《はや》う御座《ざ》います』

と叮嚀《ていねい》に一禮《れい》をして行く其中にも今日花柳壽輔《はなやぎじゆすけ》氏として舞《ぶ》踊《よう》界を牛《ぎう》耳つてる、あの大家も尾《をの》上菊《きく》太郎として手をつかへて行かれた。しかも私《たし》の眼《め》には其中でも一番人品な子役さんであつた。しかし其處に

「座頭《ざかしら》」としての唯《たゞ》一人がなかつた。座《ざ》は市川八百藏丈《ぜう》―のちの中車―を座頭《ざかしら》にしてゐたのであるらしいが、周圍《しうゐ》は皆《みな》八百藏が團菊《きく》の間にはさまれて、菊《きく》五郎などには手いたく罵《のゝし》られてゐたツイさき頃《ころ》を識つてゐる人達であるから、さう〱重きを爲さない。羽左衛《ゑ》門丈《ぜう》にしても梅幸丈《ばいこうぜう》にしても、何としても若《わか》かつた。却《かへ》つて部屋には團十郎をして活歷《れき》の大家にした櫻痴《あうち》居士《し》がゐられる。坂彥《ひこ》や、小團治を睨く阪野老《ろう》人がゐる、菊《きく》五郎をして大成せしめた田村成義《よし》さんがひかへてゐる。これはのちの話だが、吉右衛《ゑ》門さんが名題《だい》になつて石切梶原《きりかぢ》をやつた時に、初《しよ》日に引込んで來て部屋の前を通らうとしたら、櫻痴《あうち》先生が呼《よび》とめられて

「刀《かたな》を見るのはあゝではいけない、敎へてあげませう」

と云ふと、吉右衛《ゑ》門さんが

「オイ」

と男衆《しう》を呼《よ》んで

「刀《かたな》をとつておいで」

と命じた。

「人に物を敎はるのだ、自分でとつてゐらつしやい」

居士《じ》のはげしい言葉《ば》に

「ハイ」

と吉右衛《く》門さんは衣裳《いしやう》の儘《まゝ》、何階《かい》かの自分の部屋に刀《かたな》をとつて來て敎はつたと言ふやうな事さへあつた。私《わたし》はまだこんな氣分の殘《のこ》つてゐた部屋で眞つ四角《かく》になつて、作者の初歩《しよほ》をタド〱と敎へられてゐた。當時私《わたし》のおしんしよは二十五日間たつた十圓であつた。しかし其頃《ころ》の十圓は仲《なか》々の大金であつた事は竹葉《よう》のおうなの丼が三十錢位《ぐらゐ》で食られたのだから、三十錢が今は一圓五十錢で恰度《てう》五倍《ばい》であるから、五十圓も貰《もら》つてゐる勘《かん》定にはなる。當時私《わたし》を部屋のかげ口に上方の落語《ご》家ぢやないのかなど弄《へう》してゐたさうである。あまりいゝ男でもなく、時々洒落は云ふ繪《ゑ》をチヨツと描くと云ふので、泉州堺《せんしうさかひ》の素封《そほう》家の息子さんなどとは思はなかつたらしい、と云つて榎本《えの》さんも鷹《たか》二君も上方の人であつたので其邊《へん》大きに都合がよかつた。其頃《ころ》は多く榎本《えの》さんの書卸《おろし》で、例へば「堀《ほり》河夜討《ようち》」の土佐坊《さばう》を八百藏丈《ぜう》がやると云つた風で又一方高麗藏丈《ぜう》は「露營《えい》の夢《ゆめ》」といふオペラ式の至極ハイカラなものを演じたり「三軒《けん》長家」と云つたやうな落語《ご》だねの至極罪《つみ》のない新作喜《き》劇《げき》が出たり、どうすれば、團菊《きく》の穴《あな》をうまく埋《うめ》て行かれるかに一同が腐《ふ》心してゐたので、時には駈《かけ》出しの私《わたし》なども相談《だん》をうけたりしてゐた事ほど左樣に迷《まよ》つてゐたので、のちに芝翫丈《ぜう》が戻《もど》つてカツチリ榎本《えの》君と握《あく》手して

「經ヶ島」「女歌舞伎」「小豆島」「南都炎上《えん》」

と云つた風に西洋《よう》の芝居《しば》からヒントを獲《え》た新作でグン〳〵御見物を引ずつてゐた時を作つたのでかうなるまでの苦心《く》は仲《なか》々大抵《てい》ではなかつたので私《わた》もジーツと東京に踏《ふ》みとゞまつてゐたなら其役割《わり》の一つをも演じられてゐたのであらうが、私《わた》はまだ若《わか》かつた。やうやう梅幸《ばいかう》丈《ざう》に見出られてその部屋へ呼《よ》ばれるやうになつてからは頻《しき》に私《わた》に眞正面から當つて來たのは八百藏丈《ざう》だつた。一二の例を云ふと、私《わた》が二度

目と云つて幕《まく》になつた止《と》め木から二度目の拆、即ち道具《ぐ》がやゝ出來上つたしらせをうつ拍子木、これをはじめて打《う》たせてもらつた時、第一にはカツンと云つた。

（三）

仕舞《しま》つたと思つてもう一度打《う》つと都合よく「チヨン」となつた、しめたと又うつた、又「チヨン」となつた、ところが作者部屋のとなりにゐる八百藏丈《ざう》は顔《かほ》をしたまんま、部屋着の儘《まゝ》飛んで來て

『オイ〳〵今の拆は見習《なら》ひかい』

『ハイ左樣で』

と榎本《えの》さんがかはりの返辭《へんじ》をして下さると

『フヽン二度目とか二丁とかいふのはしつてゐるが、オイ見習二度目は解らないね、幕合《まく》に拆が三度なると役者はどうすりやアいゝのだいおいら永《なが》らく役者をしてゐるが後學の爲詞かしてくれないか』

と蔓事がこれである、先代萩《はぎ》の序幕《じよまく》花水橋《はし》の稽古《けい》を私《わたし》がやつた『本舞臺《ぶたい》一面平舞臺《ひらぶたい》、上手橋《はし》の出しかけ、それに花水橋《はし》とかき向《むか》ふ灯入の遠見《とほ》……』

と讀《よ》みはじめると橋尾《はしを》老人《らう》即ち八百藏丈《ぞう》が

『オイ〳〵、本屋さん、そりや何んだい、先代萩《はぎ》の花水橋《はし》のトガキかい、莫迦《か》〳〵しい、おいらも永《なが》く役者をやつてゐるのだ、花水橋《はし》のトガキなんかア聞かなくつても解かつてゐるよ』

私《わた》はどうしていゝかに迷《まよ》つた。

こんな事が續發するので鷹二君に

『いゝんですか』

と訊くと

『いゝのだ〳〵あゝ云ふのがあの人のくせです』

と一笑《せう》に附せられてしまつた、其の内私《わたし》は尾上《をのへ》菊《きく》三郎君に非常に可愛がられて、梅幸《ばいかう》、菊《きく》五郎一座《ざ》の旅行にはきつと私《わたし》が附いて行くことになつた。ある時小田原でから云ふ面白い話があつた、梅幸《ばいかう》さんの十郎、六代目さんの五郎で記念贈の曾《そ》我が出た、その小田原の小屋は裏《うら》手が松林《まつ》に續いてゐる、私《わたし》が舞臺《ぶたい》で梅幸《ばいかう》さんに附けてゐると

『食満君、あれが聞こえるか』

と梅幸《ばいかう》さんが小聲《こゑ》で云ふのである、さうして私《わたし》は耳をそばだてると成程鐵砲《てつぽう》の音《おと》が聞こえてくる

『幸坊《こうばう》が裏《うら》で小禽《とり》をうつてゐるのだもう出だから呼《よ》んでやりなさい』

とから云はれて、舞臺《ぶたい》にゐてこれだけのとが解るのかと私《わたし》はびつくりした、さうして樂屋から見ると六代目さんは例の五郎の狩《かり》場のこしらへの儘《まゝ》、頻《しき》に小禽《とり》を狙らつてゐるので

『モシ〳〵出です』

と聲《こゑ》をかけると

『さうか』

と云つて芝居《しばゐ》の方へ戻《もど》つて來た。」

のちに私《わたし》は、大一座《ざ》で大阪へ興行《こう》に來たとがあつた、八百藏、梅幸《ばいかう》菊《きく》五郎、吉右衛門《ゑ》、訥升《とつしやう》、今の宗《そう》十郎し、羽左衛門《ゑ》、と云つた顔《かほ》觸れで、岡《をか》本先生の「天目山」が一番目になつたが、これに就《つい》ては面白い話がある

この「天目山」といふ脚《きやく》本は曾て歌舞《かぶ》伎座《ざ》で岡《をか》鬼太郎さんと、杉贋阿彌《あ》さんだつたと思ふこの二人に岡《をか》本先生が書卸《おろ》されて文士劇《げき》の一幕《まく》としてやつたもので私《わたし》がそれを見てゐた、扨《さて》大阪へ來る時菊《きく》五郎、吉右衛門《ゑ》で何かないかと、云つたので思はず私《わたし》が

「天目山は？」

といふと田村さんがよからうと早速《さつそく》一番目に据《す》はつたわけで其時六代目さんが岡《をか》さんに

『型《かた》を敎へくれないか？』

と云つてからかつたのは面白かつた

この興行《こう》非常に成功《こう》して神戸へ廻《まは》つて、それから一座《ざ》は二つに割れた、私《わたし》は羽左衛門《ゑ》、梅幸《ばいかう》、松助《すけ》と云ふ一座《ざ》で

一番目　怪異談牡丹燈籠、中幕　土蜘蛛、二番目與話情浮名横櫛

といふので東海道をうちまはつてゐるうち、スッカリ寒《さむ》くなつてしまつた、しかし狂言《げん》をかへないで、一同カタビラの上から袢天を着て舞臺《ぶたい》の出をまってゐる、チョンと柝がなると袢天をぬいでふるへて舞《ぶ》臺《たい》へ出ると云つたともあつた、私《わたし》はこの芝居《しばゐ》をスッカリ一人で背《せ》負つてやつてゐただけにもう大丈夫《ぢやうぶ》一人歩行きが出來るやうになつた、柝もうてる、稽古《けい》も出來る、もう

「トッちる」「おつとりがたな」「テン〳〵」「おかんむり」「アク」

「ポット」

などいふ楽屋言葉《は》も覺《おぼ》え

『藤《とう》四郎だ〳〵』

とは、もう云はれないやうになつた

（四）

其頃《ころ》はまだあはれであつた、岐阜《ぎふ》で買つた小辨慶《べんけい》の茶《ちゃ》じまのお召《めし》を大阪へ送つて「大佐《さ》」で縫つてもらつて、豐橋《とよはし》か何處かでうけとり小辨《べん》慶《けい》に紺獻《こんけん》上其頃《ころ》の作者のなりになつたのはよかつたが舞臺《ぶたい》へ行くとたん、カスガイで引きかけて哀《あは》れ一張羅《ら》はピリ〳〵〳〵とさけた、私《わたし》は思はず男泣《な》きに泣《な》いた、しかしおじんじよはもう二十五日十圓ではなかつた、菊《きく》三郎君に可愛がられてゐただけに

「二十五圓」

も頂戴《ちやうだい》するやうになつてしまつた、私《わたし》はこの分で進み、榎本《えの》君になり、楓衍居士《し》にならなければならなかつた、榎本《えの》夫《そ》人のおかげで小紋ちりめんの羽織も出來た、ささやかながら木挽町で二階《かい》借もした、もう切幕《きりまく》の一つも書かせて貰《もら》ふやうにもなり

「重寶《ほう》な男だ」

といふ評《ひやう》判も立つた、梅幸《ばいこう》さんが梅《うめ》を描けと云うてくる、羽左衛《ゑ》門さんからは道齋《さい》をこしらへてくれと賴《たの》まれる、六代目さんからは書拔《ぬき》をかきなほしてくれと云はれる、相變らず八百藏さんからは睨《にら》まれながら、音羽《わ》屋一家には可愛がられ、年男で梅幸《ばいこう》さんが成田へゆく時には臨時列《れつ》車で一緒につれて行つて貰《もら》ふ、ある夜《よ》は品川へ六代目さん一行と行つたり、かつては贔屓《ひい》にしてゐたおもちやの駒助《こますけ》君の家で泊めて貰《もら》つたり、若《わか》い連中とは大分共鳴《けつめい》して、時々新らしい芝居をやらうなど云ひあつた、清《きよ》元梅《うめ》吉―先代―からたのまれて新作をやつたり、もう少しで榎本さんの次へ置《お》かれるやうになりかけたのだが正直私《わたし》は故郷《こけう》が戀《こひ》しかつた、同じくは大阪でと云つたやうな心持が擡頭しはじめた、それは若《わか》いからでもあつたらう、其處にお恥《はづか》しいが、さうすべき問題《だい》もわだかまつてゐた。私《わたし》は三津五郎さんの名前がへか名題昇進の時

「吉野山」

の狂言《げう》の稽古《けい》をしてゐた、市村さんが總ざらひまで稽古《けい》に立たない、それは杉《すぎ》本佐《さ》兵衛《え》所謂泣《なき》佐《さ》兵衛《え》の役をやつてゐたのだが、初《はじ》めて稽古《けい》場に立つた時、私《わたし》のもつてゐる臺《だい》本と臺詞があはない

『何と云ふのだね？』

と聞かれるたびに違《ちが》つてゐる、歌舞《かぶ》伎座《ざ》の稽古《けい》場である、滿座の中である、些か市村さんがてれ

「あとであはさう」

と云つたがもう遲《おそ》い

「ナゼさきに市村さんの書拔《ぬき》を貰らつてあはして置《お》かないのだ」

と田村さんに叱られる

「鷹《たか》二お前かはつて稽《けい》古をしなさい」

とこの亞大名大勢の中でかゝる耻辱《ちじよく》をうけたのである、私《わたし》は其儘《まゝ》ひそかに旅裝《りよさう》をとゝのへて、初《しよ》日の拂ひもうけとらずに大阪へ戻《もど》つてしまつた

私《わたし》は大阪へ戻《もど》つた時、大阪は私《わたし》を存《ぞん》外に歡迎《くわんげい》してくれた、もし私《わたし》にしてこの時片岡《かたをか》我當さんと云ふ手が引擱かんでゐてくれなかつたら私《わたし》はスーツと外の道へ行つてしまつたかもしれないが、東京での話をした時

「九州《しう》の方に旅《たび》をするのだから一緒につれて行かう」

とこれもかつて贔《ひい》屓にしてゐた時代があつたので、我當さんはあの義《ぎ》理堅《かた》い心持から報恩《はうおん》の意味で私《わたし》をかゝへこんでしまつた、私《わたし》は夢《ゆめ》のやうに、お聲《こゑ》がゝりだけに存《ぞん》外なおしんしよを頂戴《てうだい》して

「桐《きり》　一　葉」

を眞つ向《かう》にふりかざしての巡《じゆん》業役割《わり》も當時では非常なものであつた、卽ち

片桐且元　片岡我當
石川伊豆　嵐吉三郎
木村重成　中村成太郎―今の魁車
淀君　中村玉七
秀かげらふ賴　片岡太郎―のちの市村龜藏
正榮尼　實川正朝

と云つた風ではあるが其頃《ころ》としては危險《きけん》な巡業《じゆんげふ》であつた

（五）

ところがこれが又非常な評判で片岡《かたをか》さんはこれは食癖さんが來てくれたからだなんて私《わたし》を一座《ざ》のマスコットにまつり上げてくれた、どこへ行くのも片岡《かたをか》さんと一緒に一緖で宿《やど》も土地の一流《りう》、休《やす》みになれば溫泉《をんせん》まはりと云ふので私《わたし》はスッカリのぼせあがつてしまつた、しかもかつて贔屓《ひい》になつた方の名を呼《よ》ぶのは心苦《くる》しいからといふので

「東西南北」

といふ名を作者として名乘《の》らせてくれた、これが今日まで南北である最初《しよ》であつた、勝彥麻呂《かつひこまろ》君や勝《かつ》三二君がはじめの程は一緒だつたが片岡《かたをか》さんがあまりにも私《わたし》をひく爲にとうく二人は大阪へ歸《かへ》つてしまつて私《わたし》一人になつた、處が

「桐《きり》一葉」

をやつてしまつたところへまた戻《もど》つて來ると、いろくと狂《きやう》言が

出た

「大藏卿《けう》」「四千兩《れう》」「妹脊《せ》山」「粹菩提」「伊《い》勢音頭《おんどう》」「矢間重太郎」「三日月」

等で私《わし》はこの三日月の立看板《かんばん》を描いたり、序幕《じよまく》に榎本《えの》さんの「土佐《さ》坊《ばう》一」を覺《おぼ》えてゐて、急《きう》こしらへてそれを描いて、土佐《さ》坊《ばう》は笑藏《ざう》、義《よし》經は何んとかいふ成駒《こま》屋の弟子辨慶《べんけい》を梅次といふのにやらしたら丸坊主《まるばう》にありへいとの鉢卷《はちまき》大長刀をもつて五條《でう》の橋《はし》へ出てくる紅隈をとつたのが出て來て私《わし》は舞臺《ぶたい》で思はずふき出してしまつた、これは東京では松助《すけ》さんで、黒革《くろかは》おどしの鎧《よろひ》にたゝみ烏帽子といふこしらへを思ひ合せて笑《わら》ひがとまらなかつた、この巡業《じゅん》には可なり面白いエピソートがある、二つ三つをあげやう、岡《をか》山で打《う》つてゐた時、何か片岡《かたをか》さんが氣に入らないことがあつてプイと大阪へ歸《かへ》つてしまつた、丁度私《わし》と太郎さんとは片岡《かたをか》さんと同じ宿《やど》にゐた、これに土地の親分の二號邸で、しかもそれが興《こう》行屋であつた、下へも置《お》かぬ歡待《くわんたい》であつたが、無斷《だん》で歸《かへ》つてしまはられ取のこされたのは太郎さんと私《わし》と、さアバラ〳〵と乾分の衆《しう》があつまつて取卷く

「人質とつた」

の格《かく》で、きのふまでのお客樣《きやく》はけふは囚人同樣、おかずは香《かう》の物二きれ、飯《めし》は麥《むぎ》めし、この中で太郎さんは存外落着いてゐたが私《わし》ははがきを入れに行くとコツソリと表へ飛出《とびだ》した、役者でない私《わし》は乾分の衆《しう》にさう〳〵やかましくも云はれなかつた、私《わし》はホツとして大阪へ歸《かへ》つてしまつたら、引ちがひに片岡《かたをか》さんは岡《をか》山へ行つたのでまたコソ〳〵と岡《をか》山へ行つた事もあつた、廣《ひろ》島でスツカリ腹《はら》を立てゝ一行二十有餘名を召具して宮島へ押《おし》渡らうとしたが、連絡《らく》船までがとまつてしまつたといふ大暴《ばう》風、お冠《かん》むりの片岡《かたをか》さんは是非帰るといふ

（六）

三味線《せん》の吉十郎さんといふ人なんかは

『まア〳〵暫《しば》らく、殿このあらしにお渡りあつては御一命危うし』

とおもてをおかして諫めると

『エツ目通りかなはぬ』

といふ始末《しまつ》、一行和船にのつてあの海を渡つた時は全く生命がないと思つた、大鳥居が見えはじめ岩のかげから宮島さんを伏おがんで

『ア助《たす》かつた』

と思つた、一行岩惣《いはそう》で

「命ひろひの大宴會《えん》」土地の藝《げい》者總あげ、囃方《はやし》がゝつたふ、太郎さんが舞《ま》ふといふ騒《さわ》ぎ、宮島中の人が見物に押寄《おしよ》せたこともあつた、今だから私《わし》は何も彼も白状《ぜう》しよう、かうして片岡《かたをか》さんに連れられてあるいてはゐるが、このあとの方の時は芝居《しば》は不入りになつてくる、成太郎さんは歸《かへ》つてしまふ、お仕打《しうち》の坂辰《たつ》さんは金をくれないと云ふので懷中カラツケツになつてしまつた、片岡《かたをか》さんが日奈《な》久の温泉《をんせん》へ家内中をつれて行つた時はもう一文もない、さうすると片岡《かたをか》さんが第一に這《は》入つた旅館《りよくわん》が氣に入らない

『食満はんこれやつとき』

と十圓札《さつ》を渡された、さうして片岡《かたをか》さんは第二の旅館《りよくわん》へ入る、これも氣に入らない、又十圓をポンと私《わし》に渡す、第三、第四と一つも氣に入らない、其たびに私《わし》に十圓を渡す、私《わし》は、茶《ちや》一つのまない旅館《りよくわん》へそんな無駄《だ》な金を置いておく必要がない

『ハイ〳〵』

と云つて皆《みな》ふところへ入れてしまつた、忽《たちま》ちにして

「お冠り成金」

である、これはのちに今の我當さん、其頃《ころ》の千代之助《すけ》さん―まだ舞《ぶ》臺《たい》に出てゐない頃《ころ》―にこのことをすつかり打《うち》あかして

『利息《そく》つけてかへしなはれ』

と洒落れたことがあつた

さうしたいろ〳〵があつて半歳旅《はんとしたび》から旅《たび》にくらして戻《もど》つて來たのは明治四十年であつた

歸《き》來我當さんは十一代目片岡仁《かたをかに》左衞《ゑ》門を襲名《しう》しやうと云ひ出した九代目が我童《どう》さんだつたのだからどうしても十代目になるのだが十代目は縁起《えんぎ》が惡《わる》いと云ふので十一代目になるといふ、何事にも萬事さうした氣性《せう》の片岡《かたをか》さんに文句《く》は云へない、私《わし》は其内丁度片岡《かたをか》さんの黑《くろ》門の家の前で花木伏兎《ふくと》君を手代兼丁稚兼食客として古本屋をはじめることになつた、無論《ろん》どつちが内職《しよく》だかちよつと解らない、文久堂《どう》と名づけたのはあとで思ふと永《えい》續しない年號《がう》であつたことを悔んでもあとのまつりだつた、兎《と》も角《かく》私《わし》は芝居《しば》へ出勤《きん》する、伏兎《ふくと》君は古本の買出しに行く、歳が藤四郎の悲《かな》しさはウンと高い本を買込んでくる、さうして店の目星しいゝ本は或は一斗《と》君に、或は甲《かふ》に、或は乙《おつ》に持つて行かれて代價はくれない、一面私《わたし》は片岡《かたをか》さんに襲名《しう》披露《ひ》の挨拶状《あいさつぜう》はどうも印《いん》刷《さつ》では無禮《れい》だと云ひ出した

『南北さん書いとくなはれ』

『よろしい』

と言下に引受《う》けた、ところが贔負《ひい》先二千軒《けん》と云ふので大杉原の半《はん》分にしたのを山と積まれた時はギョッとした、毎日あづまの御馳走《ちそう》で一口のんでは書く、書いては飲《の》む、又かく、と筆《ふで》と猪《ちよ》口の外は半《はん》月あまり何にもかへり見ずに書きも書いた二千通、八重桐《きり》の文句《く》でないが船に積んだら千石船、車に積んだらエンヤラヤツと書き終《をは》つた時はもう手が動かなかつた、今その一通でも贔負《ひい》先に殘《のこ》つてゐたら面白いと思ふ、さうして片岡《かたをか》さんは「石田局」で襲《しう》名をした、梅玉《ばい》さんの襲《しう》名の時この「石田局」が出てまた私《わたし》が補《ほ》作をしたのも妙《めう》な因縁である

ある時ひそかに黑《くろ》門の宅《たく》を訪《と》ふた若《わか》い人とやゝ老けた人とたしか三人づれだつた、それは若《わか》き左團次君であつた、ついて來たのは日野家の主人と河原崎權《ごん》之助《すけ》君だつたと思ふ、つまり片岡《かたをか》君の俠氣をまつて一旗《はた》擧げようといふ相談《だん》だつたのだ、乃公勿論《もちろん》大阪の長兵衛《えい》で

『ウンのみ込んだ』

（七）

といふので急《きう》に仕《し》度にかゝつた其頃《ころ》の大阪の劇壇《げきだん》は一方に鴈《がん》治郎一方に仁《に》左衞《ゑ》門、さうして一方には右團次ーのちの齋《さい》入ーといふ風に、さうして右團次さんはある時は鴈《がん》治郎さんとある時は片岡《かたをか》さんといふ両刀《りやうとう》をつかつてゐたので、しかも巌笑《かんせう》、多見之助《すけ》、福助《ふくすけ》ーのちの梅玉《ばい》ー梅《ばい》三郎、荒五郎、卯《う》三郎、芝雀《しばじやく》、延《えん》三郎、政次郎、土之助《すけ》、右之助《すけ》市藏、傳《でん》五郎、延《えん》三郎、玉七、などと仲々《なか》賑《にぎ》やかなどであつた、さうして盛んに大朝、大毎等の小説が劇化《げきくわ》され、一面新しい人の作物が上演されるといふ風で、私《わし》なども、座《ざ》附作者として名前こそ出さないが色々と書いてゐた、其後は座《ざ》附の作者の名なんかはかゝない、竹柴華《くわ》七君が盛んに鴈《かん》治郎さんの爲に、いろ〱書卸《おろ》したが、一切《さい》名前は出てゐないこんな場合に竹柴《しば》華《くわ》七君の功績《こうせき》を大いに宣傳《せんでん》しなければならない、即ち「土屋」にしろ「椀久」にしろ「碁盤《ごばん》」にしろ「石川五右衞門《ゑ》」にしろ「荒《あら》木又右衞門《ゑ》」にしろ「實説の伊《い》左衞門《ゑ》」にしろ大抵《てい》のものは同氏の筆《ふで》である、同氏には不朽《きう》の名作がある、これは渡邊《なべ》霞亭《てい》翁《をう》の原作で同氏の脚《きやく》色した

「熊澤蕃山《くまさははんざん》」

それも讀《よ》んだが實にまとまつてゐて、しかも「朝顔《がほ》日記」のどこかを思ひおこさせるやうな其時代の名作と評《ひやう》してよいのであるが、京都で鴈《がん》治郎さんに本よみをしたところが

「むつかしいさかいいやや」

といふのでやめになつた、華《くわ》七さんは殘念《ざんねん》でたまらなかつたのを白井さんが、云ひなだめて、いける口なので、一つのましたが、不平《へい》が

あるのでウンとのんだ、とうとう七條の驛《えき》へ出た時はグデングデンでレールの中へはまり込むといふ有樣、スッカリ白井さんが困《こま》つて一人で介抱《かいはう》して大阪へ運れて戻《もど》つたといふやうな珍談《ちんだん》もある、惜《をし》い人の名が劇壇《げきだん》から葬《はうむ》られやうとしてゐる、もつとも不思議なのは死ぬ時の番附に竹柴《しば》の葬《さう》七と書きあやまられてゐたなどは作者の最期らしくつて妙《めう》な因縁《いんねん》ではないか、イヤ話はわきへそれてしまつたが……

片岡《かたをか》さんは劇壇《げきだん》の孤兒《こじ》市川左團次さんを扶けるべく明治座《ざ》に乘《のり》込んだ、左衞《ゑ》門―も當時當若―をつれて行つたのだが、向《むか》ふは左團次さんをはじめ松蔦、イヤ松蔦にはなつてゐなかつたかもしれぬ、延若《えんじやく》だつたか、之れに小團次さん位《くらゐ》で決《けつ》して大一座《ざ》ではなかつた、たしか片岡《かたをか》さんは大石と世良田七郎と伊《い》左衞《ゑ》門だつたかと思ふ、左團次さんは脇《わき》阪や新田やらをつとめてゐた、これの中幕《まく》の「底倉《そこくら》の湯《ゆ》」といふのはこの間なくなられた山崎《ざき》さんの書かれたもので、

『山のかいよりわきたつ雲《くも》と人の心はかうしたものか』

といふセリフをウヅラにゐた、ある有名な女將さんが、

『何だいあれは都々逸かい』

と大きな聲《こゑ》で評《へう》したのでワーッと來たといふ時代で、私《わたし》はこの幕《まく》の世良田七郎にキッチリ興《こう》行中うしろをつけてゐた、岩《いは》のかげにかくれてゐると、中日の頃《ころ》からいつも左團次さんがニコやかな顔《かほ》をして

『食満さんまだ附けてるのかい』

とよく舞臺《ぶたい》で云はれたことがあつた

この興《けう》行は頗《すこぶ》る非常に好評《へう》を博した、もつとも此鄭文章《しやう》の「夕ぎり」に就《つい》ては片岡《かたをか》さんらしい話がある、市川米藏さんが其頃《ころ》役者をやめた當時だつたので片岡《かたをか》さんが夕ぎりを是非再勸《さいさん》して米藏さんにやつてもらつてくれと云ひ出したのだが米藏さんがどうしても聞容《い》れないのでとうとう左衞《ゑ》門の夕ぎりといふことになつた、ア、さう云へば作者であつた山崎《ざき》さんも、左團次さんも、片岡《かたをか》さんも、左衞《ゑ》門さんも河原崎權《ごん》之助《すけ》さんも一切《さい》なくなられた、イヤ〳〵それのみでない、當時一

緒《しよ》に行つて盛によし原で浮名《うき》を流《なが》した竹柴《しば》晋二さんもこの頃《ころ》なくなられた、たつた一人私《わたし》が殘《のこ》つてゐるといふてもよい位《くら》だ、追《おひ》かけて二のかはりがでた當時に片岡《かたおか》さんは政岡《まさおか》をしやうといふのを私《わたし》がとめた、大文字《じ》屋、鰻谷《うなぎ》等の上方の狂言《げん》でしかも片岡《かたおか》さんの得意《とく》のものが多くあるのによりによつて「政岡《まさおか》」はしなくつてもよいといふのを聞いてスツカリにお冠りを曲げて了《しま》つた片岡《かたおか》さんは當振舞《まひ》の當日品川の何とかいふ割烹《かつぽう》店の大座敷《ざしき》、隣席《りんせき》には市川左團次さんもゐるのに私《わたし》がお盃を一つと云つて片岡《かたおか》さんの前へ坐るとツイとよこを向《む》いてしまつた、元來堺《さかひ》のぼんち風がどこかに殘《のこ》つてゐる私《わたし》、年もまだ若《わか》い、ムツとして引き退りもう行かないと極めた片岡《かたおか》松之助《すけ》が頻《しき》にとめてくれたのだが、いやだツと其儘《まゝ》大阪へ戻《もど》つてしまつた、其頃《ころ》あづま屋といふ引手茶屋《ぢや》があつた、其處の行燈を描く約束《そく》としてはたさなかつた、のちに岡田《おか》太郎さんのところから手紙《かみ》が來て

「あづまやの行燈をかきのこされたことが一大恨事ではないか」

といつた　の消息《たより》のあつたことを覺《おぼ》えてゐる

（八）

爾來《じらい》私《わたし》は、さきの羽左衞門《もん》さんといひ、今又片岡《かたおか》さんと云ひ、もう〳〵二度と劇壇《げきだん》へは立寄《よ》るまいと思ひ定めて、何かやるべきことを考《かんが》へてゐた、其頃《ころ》渡邊霞亭翁とは「達磨《ま》會」といふ名のもとに、金田楽所翁《おう》、吉同君、十三軒《けん》氏、鯉大翁《おう》、大明の加藤老人、大毎の田中老人《じん》さうして片岡《かたおか》さんや、菅さんや、曉月翁《おう》や、愚仙《ぐせん》畫伯《はく》、南水老《すゐ》などと云つた御連中の中の一人として面白い會合がよくあつた、叡運僧《そう》正などもその一人で仲《なか》々通な會であつたが其の縁《えん》によつて時時霞亭翁《かていおう》と一座《ざ》する、さうして第二次會の席《せき》へは林《はやし》長三郎さんがよくあらはれる、翁《おう》は非常に長三郎さんを愛してゐられた、一緒《しよ》に遊んでゐるうちに昔しの話が出た、川上音《おと》次郎君の送別會の日のと、かつての初舞臺《ぶたい》に造酢商の食滿商店として旗《はた》を贈《おく》つたこと、夢々で市がさかえた、實は長三郎さんには私《わたし》が何をする人かわからなかつたのであつた、私も作者だとは大分時がたつてから話したとで、こゝに長三郎氏の動いたのは父の鴈治郎《がん》さんにこの浪人《らう》を世話しようといふとである、其頃《ころ》は鴈《がん》治郎さんのところには之といふ作者の附いてゐなかつた、華《くわ》七さんは立作者として忙《いそが》しい身體である、俳句《はいく》か何かの問題《だい》はおいろさんといふ女のやうな名前の禿頭《とくとう》の作者さんがゐた位《くらゐ》で別に親しく鴈《がん》治郎さんに附いてゐる人がなかつた、丁度いゝと云ふので改めて長三郎さんの紹介《せうかい》によつて、作者としての私《わたし》が引あはされたのは實に明治四十二年八月であつた、さうして最初《しよ》のはなしが面白い、其頃鴈《ころがん》治郎さんはもつぱら洋《よう》行するといふ評判《へう》で

『食滿はん一しよにろんどんへ行かうな』

これが明治四十二年に成駒《こま》屋の鴈《がん》治郎と食満南北との對話だから面白い、しかし其後物さしではかつて

「お嚴《がん》こんな遠《とほ》いとこへ行けんわ」

とやはり鴈《がん》治郎さんは鴈《がん》治郎さんですぐ近い東寶の方に行くことになつた、東京で羽左衛門《ゑ》さんの件で作者をやめ、東京で松島屋さんと「政岡《まさ》」のことで別れ、今又鴈《がん》治郎さんと初《はじ》めて東京へ行くのである

縁《えん》といふものは何處まで附まとふものかしれない、さうして

「盛綱と梅忠《うめちう》」

が鴈《がん》治郎さんの出しものであつた、一座《ざ》は歌《うた》右衛《ゑ》門、八百藏、菊《きく》五郎、吉右衛《ゑ》門、宗《そう》十郎等

これが明治四十三年十月の歌舞《かぶ》伎座《ざ》である

かつて此處で

「貞二さん天金のてんぷらを奢りませう」

と云はれ八百藏さんに目の敵《かたき》のやうにあつかはれた見習《なら》ひは今や迎《むか》へられる中村鴈《がん》治郎の附作者、飛《と》ぶ鳥をおとすほどではないが飛《と》ぶ鳥位《くらゐ》はまさにである、水明館《くわん》から通ひ、田川に居つゞけし七人組のおしやくが

「カバンさん〳〵」

かばんとは下に廣《ひろ》がつてゐるからさう呼《よ》ばれたのである

さうして梅枝や、秀蝶《ひでてう》、と毎夜《よ》のやうに遊んでゐる南北さんはたしかにもう雑用のめしはくはなかつた、イヤ食《く》はうにももう世の中は進んで作者部屋へ雑用のめしなどははこんで來ない、部屋には榎《えの》本さんが立作者でおさまり、[illegible]二君もゐる、瀬《せ》川君も健康だ、さうして池内や外の連中もゐる、阪野老人《ろう》や、桝《ます》井君がなくなつて、小笠《かさ》原君や、田村さんが健在だ、私はこの昔《せき》日の顔《かほ》觸れの中に

『大分に出世したね』

（九）

などの言葉《ば》に迎かへられた、この芝《しば》居は實に古今の大入であつた

こゝにお話がある

梁の間々日位《くらゐ》であつたが築地の田村さんから使が來たので行つた
『食満、俺《おれ》は鴈治郎《がん》のからだ歩《ぶ》をいくら拂つたと思つてゐる』
とあたまから噛《か》みつかれた、それから大阪へ戻《もど》つて來た、そのあくる年はもう大分昔《むかし》と違《ちが》つて、かつてのあやしげな作者の見習ひでない證據《しようこ》には私《わたし》の日記には愚文《ぐ》がかいてある

〃去年《きよ》の黒門《くろ》—片岡家《かたをか》—本年の玉屋町—鴈治郎家《がん》—まさしく正反對の春《はる》を迎《むか》へたわけである、しかも江戸堀《ほり》の親父—小西勝造《とう》といふ—は全く佛《ほとけ》いぢりをする程に劇變《げき》をしてゐる、其上殆《ほとん》ど食満家滅亡《めつぼう》以來紋《もん》服《ぷく》で年賀《が》に行つたとのなかつた私《わたし》がそれさへ立派《ぱ》に整《ととの》うて、さうして三十一の春《はる》をむかへた、變化《くわ》に變化《くわ》を重ねて來た私《わたし》は、又變化《くわ》多き明治四十二年を迎《むか》へたのではあるまいか、變もよし不變もよしサア〳〵何でもよし〃

愚文《ぐ》ではあるがカツキリ其時の心持は物語《がた》つてゐる、今から見ると面白い、又私《わたし》は清元《きよ》の北州の踊《をど》を長三郎氏に習《なら》つた、その時にはかうかいてゐる

〃生れて初《はじ》めて踊《をど》のけいことといふものをやつた、それは北州であつた、霞《かすみ》のころも衣紋坂《えもん》、踊《をど》にも仲《なか》々理窟《くつ》がある、岡目《をか》から觀てゐるやうなものではない、批評《ひひやう》家と作家とは自ら違《ちが》ふが、批評《ひひやう》家にして作家を兼《か》ねるそれは遠慮《えんりよ》が出來やう、作家にして批評《ひひやう》家を兼《か》ねたものは極々遠慮《えんりよ》がなくなるであらう、私《わたし》もこの遠慮《えんりよ》のない人になりたい、しかし三十一からいろ〳〵のものをやつてそれが甚《はなは》して皆《みな》奥義《ぎ》に達するであらうか。イヤハヤ心細い〃

と、成程心細かつた北州は三日にして中止《し》された

私《わたし》は其次大阪の若手《わか》役者が餘りにも常識《しき》を涵養《よう》しない事を歯《は》がゆく思つた。イヤ私《わたし》にもかうした眞面目な一面がある、即ち長三郎さんにすゝめて玉屋町の二階《かい》を借りて「五明學院《いん》」といふものを興した。それは明治四十年の二月で、生徒《と》は長三郎、璃德《とく》、福之助《すけ》、雁童《かんどう》、三津吉、扇昇、荒太郎《あら》、幹尾《みきを》、等でこれは大分つゞいた。大朝の記事にかういふのが出た

○五 明 學 院 の 教 場

鴈治郎《がん》方の二階《かい》借はしてゐる。だん〳〵生徒《と》がふえて來て日水金と毎週三日《しう》は開場する。課《くわ》目は英語《ご》、小笠原《がさ》諸禮《れい》式、院本《いん》講義《こう》、太平《へい》記素讀《そどく》、偉《い》人研究《けんきう》で朝の七時半《はん》にはきつと集まる。俳優《はいゆう》どもがこんなに開校當日早《はや》く集るとは未曾有《みぞ》のことだと云ふ開校當日は朝から喧《やかま》しくてたまらんので家主の鴈治郎《がん》は御迷惑院《めいわくいん》だと云つてゐる。生徒《と》は長三郎、太郎、雁童《どう》、璃德《とく》、喜久太郎《き》、幹尾《みきを》、三津吉、南北、福《ふく》之助《すけ》、荒太郎《あら》その他にもまだあるげな、この寫眞《しや》は——寫眞挿入《しやそう》——大供《ども》が英語《ご》を教はつてゐる處で白墨《はく》と綽名のある長三郎が白墨《はく》の事

を何と云ひますと訊き「チョーク」と云はれて當付けがましうござりますな、と云つてゐるがし、そしてことしはこの生徒《と》で芝居《しば》をすると云ふ事だ。

（十）

五明恩院は男の若《わか》い役者であつただけに物事がキビ〳〵してゐた。さうして外の學科《くわ》は私《わたし》も生徒《と》として同じく机《つくえ》を並《なら》べてゐたのである。女優《ゆうよう》養成所は大いに運《はこ》び、中原指《し》月君がたしかカントクと云つたやうな名で、玉木長之輔《すけ》君が所長だつたが、それに大森《おほもり》痴雪《ちせつ》君が時々來て何か話してくれる。舞踊《ぶよう》は西川派《は》から女の師匠《しせう》が來る。高濱《はま》さんといふのが洋《よう》樂の先生、生徒《と》どもはこの高濱《はま》さんのあたまが若《わか》いのに禿げてゐるといふのでテラ〳〵さんと即ちマンドリンから來た仇《あだ》名をつける、といふ始末《しまつ》。義《ぎ》太夫の稽古《けい》、三味線《せん》をやる、芝居《しば》をやる、この芝《しば》居の方が一切私《さいわたし》が擔《たん》當して、初《はじ》めのうちは大森《もり》氏の書いた「妹山背《せ》山」といふのを始《はじ》めた。冨士《し》野蔦枝《つたえ》、常盤操子、小坂君子、東愛子などが仲《なか》々うまいとやる。今の白井信太郎氏の夫《ふ》人なども當時舞踊《ぶよう》などを一緒《しよ》に習《なら》つてゐられたものだ。何にしても若《わか》い男と違《ちが》つて、若《わか》い女である、聊《いさ》か勝《かつ》手が違《ちが》ふ、役割《わり》を聞いては泣《な》く、中原氏によつては何か訴《うつた》へる、私《わたし》のところへ來ては甘《あま》へる、玉木さんをつかまへては讒訴《ざんそ》する、所謂《ゆゐ》グループが出來て、冨士《し》野、常盤・園田、小坂といふのが、一つのグループ、芳《よし》村、上村それに何とかいふのを加へたのが又一つのグループ、河原、和歌浦《かうら》、と云つた風なのが又手を握《にぎ》つてゐるといふ始末《しまつ》。この幾《いく》組かがイヤ目まぐるしい程《ほど》働きかける。さうして三味線《せん》は住の江が第一人者、唄《うた》は園田一派《は》、芝居《しば》は常盤《は》、冨士《し》野、子役として東、小坂が斷《だん》然上手で、イキで來いといふのが上村といつた風だつた。加地と云ふのがのちに坊《ばう》主になつて落をとつたり、和歌浦《かうら》がかつての花道の師《し》匠《せう》だつた關係で仲《なか》々うまく立まはつたり、女優《ゆうよう》養成所を中心に仲《なか》々其頃《ころ》世間はやかましかつた。この間なくなつた野村治郎三郎さんがまだ時事新報《ほう》にゐた頃《ころ》で、松竹女優《ゆうよう》養成所のいろ〳〵と云つた風の題《だい》下に數日に亘《わた》つて棚卸《たなおろし》をはじめられて私《わたし》なども飛《と》んだ二枚《まい》目にあつかはれたのは或意味に於ての役徳《とく》かもしれない。この女優《ゆう》どもが、兎《と》も角《かく》何か出來るやうになつたので、浪《なに》花座《ざ》で舞《ぶ》臺《たい》にかけてみた。私《わたし》の書いた「手編《あみ》笠《かさ》」といふのを第一に置《お》き、それから妹山背《せ》山、さうして中原君のかいた何とかいふ新派《は》悲《ひ》劇《げき》、切《きり》は「良妻《さい》賢《けん》母」といふこれも大森《もり》君のかいたもの、しかもこれは女優《ゆう》の一人をスッカリ裏《り》面から寫《しや》生したもので何と云つてもこれは第一番の好評《へう》だつた。が外のものは東の子役が評《へう》判がよかつた位でこの興《こう》行《ぎやう》頗る不成功《こう》だつた。京都へも行き、いろ〳〵してみたが、つまりは本當の芝《しば》居へ入れて「ツマ」につかふとか「いろ〳〵の望《のぞ》み」とか「庭《には》」とか云つた特別のものを出すことにしてマア〳〵この連中の生きて行く道は拓《ひら》かれたのである。其頃《ころ》は山崎《ざき》長之輔《すけ》、卽ち山長なる一座《ざ》が擡《たい》頭《とう》しはじめて、私《わたし》も「花あやめ」とか、「蟬《せみ》時雨」とかイヤ何とか彼とかちよつと思ひ出せぬ程かきもし演出もしてゐた。一年も二年もかうした方面に活躍《やく》して一向《こう》に歌《か》舞《ぶ》伎《き》の方へは戻《もど》つて來なかつた。其うちにも私《わたし》はセツセと轉宅《たく》ばかりしてゐた。周防町千年町や、淸水町や、大下茶《ちや》屋や、玉出や、日本橋《はし》筋《すぢ》や、玉屋町や、目まぐるしい程かはつた。さうして千年町では鎌《かま》谷來水一派《は》の素人《しろうと》芝《しば》居を見物に出て留《る》守《す》中ぬすつとに見舞《ま》はれて時は十二月、春着《はるぎ》から何から何までスッカリ失《しつ》敬《けい》しられて裸の春《はる》を迎《むか》へた。大正二年の師《し》走には白井氏のきもいりで六代目鶴《つる》屋南北を襲《しふ》名することになつた。それは又もとの歌《か》舞《ぶ》伎《き》へ戻《もど》る爲の用意でもあり、又何か新らしく發展《てん》しようといふ緣起《えんぎ》に外ならなかつた。

（十二）

かくて大正四年正月の興《こう》行は殆《ほとん》ど私《わたし》一人の手でデッチあげた。卽ち一番目の結城秀康《ゆうきひでやす》は全部私《わたし》の筆《ふで》であり、次の「近八」は兎《と》も角《かく》として、第二の「採桑老《さいさうらう》」は濟《さい》入翁《おう》引退披《ひ》露としてこれも私《わたし》が書き、二番目の「けいせい濃湖水」も實は私《わたし》が補《ほ》作を加へ、切《きり》の「かち〳〵山」も「住吉踊《をどり》」も一切《さい》私《わたし》がやつたので、鴈《がん》治郎、多見之助《すけ》、福《ふく》助、魁《かい》車、我當延若《えんじやく》、梅《ばい》玉、濟《さい》入、右團次、市藏、璃珏、嘉《か》七、福《ふく》之助《すけ》、長三郎と云つた大一座《ざ》の立作者としてこゝに見習以來丁度十年目にこんな春《はる》が音《おと》傳れたわけである。それからはずーつと鴈《がん》治郎一座《ざ》に附いて大抵《てい》の場合一番目や大切《きり》を引うけてゐた。この間私《わたし》は鴈《がん》治郎さんの逸《いつ》話を多く世の中へ送つた。今の鴈《がん》治郎逸《いつ》話の大半《はん》は私《わたし》の報《ほう》道によるもので、しかもそれ迄《まで》に誰《たれ》もが逸《いつ》話と思つてゐなかつた。家常茶《さ》飯《はん》事だと見のがしてしまつてゐたのであらう。一面卯《う》三郎、我當の一座《ざ》の新作や、巣《す》立つた女優《ゆう》の爲の一幕《まく》や、或時は右團次、德《とく》三郎、壽《じゆ》三郎と云つた一座《ざ》の新作や、一も、二も私《わたし》といふ忙《いそが》しさであつた。これは私《わたし》が鴈《がん》治郎さんの處へ來たとたんに松竹合名社の人になつたからで、其以前のT氏や、A氏のところにゐた頃《ころ》に

「エッ脚本《ほん》作つた、これにおかね拂ふのか、食損てうちの人やないかいな」

と云つてつき戻《もど》された事さへあつたもので「新作」に對しても何の報酬《ほうしう》もなかつたものだつた。私《わし》はこの上に於てスッカリ作者のあつかひをかへられた白井氏に感謝《かんしや》しなければならない。さうして相變らず虎《とら》が雨、櫻島《さくらじま》、社頭の杉《すぎ》、烏帽子折《ゑぼしをり》、犯《をか》さぬ罪《つみ》、戀《こひ》の自動車、小糠、公、天保の改革《かく》、雲雀山、堀《ほり》河浪《なみ》の鼓《つゞみ》、軒《のき》しのぶ、男山、今宮心中、かたおもひ等

と仲々《なか》忙《いそが》しかつたが、大正五年の十一月頃《ごろ》に何やら其間に事情もあつて、私《わし》は久しく住馴《なれ》た松竹を出て行つてしまつた。さうして當時は山川氏の經營《えい》してゐる「樂天地」へ走《はし》つた。これには事情とは云つたがそれが大した事情でも何でもなかつたので私《わし》としては實に早計《さう》であつたかもしれない。しかし樂天地へうつつてからの忙《いそが》しさは又非常なもので、一月に必《かならず》脚本《ほん》三冊《さつ》ばかりと云ふのだ。三冊《さつ》と雖《いへど》一冊《さつ》が一狂言《けう》なのだ。

毒艸《ぞく》「かげひなた」「妙《めう》國寺の血汐《ちしほ》」「藤《ふじ》すがた」「照る日くもる日」「黄菊《きぎく》白菊《しらぎく》」「二葉葵《ふたばあふひ》」「露のひぬ間」「うらみ」「緋《ひ》ちりめん」「島の内」「かたき」「春雨日記《はるさめにつき》」、「つなぎ船」「戀《こひ》しぐれ」「色の本町」「櫻田事變《さくらだ》」「糸のもつれ」「うたがひ」「秋雨草紙《あきさめざうし》」

と題《だい》をつけるにも困《こま》つた程澤《たく》山なものを書いた。しかし私《わし》は長く樂天地の人ではなかつた。當時田村君が來てくれての懇談《こんだん》に私《わし》は『もと木にまさる花はない』

やはり松竹へ戻《もど》つて「二枚繪草紙《まいゑざうし》」や「櫻《さくら》のもと」を書いて大正七年を迎《むか》へた。しかも私《わし》は又もとの通りの立場に置《お》かれてこゝは又こゝとしての忙《いそが》しさである。私《わし》はいろ〳〵のものを書いた、其頃《ころ》大毎の紙《し》上に薄田泣菫先生が「茶《ちや》はなし」といふものをかゝれてそれが非常の好評《ひやう》だつた。其年に私《わし》も一枚《まい》加はつた。面白いので轉載《さい》する。

「俳優と脚本家」

世の年に何か獨天下など云つて、俳優《はいゆう》達ほど獨天下なものはたんとあるまい。彼等はてんでに自分がゐないと芝居《しばゐ》が巧く出來あがらないのみか、どうかすると、世界中の女がみんな戀煩《こひわづら》ひにでもかゝりさうに思つてゐる。

そんな輩の寄合《より》ひだけに、芝居《しば》の蓋をあけやうと云ふものにとつて役納《おさ》めほど骨《ほね》の折《を》れるものはない。とりわけ脚本《ほん》が書卸《おろ》しものゝ場合になると、嵌め役どころの見當がつかないだけに、俳優《はいゆう》は物言ひばかり多くて、なか〳〵役を引受《う》けやうと云はない。

松竹合名社に鶴屋《つる》南北といふ作者がゐる。家鴨の雌が貴婦《ふ》人にしては腰《こし》が太過ぎるやうに南北は脚本《ほん》家としては少し肥えすぎてゐるやう

だが、然し夫《それ》を取り出すだけのいゝ物を別にもつてゐる。いゝ物とは役者に役を割《わり》當てゝ、二つ返《へん》事で承《しよう》知させるとの出來る腕《うで》を云ふのだ。

（十二）

書卸《かきおろ》しが出來て、かりに主人役を延若《えんじやく》にふらふと云ふとになると、南北は自慢《まん》の脚《きやく》本を懐《くわい》中に先づ延若へ訪ねる、そして一通りそれを讀み聞かせるが、聽手が物足りなささうな欠伸でもするのをみると、早速《さつそく》の機轉で急《きふ》に、延若《えんじやく》のすきさうな長臺詞を口から出まかせに附けたりして置《お》く、すると聽手は持前の胡瓜《うり》のやうな、長い顔をしやくつて「いゝなア、いゝ役や、文句《く》言はんと、わてのもんとしときまつさ」

とつい其場で引受《う》けてしまふ事になる。

延若《えんじやく》を納《をさ》めた作者は、その足でまた雀右衛門《じやくえもん》を訪ねる、女主人をこゝに納《をさ》めるやうと言ふのだ。脚《きやく》本に聽きとれてゐるこの女形が、腑に落ちなささうに瞬きをして

「一寸待《ま》つとくなはれや……」

と何か注文でもつけさうにすると、南北は椛の葉《は》のやうな大きな掌で押へつけるやうにして、急《きふ》に雀《じやく》右衛門《え》の氣に入りさうな臺詞を出鱈目《でたらめ》にいくつか附け足すので、一旦曇《くも》つた女形の眼《め》はまた明るくなつてくる。

「よろしなア、こないやと私も演り甲斐《がひ》がおまんがな」

と大喜びで役を引受《う》ける。――この場合、さつき延若《えんじやく》が乘氣《のりき》になつて買つて出た主人役が、蛙のやうに踏《ふ》み潰《つぶ》されてゐようが、一向《かう》氣にかけてはならない。作者は醫《い》者のやうなもので、他人を蘇かす前に、先づ自分を活かさなければならない事を南北はよく知つてゐる。役の振當《ふり》もあらかた濟んで扨《さて》いよ〳〵本讀《よみ》にかゝると、延若《えん》も雀《じやく》右衛門《え》も、その他の俳優《はいゆう》も折角《せつかく》自分が樂しみにして待《ま》ち設けた臺詞が

ないので、てんでに變な顔《かほ》をしてゐるが實を云ふと、俳優達《はいゆう》は自分の頭《あたま》が餘りたのみにならない事を知つてゐるので、大抵《てい》の場合その儘《まん》聞き流《なが》してしまふ。（中略）當世脚《きやく》本家の心得《え》石の通り。すべて俳優《はいゆう》と批《ひ》評《へう》家とには内緒《しよ》の事。

といふのである。しかしこれは先生が特に事件を茶話《おちや》式に誇大《こ》にされたのだが、サアこれ以來が大變なので、故人《こ》多見藏の如きは私《わたし》に本を讀《よ》まして置《お》きながら、机《つくゑ》の向《むか》ふから大きな眼《め》鏡で臺《だい》本を見入り

「チョット其處のとこ違《ちが》うてへんか」

と一々口を出すといふ始末《しまつ》。あんまり本を本當に讀《よ》ますことに氣をとられて讀《よ》んでしまうてから

『わいの役何やあつた?!」

なんていふ騒《さわ》ぎもおこつて來たのであつた。

何にしても爾《じ》來は同じ軌《き》道を歩行いてゐた、しかも渡邊《なべ》霞亭翁《ていおう》が一切《さい》かげになり日向にあつて働《はたら》いてくれられる、大森痴雪《もりちせつ》君がセツセツと新作をして鴈《がん》治郎さんの二番目に据《す》ゑる。相かはらず私《わたし》は「丹生島」とか「志貴城《ぎ》」とか「青葉《は》しぐれ」とか一番目を引受《う》けてゐた。時には「晴《はれ》の舞臺《ぶたい》」「誕《たん》生石」「櫻川《さくら》」などと中幕《まく》もかけば大切《ぎり》もいつも私《わたし》に極《き》まつてゐるといふしまつでいよく忙《いそが》しくなつて來た、一面別に藤《ふじ》田草之助《すけ》君や、烏江鐵也《や》君松岡宗三郎《まつおかそう》君など若《わか》い人をあつめて

「戯曲研究會《ぎきよくけんきう》」

を毎日はじめた。本當をいふと私《わたし》にも眞面目な一面はあつたので、五明學院《いん》にせよ、女優養成《ゆうよう》所にしろ、この研究會《けんきう》にしろ、また別に故荒《こあら》川氏に就《つい》て英佛《ふつ》の戯曲《ぎきよく》をならつたり、水野先生のとこで英語《ご》をやつたりしてゐたので決《けつ》して洒落と酒とで糖尿《とうにょう》病になつたのではない。

其頃《ころ》私《わたし》は歌舞伎《かぶき》店といふおもちや店を太左衛《ざゑ》門橋《ばし》の北づめではじめた。この店について新派の巨頭《きよとう》三人の逸《いつ》話がある。

丁度河合さんも、伊《い》井さんも、喜《き》多村さんも三人とも宿《やど》から芝居《しばゐ》へ行くのに私《わたし》の店の前を通らなければならなかつた。喜《き》多村緑郎君は私《わたし》の店へ這入《は》りこんで來た。

『食満さん、この人形こつちへ置《お》きなさい、この額はこつちへ懸けなさい、あの箱《はこ》はあつちへ置《お》きなさい」と一々敎へ、自分でも位置《いち》をなほして行つてしまつた。次に來る伊《い》井蓉峰《ようほう》さんは『ア食満さんこの巻紙《まきがみ》を、この人形と、この箱《はこ》とを部屋へとゞけて下さい」

と云つてツンく行つてしまつた。所《ところ》から通りかゝつた河合武雄《たけを》君は

『いゝお店ですね」

とたつた一言通りすごした。

（十三）

よく三人を識つてゐられる方は、如何にも三人が三人よく性格《せいかく》が出てゐるとは思ひませんか。これはのちの話ではあるが、鴈《がん》治郎さんの寵愛《てうあい》淺《あさ》からざりし喜《き》代次さんのなくなつた時私《わたし》は東京へ行つて歌舞伎《かぶき》

巫《き》に各優《ゆう》を訪《と》うた。其時の各優《ゆう》の同情ぶりを私《わし》はちゃんと日誌《し》に書いてあ　た。これ亦《また》よく各優《ゆう》の性格《せいかく》があらはれてゐる。時は大正八年の一月十二日であつた。

仁《に》左衛《ゑ》門さん(先代)は

『わたいも子供《とも》が一人あるのを先立てたのや。林《はやし》君も力を落してるや。』

市村君は

『早《はや》うかわりをさがしてやりや』

其裏には當時Sと云ふのが病氣をしてゐた事によつて猶《なほ》更にさうした心持になつたのだらう。

中車さんは

『もうかわりが出來てるかね』

段《だん》四郎さんは(先代)

『おかみさんが喜《よろこ》んでゐるだらう』

さうして若《わか》い役者達からは何事をも聞かなかつた、とかいてある。之亦《また》よく各優《ゆう》の性格《せいかく》が出てゐる。

私《わし》をして一頓《とん》挫《ざ》せしめたのは私《わし》の糖尿《とうねう》病である事が發見された時であつた。それは私《わし》の四十三の歳《とし》で所謂《ゆる》「ヤク」といふのだらうか、スツカリ醫《い》者から脅《おど》かされて、私《わし》ももう一切《さい》を帳消《ちやうけ》しする時が來たのだと思つた私《わし》は玉屋町の家を引はらつて、奈《な》良の春《かす》日野の陶弘居へ移《うつ》つた。さうして禁《きん》酒、禁煙《きんえん》の生活を送つた。非常に眞面目になつて時よりきり大阪へ出て來て、一二の芝居《しば》の用事をするにとゞまつて、再《ふたた》び繁《はん》雑な位置《いち》へ立寄《よ》るまいと決《けつ》心した。しかしそれはまだ四十有餘である。私《わし》は禁慾《きんよく》生活のうちにスツカリ身體はもとの通りになつてしまつた。二月堂《ぞう》のお水取や、おん祭や、又活きて行かなければならなくなつた。再《ふたた》び道頓堀《とんぼり》で角《この》伐りを見て計りはゐられない。再《ふたた》び大阪へ出て來て、活躍《やく》した。しかも京都加茂の撮影《さつえい》所へ轉任するとになつて、下鴨《かも》へ居をうつして局面展《てん》開に努《つと》めた。さうして其處では又いろ〳〵と書いた。

「かさね物語《がたり》」も「五大力」も「河内山」も「彦《ひこ》山」も「汁の樱《ざくら》」も

「清盛の頃《ころ》」や何やかや無闇《むやみ》に書いたので忘《わす》れてゐる位《くらゐ》である。しかし其處も亦《また》やめて大阪へ戻《もど》つて來た松竹座《ざ》の「春《はる》のおどり」も此邊《へん》から始《はじ》まつたのであらう。さうして今年は二十四回記念《ねん》といふのだ。この頃《ころ》こそ中心になつてゐないがかつての十何回位《くらゐ》までは殆《ほとん》ど其すべての指導をしてゐたのである。

私《わたし》ほど劇壇《げきだん》とは云へ他方面に手をのばしてゐるものは尠《すく》いのではあるまいか。

歌舞伎《かぶき》は申すに及ばず、所謂連鎖劇、初期《しよき》の映《えい》畫シナリオ、レビュ踊、新らしく興《おこ》つた、映《えい》畫、新派《ぱ》、女優養《いうよう》成、演出、衣裳考《いしやうこう》案、大道具《ぐ》の附、芝居《しば》の講《かう》演、ある時は振《ふり》附もやつたが。内緒《しよ》だが舞臺《ぶたい》へも出た。最近はどうしたのか又頗《すこぶ》る忙《いそが》しくなつてゐる。昭和十年といふ年は私《わたし》にとつては寔に凶《けう》年である。中村鴈《がん》治郎丈《ぢやう》が二月一日に阪大でなくなられた。其他にいろ〳〵と不祥《しやう》事が續發して終《つひ》に十一月三十日私《わたし》は阪大病院《ゐん》に入院しなければならなかつた。さうして十二月の中頃《ころ》は危篤《きとく》を傳《つた》へられたといふよりは外科《くわ》も内科《くわ》も各醫師《いし》が手をはなして

『食満さん、何なりと召《めし》上るものはあげて下さい』

と看護婦《かんごふ》にまで判決《けつ》を與《あた》へられたのである。私《わたし》自身には何とも思つてゐない、私《わたし》ほど常から

『死んでもいゝのだ』

といふ男も尠《すく》いのだが、この時はどういふ加減か、主治醫《い》の小澤《さは》博士《し》が

『食満さんあんたは糖《とう》がある』

といふのを聞いて

『糖《とう》がある、糖《とう》があるといふが今は天王寺でも塔《とう》がない』

と洒《しや》落のめした位《くらゐ》で本當に何とも思つてゐなかつた。若《わか》い醫師《いし》達は來ては

「菊《きく》五郎、吉右衛《ゑ》門優劣論《いうれつろん》」

を闘はすのであつた。小山國手は私《わたし》の爲には再《さい》生の恩《おん》である。何といふ藥《くすり》かしらないが背《せ》中へ腫にはつてくれた。これが非常に痛《いた》かつたが、其爲に穴《あな》があいた。ふき出たものはコノワタのやうであつた。折柄《をりから》來あはしてゐた安井氏が

『おらアもう酒はのまないこのわたはくはない』

と云つた位《くらゐ》で其さまが想像《さうぞう》される。これあつて以來本當にメキ〳〵とよくなつたので、一時は病院《ゐん》へ履いてきた草履《り》が不必要になるかと思つたとはかみさんの話であつた。

居ること五ケ月私《わたし》は阪大を出てなつかしい芦屋の家へ戻《もど》つた（其頃《ころ》は芦屋に居た）爾《じ》來再禁《さいきん》酒の人となつた。さうして私《わたし》は全く「生きかはつた」

心持になつたのである、すべての不眞面目を淸算《せいさん》して

「道德《とく》的生活」

へ這《は》入りたく用意もし、覺悟《かくご》もした。

かくて私《わし》は正直に白狀する。昭和十一年は全く禁《きん》酒の人となつて半《はん》歳《とし》は眞面目につゞいて來たが、いつの程かやはりもとの杢阿彌《あみ》、もつとも杢阿彌《あみ》は作者にはつきものかもしれない。今日では本當にもともと通りになつてしまつてゐる。この禁《きん》酒時代には木谷蓬吟《ほうぎん》氏から

『本當にゑらいですな』

と褒めて下されたが、今は氏にあはす顔《かほ》もない。

その外私《わし》は「最後の將軍《せうぐん》」といふ戲曲《ぎきよく》をものして出版《はん》した、その一部々々は或は

「明治元年」

或は

「慶喜《けいき》」

等 上演してゐる。それから一面JOBKからのいろ〳〵の放送《そう》、高島屋、大丸《まる》、そごう、大鐵《てつ》、松坂屋等々の作畫展覽會《てんらんくわい》、番傘《かさ》其他の川柳《りう》、などを發表してとう〳〵

劇壇《げきだん》生活三十五年

といふことになつてしまつた。ようもかくの如き永《なが》い月日を同じ稼《か》業で送つて來たものだとわれながら感心《かん》するのである。

しかし私《わし》一代としては

「酢《す》屋」「酒屋の丁稚《ち》」「會社の小僧《ぞう》」「銀《ぎん》行員」「古本屋」「書生」「商業會議所員」「畫家の弟子《で》」「宗《しう》教家」「人形家」「ペンキ看板《かんばん》屋」「映《えい》畫屋」「新聞記者」

之等三十五年以前に體驗《けん》して來たのである。

即ち 田中智學大先生」

「村上浪六先生」

「長部文次郎氏」

「古畑 寅造氏」

「近藤 喜祿氏」

「樋 野 氏」

一稻野　年恒氏」
「やまと新聞」
一加茂撮影所」

等々を經めぐつて來たので、家こそ今に定まらずあつちこつちはしてゐるが、恐《おそ》らくもう「劇壇《げきだん》」をはなれて政界へもはいりもすまい。一時は佐《さ》渡親方に引とられて角力になりかけた事もあつたが、今日では年齢がゆるすまいし何か事業をするにも相變らず金がない。六無齋《さい》ではないが私には、家、金、子、親、名譽《よ》、色女、齒《は》、黒《くろ》い毛《け》、さうした何にもはないのである。もうどうもがいても、還暦《かんれき》、即六十有一歳《さい》。もういくつ生きられるものか、とう／＼何事にも大成せず、何事にも中途《と》半端《はんは》で、洒《しや》落のめして來た一代、果してこんなものを書いてゐるのからが氣恥かしいのである。たゞわづかに心をなぐさめるに足るものは實力以上名を呼《よ》ばれることである。これはたま／＼、鴈《がん》治郎丈、仁《に》左衛《え》門丈、松竹會社、智《ち》學居士《し》、浪《なみ》六先生、田村成義《よし》氏、大國、其他大朝、大毎、日々、夕刊《かん》大阪、朝報《ほう》、新日報《ほう》、關中、關西、時事、大正其他の諸新聞、番傘、其他の川柳《りう》雜誌《し》等々の絶大なる御後援《えん》によるもので、深《ふか》く感謝《かんしや》して居る次第である

餘暇善用＝趣味による心の鍛錬

松坂倶樂部　新會員募集

長唄、常磐津、清元、小唄、鳴物、箏曲、尺八、謠曲、能樂、ピアノ、聲樂、ギター、書道、日本畫、洋畫、茶道、華道、料理、洋裁、手藝、俳句、川柳、氣學、碁將棋、婦人圍碁　等

手ほどきから奥義までを氣輕く、樂しく東西一流の名家師匠の指導によつて、御上達出來ます。

御申込は
七階松坂倶樂部へ
電話戎三〇三番

松坂屋
大阪　日本橋

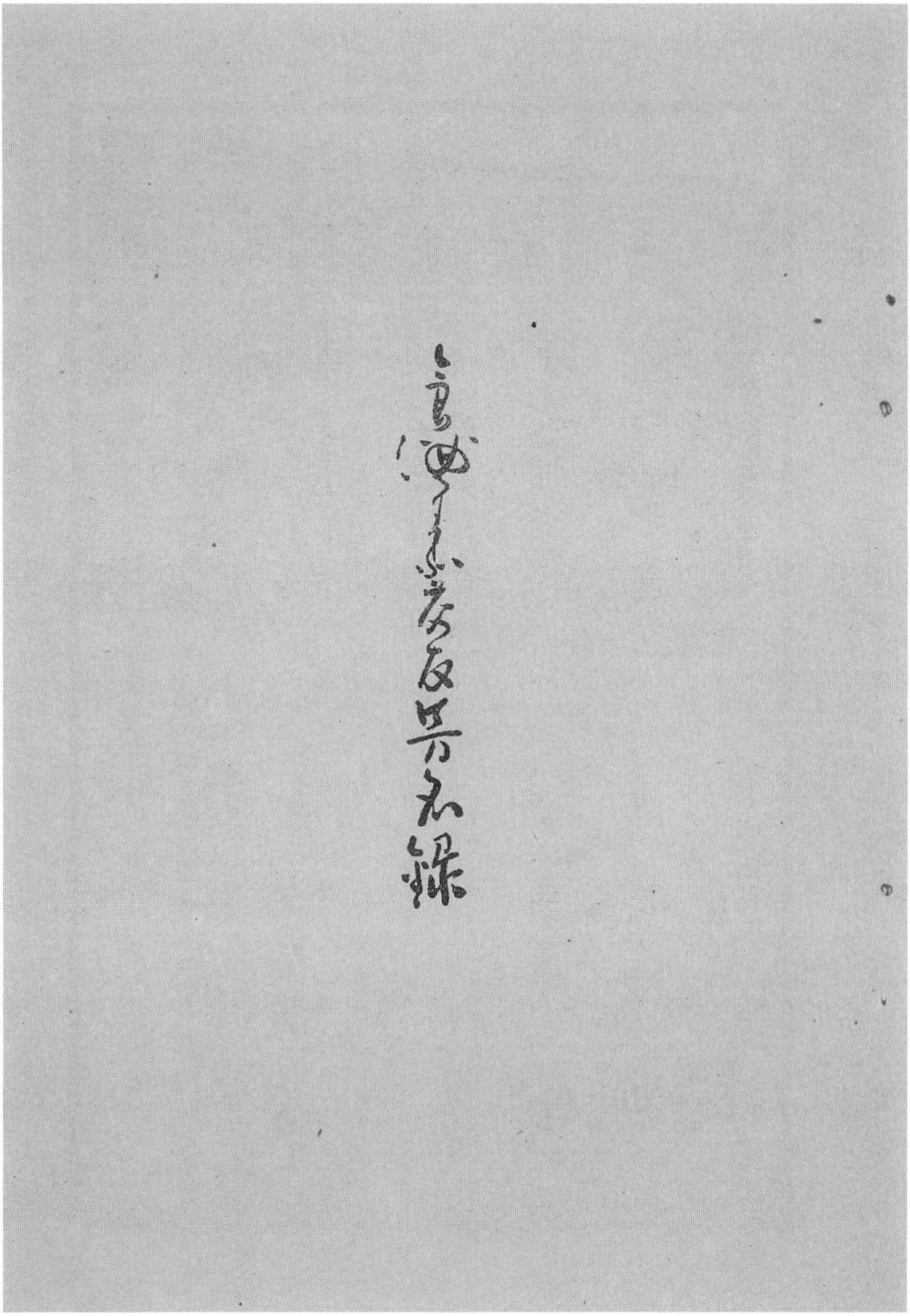

（中扉）「食満南北交友芳名録」

芳名

（イロハ順）

○印……發起人
◎印……實行委員

（略敬稱）

市村羽左衛門
市川高麗藏
市村太郎
市川紅梅
市川猿之助
市川段四郎
市川松蔦
市村家橘
市川三升
市川八百藏
市川男女藏
伊井友三郎
伊志井寛

井上正夫
市川壽美藏
市川莚升
市川九藏
市川染五郎
市川新之助
市川團右衛門
市川左升
市川荒次郎
岩井香園
池田大伍
井上伊三郎
巖谷三一

池澤丈雄
伊原青々園
井上一次
伊藤淺次郎
猪飼九兵衛
○市川箱登羅
市川莚女
○市川市藏
○市川段猿
○市川小太夫
○市川荒太郎
市川福之助
市川右太衛門

石河薫
○市川謹也
泉虎
○市川右之助
石田氏敏
○井上重正
◎井上金之助
○井口榮藏
池澤樂居
今中靖祐
稻田貞治
今中楓溪
○飯田勝次郎
池内福平
○今藤長三郎

今井平次郎
今枝四郎
今井佐和
○一福
一力
伊藤幸憲
市川番茶子
入江來布
○井上周
○井葉野篤三
○石川靜三郎
石井默平
幾村種三郎
石井平雄
岩崎蟬古

生駒新太郎
生田花朝
岩本信一郎
○岩本一成
○井上吉次郎
○今井主
◎市川力
今村亮助
犬塚稔
○市川九團次
○生島鳥語
○今村良之祐
伊藤銀太郎
伊東仙吉
石川欣一

板橋誠一
石野熊一郎
石倉一義
石井憲一郎
今大路孝太郎
井上久太郎
石川憲一郎
石井常彦
○今中富之助
稲垣林之助
今西寛次
今井房之祐
泉谷宗愛
池田久太郎
泉富三郎

岩井藍水
坂東三津之丞
花柳章太郎
長谷川伸
長谷川一夫
英太郎
波多海藏
花柳壽輔
花柳輔藏
長谷外餘男
○林長三郎
○林敏夫
○阪東壽三郎
◎馬場蹄二
林梅太郎

○馬場由三
○林清太郎
橋本綠雨
半田幸次
原宮男
濱名治男
○花岡百樹
○林原信太郎
長谷川貞信
○長谷川小信
長谷川信廣
橋本政一
花光健三
○林春隆
花柳芳次郎

○林芳男
林家染丸
花菱アチャコ
○花木鶴太郎
○濱田康
濱田平吉
濱田正夫
○林露子
林せん
花井蘭子
坂東好太郎
長谷川新水
○阪東壽之助
阪東豊次
阪藤芳隆

長谷川幸延
西島○丸
○西村幸之助
錦潟
西田艸樂
○西田當百
丹羽紫朝
西田天香
新見信
西海重一
◎西村允男
二鶴
○西田淺吉
二村吉次
堀小壽多滿

坊野壽山
北條秀司
○堀田勝之
本田溪花坊
堀嘉藏
堀口塊人
堀口武仁
◎星野欽治
星田一山
星見昊
堀治一郎
保坂智宙
平和樓
常磐津松尾太夫
東郷青兒

鳥居清忠
○常磐津文字太夫
○常磐津文賀太夫
○常磐津綱太夫
○常磐津文字伊都
○常磐津文左衛門
常磐津仲助
常磐津文字八
常磐津理喜藏
○豊澤廣助
豊竹古靭太夫
◎鳥江銕也
○東島孝一
友淵楠麿
○友淵又次郎

鳥井信次郎
○當津喜市
◎豊福寛
戸田享
堂本寒星
○土肥すみ子
○外島大
豊竹呂太夫
豊竹駒太夫
東條久壽馬
富田碎花
○富田泰彦
富田家
豊田美代治
常磐操子

千とせ
千葉耕堂
○千葉吉造
○千葉皓三
近松文三郎
尼崎近松
額田六福
布部幸男
尾上菊五郎
尾上菊次郎
尾上多賀之亟
大谷友右衛門
尾上梅朝
尾上菊之助
尾上松緑

大谷廣太郎
大谷竹次郎
小瀬竹松
○大村新蟬
長田幹彥
岡鬼太郎
小川茂
小倉圓平
◎荻原唯一
○大森寅之進
◎小川百雷
○お福茶屋
○太田久佐太郎
○奥山彌三次
大河内伊佐雄

○岡田起美子
音羽よし
○音羽茂
○小川辨次郎
小川舟人
○小田夢路
○小澤直次郎
小澤修造
小澤凱夫
○大里義一
○小野田捨造
○大西利夫
○音羽菊藏
大西茂彦
大島芳藏

○岡島眞藏
○岡本大更
岡島傳明
◎大塚克三
大塚春嶺
○大森正男
長部愼三
○長部文治郎
◎大川市太郎
大橋照夫
○大西屋
○近江砂人
○大石文久
○大野耕夢
岡清三郎

大森あや子
岡村文化堂
○岡野宗三
○岡村槐軒
長良平
大道弘雄
尾田芳松
小倉米吉
○奥田治伸
小川豊吉
大江素天
大久保恒次
○大畑楢彦
大前孝一
大畑正吉

岡島義郎
大下雄三
黄鶴樓
岡島眞五郎
岡田汎司
沖野義郎
大島花王
大矢市次郎
若柳吉藏
◎若柳吉兵衛
鷲尾吾一
和田義一
若柳吉登代
○若林秀光
渡邊均

鷲谷武
○渡邊亮
和田榮三郎
和田末吉
和田岩藏
○若柳吉喜司
○渡邊虹衣
和田豊種
和川大三郎
和田政吉
○片岡我當
片岡仁左衛門
片岡芦燕
片岡義直
○川上三太郎

○川村花菱
河竹繁俊
河柳雨吉
勝彦輔
鏑木清方
堅田喜惣次
川口松太郎
川田芳子
河合武雄
河原崎長十郎
片岡大助
○河原崎権十郎
河原崎薫
川尻清潭
○蒲生重右衛門

◎加藤省吾
梶原渓々
片山和一郎
○片山忠次郎
川勝堅一
○川本賢市
川上日車
○川口四郎吉
川西文夫
川喜田久太夫
河野順三
加賀佳汀
加賀破竹
河原次郎
河合卯之助

河田榮
河野榮
河崎兵二郎
河盛勘次郎
河部篤彌
○花月亭九里丸
春日野照夫
○川崎茂一郎
○桂川史
○桂三木助
桂春團治
○川浪静平
○加藤裕一郎
○川出美根子
金泉萬樂

◎勝小政
神田静三
金田新平
河原昇
狩谷太郎
桂米團治
花外樓
加藤平三郎
○片岡我久之助
○片岡秀郎
川崎亨
鎌谷慶二
加藤精一
粥川仲二
○柏貞子

加古川
かき伊
河内信郷
春日とよ玉
吉田熊太郎
吉田屋
○吉本寛汀
吉田恒太郎
吉田猪太郎
吉田永光
吉野喜代二
吉川英治
吉村與之助
吉野榮次郎
吉田江遠齋

◎芳本倉太郎
與市
與太呂
吉田奈良丸
吉田大和之亟
吉田榮三
吉田文五郎
吉田仙太郎
○吉井勇
吉野正延
吉田玉藏
吉崎幾藏
吉崎龜之助
横川喜彦
横尾重之

横山エンタツ
田中好一
高安月郊
高島玉兎朗
高須清二
高須芳次郎
玉木長之輔
宅徳平
竹田花川洞
武村新
田中良
高木契闇
立花家花橘
伊達俊光
太平泰治

高志淨観
◎高橋元太郎
高木幸太郎
武部能文
武貞あい
武安久吉
武田孟
武岡充忠
武内幸三郎
田村友之助
◎田中慶助
丹青堂
田中稔
丹波泰二
○田中主水

○田中麥魚
竹川フミ
竹中桂二
竹本津太夫
竹本織太夫
竹本サト
竹村秋峰
○高安六郎
高尾亮雄
○高原慶三
○辰巳市藏
田原七緑
○高谷伸
高松忍
高田家

○高橋勝平
○高山辰三
瀧野多三郎
谷口重信
谷口直大
○玉置清
○園野信太郎
○多田莎平
○多田福太郎
○多田京平
大万
大佐
瀧久雄
田村庄
○田中市太郎

田中綾子
谷口忠三
田中吉太郎
竹澤團六
竹本相生太夫
竹本伊達太夫
竹本大隅太夫
竹本錣太夫
竹本土佐太夫
竹本文字太夫
竹本文太夫
竹内栖鳳
田中三郎
高井安太郎
立花樓

田邊鐵次
田中茂
田附與一郎
谷本富
種池允男
武田笑門
竹田津吾一
田川健吾
田中繁男
○田中治一郎
田村金
高田三郎
田中美三
竹柴良三
竹柴蟹助

竹柴洋吉
竹柴鯛二
竹柴操二
竹柴草一
竹柴梅松
竹柴楳治
竹柴榮治
竹柴朝二
竹柴定吉
竹柴作造
竹柴山造
竹柴銀二
竹柴新葉
竹柴新作
竹柴昇作

竹柴薪助
竹柴秀吉
竹柴彦三
曾我廼家五郎
曾我廼家大磯
曾我廼家十吾
坪内士行
○坪井正直
堤友次郎
○筑波うた
塚本柳吉
つち屋
筒井政利
津喜日
鶴見宗利

辻徳光
堤貞一
○辻秀男
○辻川修輔
鶴澤友次郎
鶴澤綱造
塚越正光
鶴澤道八
○辻本豊三郎
辻寅夫
辻俊泰
つる市
堤雨少
鶴賀朝太夫
筑波實

浪川良三
中の坊
○中井浩水
○中村霞仙
南部コト
中野清一
名川春山
中島熊七
名取春仙
中村歌右衛門
中村福助
中村兒太郎
中村翫右衛門
中村芝鶴
中村七三郎

中村吉右衛門
中村時藏
中村又五郎
○中村梅玉
○中村魁車
○中村扇雀
◎中村雁之助
○中村松若
○中村芳子
○中村福助
○中村駒之助
○中村成太郎
○中村扇五郎
○中村成五郎
中村成年

名越國三郎
中山悦次
永先芽十
中島重一
中島しか
中島芳雄
中田光三
中村貫徹
○長崎柳秀
長岡喜十郎
○中村新三郎
中井祖門
○長島富三郎
永田雅一
○南木芳太郎

中村儀右衛門
○中村福太郎
○中井泰孝
○鍋井克之
○中堀嘉道
○中濱佐吉
○永原政一
中原野呂
中澤義郎
○長尾寬
中井良之輔
○中谷兼三郎
永井瓢齋
成瀨無極
長瀧智大

○中村要
中西一花
中島玉吉
武藤たき
○村田嘉久子
村田周魚
○村上浪六
室谷鐵腸
村島歸之
○村井慶四郎
村田吉邦
村田芳生
○村上勝
村田正雄
村瀨微笑

村上甚三郎
魚澄惣五郎
魚岩
上野信太郎
生方敏郎
内田守
上岡活道
○上田長太郎
○上田美世子
○梅田三次郎
○梅谷紫翠
占部福次
兎太静太郎
楳茂都陸平
宇野菊三郎

○上山勘太郎
○宇崎純一
宇治田實
○哥澤芝爲代
内田守
哥麿
鵜飼蟻朗
○上島歳未
野田嶺吉
野間口兼雄
野澤吉彌
○野口信一
野上久萬吉
野淵和
○野村外吉

○野口徳次郎
野澤吉兵衛
野村雨僊
野田宗二
乃生久八
○野田廣二
楠田秀之助
○楠瀬日年
久米正雄
◎栗原松三
栗岡篤
國崎時次郎
久保井翠桐
久保井敬子
○黒住久

黒阪雅之
倉田安太郎
○久保田秀吉
○黒木鵜足
栗原周
熊倉知充
矢部連兆
八幡まさ子
柳永二郎
山下安記
山川秀峰
○山本辰之助
安井八翠坊
矢追房太郎
◎山口艸平

○山本聖陽
山田芳松
○山上貞一
山口善楊
安井寛
山路貞三
○山下城兒
山田芳三郎
○矢野橋村
山村若子
山村きく
安木和三郎
山本啓二
○山口廣一
山川智應

山本三省
柳三門
山本喜五郎
八百榮
矢内ちか
山本彦治郎
柳原吉兵衛
山中正
八木善一
柳三郎
楊井二南
眞柄祐三
松内則三
松浦直治
前田重信

◎正木幸子
松谷万藏
○前田雀郎
○前田山英五郎
松島誠二郎
松本幸四郎
○正岡蓉
益田太郎
松田正風
松居桃多樓
○増田重太郎
松尾邦藏
的場多三郎
牧野常七
丸尾長顯

升屋治三郎
槇村平三郎
桝本緑之助
松本憲逸
松本波郎
松本更太郎
松本錦吾
松本京之助
松岡一男
○松阪青溪
松山信吉
松山與兵衛
◎松野貞夫
前川康太郎
前川佐市郎

前谷芳雄
前田榮三
前田五健
松田光眞
○松田種次
松崎正二郎
松半
增井光三
○增井不二也
松島勝一
松永和風
○食滿藤吉
食滿勁造
食滿天順
食滿幹雄

藤原萬治
福田屋
藤井乙男
深野吾水
富美家
藤井不動
富士松春太夫
福田山雨樓
富士野鞍馬
古谷伴內
藤田小五郎
不二木阿古
藤井甚兵衛
藤井甚太郎
藤井榮太郎

藤井穀三
藤森敏信
藤岡良之助
○藤岡繁
藤井好浪
◎福井保三郎
◎福良虎雄
○福井福三郎
藤井清治
藤田信之祐
○藤田草之助
船木嘉一郎
船木三郎
藤原成憲
◎藤里好古

○藤原静子
布田源之助
藤平
○古北繁一
藤原三郎
福島清一郎
富士野多ゐ祢
福井賢次郎
小村雪岱
幸田露伴
木の實
小寺一夫
小山英治
○小泉國次郎
小林義矢滿

五井金水
小西芳太郎
小西治三郎
小西勝雄
鴻池幸武
合田正繁
郷田悳
後藤芳子
小林一三
小島達藏
小谷方明
幸月
小山嘉一
公立社主人
小町糸子

近藤きみえ
小泉遊子
小寺鳩甫
榎並喜義
江川幸一
榮太樓
江崎利一
江馬務
○江島荘次郎
遠藤爲春
寺井彌三郎
出口文郎
寺田徳太郎
出原眼鏡店
天滿ヨシ

寺井種臣
寺田よね
秋武婦美子
穐村吐陽
淺野虎勝
安藤利一
渥美清太郎
合原滋
荒井重雄
○安部豊
青山圭男
天野忠義
芦田止水
有本昌平
淺尾奥山

○嵐吉三郎
嵐玨藏
朝芝康治
東甚五郎
青木玄之助
荒金芦高
赤松雲嶺
○相宅英太郎
嵐璃徳
○麻生路郎
麻生葭乃
○東愛子
○青木月斗
○有田二郎
明道俊彦

有光岩次郎
淺野八重
新玉勝吉
秋田實
澤村宗十郎
澤村田之助
澤村訥子
澤村訥升
○佐藤駒次郎
小織桂一郎
○阪口祐三郎
阪上覺三
酒井義一
阪口尚三郎
佐野甚七

◎篠山克巳
佐々木一萬
佐々木秀貫
佐々木達
三遊亭圓馬
阪本增三郎
○阪本陽
阪田五郎
齋藤治
○齋藤清二郎
○澤田四郎作
○阪本勝
○鷺池平九郎
○笹倉佐太郎
佐藤勘三郎

澤田喜代子
澤潟豊一
菊池寬
杵屋六左衛門
木村錦花
清元延壽太夫
清元梅吉
清元梅壽太夫
喜多村綠郎
氣賀君子
城戸四郎
木村富子
杵屋佐吉
北原藤太郎
○京橋增市

岸田潮吉
北村秀圓
君塚金太郎
◎杵屋正一郎
杵屋正七郎
金なり
○北村春歩
○木谷蓬吟
木谷千種
木村勝
菊池幽芳
清元相生
清元彌生
◎岸本水府
木村助次郎

木村雄三郎
○旭堂南陵
杵屋勝伊勢
木村芳忠
岸田平右衛門
○北野恒富
喜來長八
○木下元
衣笠貞之助
木村龍之助
岸本吟一
杵屋靜
金とんぼ
鬼頭梅礩
杵屋勝五郎

岸本兼太郎
喜よし
北村秀圓
木村龍之助
○吉良貞一
金龍閣
杵屋勝壽郎
湯淺千代三郎
行友李風
三谷芳太郎
三浦太郎丸
水谷八重子
宮尾しげを
溝口健二
◎水谷奈良次郎

南江次郎
○三浦二郎
三好米吉
○宮武辰夫
宮本辰男
三木敏夫
美々卯
宮崎瀧造
三宅吉之助
宮原昭
三井康秀
三田村豊
三井輝彦
宮城啞亭
三谷誠亮

○新谷誠太郎
時雨茶屋
下村清次郎
新明石
清水三重三
◎白根嵓
○白井松次郎
○白井信太郎
鹿野蒲人
○志方蝶二
清水寛一
清水英治
清水賞太郎
清水菊輔
○實川延若

○實川延二郎
實川鴈若
實川美鴈
◎塩路吉丁
島恒吉
島田勝吉
島田篤朗
○清水信一
笑福亭松鶴
清水三郎
○白川朋吉
新市
○島岡芳雄
○庄野元章
庄健一

平山晋吉
俵藤丈夫
平山蘆江
平井政吉
○平山理助
○日比繁次郎
久吉菊太郎
廣田八千堂
○廣岡泰三
◎東田清三郎
樋口富麻呂
○久松一聲
平尾善保
平野徳次郎
平松静子

平川賀也
菱田卯之吉
廣重
平野富子
日高一松
平山晋吉
○平泉平右衛門
本山荻舟
○持田賢士
森田茂樹
森律子
森赫子
森田庄三郎
○桃谷順一
桃谷幹一

森本英三
森立二
○森ほのほ
森亶次郎
森雞牛子
森林鹿次郎
○望月太明藏
○持田卓二
森源次
森川實
森田寅次郎
森久兵衛
森田信義
望月太津吉
森川喜助

森　龍太郎
望月太喜之助
○瀬川春郎
瀬川春江
◎杉岡宗三郎
鈴木忠造
阪急ビル　スエヒロ
本町　スエヒロ
北陽　スエヒロ
須々木庄平
○椙元紋太
住吉力松
◎住田亂耽
○菅　楯彦

杉本梁江堂
鋤柄禎吉
鈴木直樹
○鈴木十郎
鈴木トク
○鈴木昇
○須磨對水
杉岡惣吉
○杉本鶴一
杉田彦次
住田冬和
鷲見英太郎
住吉菖蒲園　すゝめ
○阪東鶴之助
○阪東鶴藏

◎西田裕臣
明　初
里の家
○實川八百藏
森下禎三

（昭和十五年三月現在）

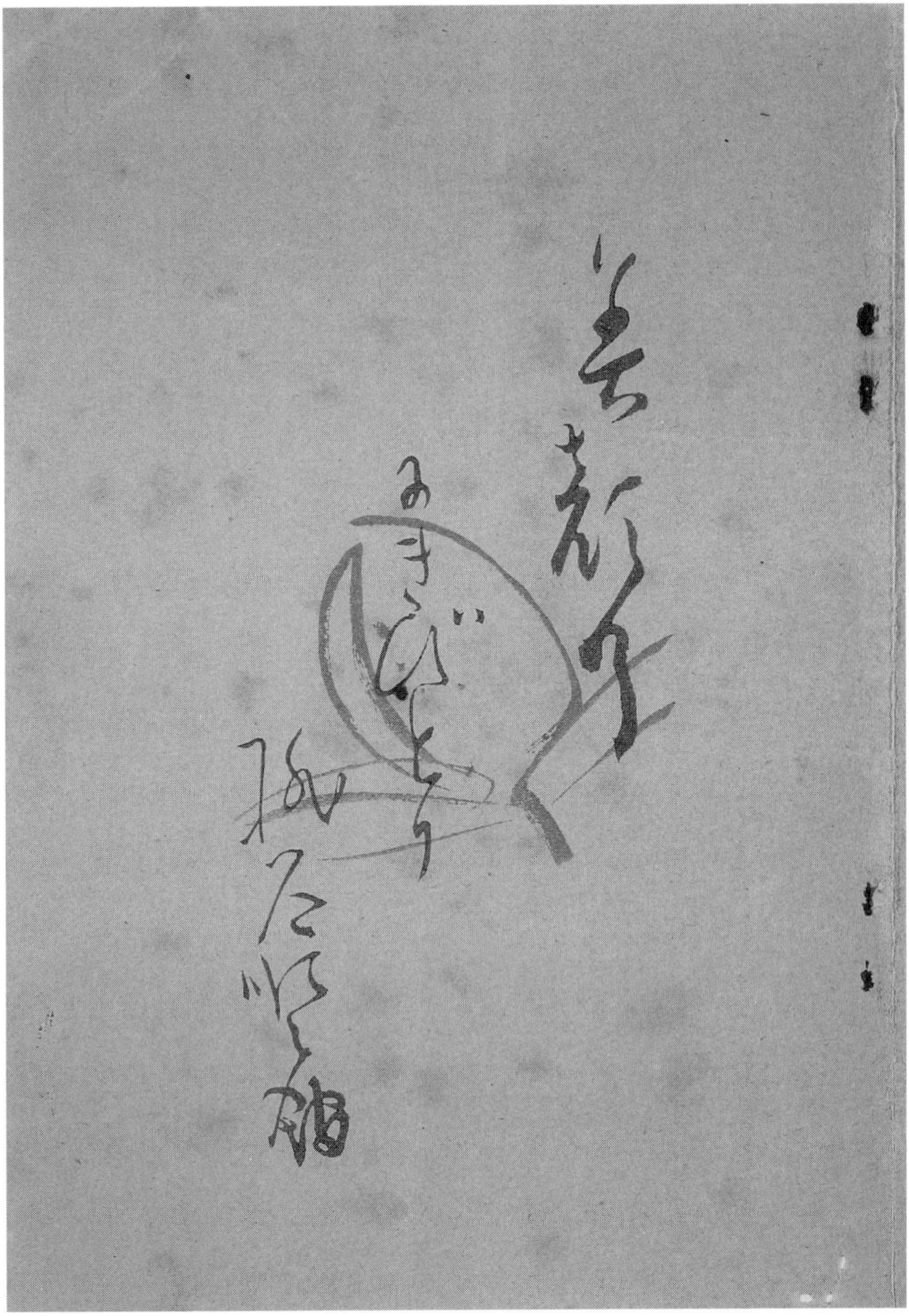

（裏見返）「美顔ににきびとり　桃谷順天館」

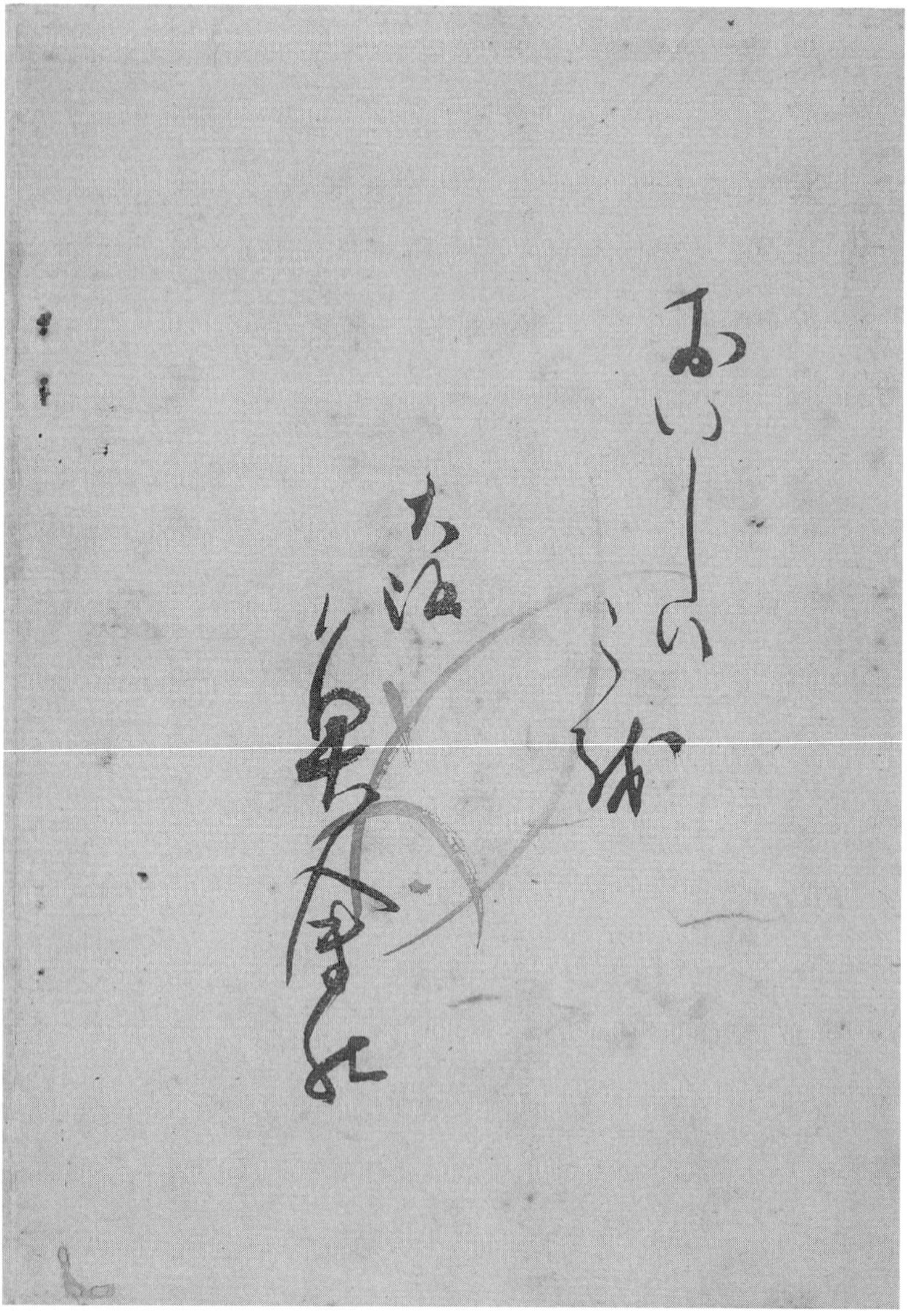

「おいしいうを　大阪魚会社」（裏表紙）

食満南北氏

劇壇三十五年 並に 還暦記念會

▽日時　昭和十五年三月廿九日（金曜日）午後四時半

▽會場　大阪市西區新町　新町演舞場

記念會次第

一、開會　司會　岸本水府

一、宮城遙拝

一、默禱（皇軍將士並に護國の英靈に對し感謝默禱）

一、發起人總代挨拶　福良虎雄

一、委員長挨拶　白井信太郎

一、俳優代表祝辭　實川延若

（一枚物四つ折）

一、俳優代表祝辭　　實川延若
一、記念品贈呈
一、食滿南北氏謝辭
一、祝電披露

祝言次第

一、祝　言
市川箱登羅　市川段猿
市川右之助　市川九團次
市川荒太郎　市川謹也
阪東鶴藏　阪東壽之助
片岡我久之助　片岡秀郎
中村霞仙　中村要
中村福太郎　實川八百藏

二、小　唄　めぐる日　屋臺ばやし
唄　中村成太郎
三味線　阪東鶴之助

三、小　唄　おまへ前髪　又のごげん
唄　片岡我當
三味線　柏貞子

四、小　唄　夜櫻　山王祭
唄　阪東壽三郎
三味線　片岡我當

五、小唄振り　青柳　どうぞ叶へて
唄
三味線
阪東鶴之助
中村松若
柏貞子

五、小唄振り　青柳　阪東鶴之助
どうぞ叶へて　唄 中村松若
三味線 柏貞子

六、舞踊 壽式三番叟　大阪松竹少女歌劇
翁 芦原千津子
三番叟 秋月恵美子
三番叟 静波秀子
文樂座太夫三味線連中

休憩（二十分）

七、舞踊「沙窓」
潮崎阿野子　前田久美子
小林順子　廣瀬タマキ
坪内節子　佐藤美子
潮崎千代子

八、舞踊「あだな姿」

九、小唄振り　天神祭　中村鳫之助
柏社中

十、小唄振り　花のくもり　實川延二郎
柏社中

十一、小唄　うから〳〵惚れて通へば
唄 嵐吉三郎
三味線 柏貞子
全 柏貞七五三

十二、舞踊 神樂面　上げ汐　市川小太夫

舞踊　八重垣姫　本検操
人形遣ひ　山村きく

十三、舞踊 本朝廿四孝「狐火の段」

四世鶴屋南北作『四谷怪談』に因みて
十四、小唄振り「戸板返し」

四世鶴屋南北作
十五、深山櫻及兼樹振（保名）

八重垣姫 本検 操
人形遣ひ 山村 きく
三味線 大和屋 末次
同（立） 本検 常次
浄瑠璃 大和屋 末次
箏 大和屋 みすえ

中村扇雀
柏貞子
柏貞世
柏貞房

舞伎踊 六代目 南北
清元 中丸のぶ
仝 静喜代
仝 豆代
三味線 梅吾
仝 玉廣
鳴物 望月太明藏社中

以上

【難読箇所一覧】

本文(1)～(23)で、原本の印刷不良のため読みづらい箇所は、**頁数**・段・行数の次に判読語句を示した。その際、仮名遣いは原文のまま（但し、合字は使用しない）、漢字は通行字体とした。判読不可能には□をあて、もしくは□の横に（ ）で注記した。

305・上・11 酒造家を廃業 306・上・9 立籠り 306・上・10 高麗蔵 306・上・14 存続 306・上・19 榎本 306・下・7 こと 307・上・11 あげませう 308・上・1 風に 308・上・2 時代 309・上・4 記念贈 310・上・18 重宝 312・下・6 渡る 313・上・5 土地 313・下・14 永続 313・下・19 刷 314・下・10 実説 314・下・11 渡辺霞亭 315・上・2 はまり 315・上・5 あやまられ 316・上・6 振舞の 316・上・13 岡鬼太郎さんのところから 316・上・15 いつた□の 316・下・9 私 316・下・14 お名前 317・上・1 食満南北 317・上・15 飛ぶ蠅 317・上・19 とは 317・下・4 立作者でおさまり 317・下・7 出世 318・上・3 戻つて来た 318・下・8 長三郎、璃 318・下・9 扇□ 318・下・15 当日は 319・上・6 学科 319・上・9 西川派 319・下・3 担当して 319・下・5 なども 320・上・1 あつかはれた 320・上・2 舞台にかけて 320・上・7 頗る 320・上・8 本当の 320・上・10 別のもの 320・上・13 出せぬ程かきもし…一年も二年 320・下・1 用意でも 320・下・4 あげた 320・下・5 兎も角 321・上・17 黄菊白菊 321・下・7 それが 321・下・11 自分が…巧く出来 321・下・19 少し…ゐるやう 322・上・1 夫を取返す 322・上・5 延若を 322・上・7 機転で 322・下・1 役を引受ける 324・上・2 あ□た 324・上・3 日であつた 324・上・6 や□』 324・下・16 京都加茂 325・上・1 位で□る 325・上・6 ゐるもの 325・上・8 申すに…映画 325・上・9 新しく 325・上・10 芝居の 325・上・11 最近はどうしたのか 325・上・13 続発して 325・下・9 小山国手は…恩□ 325・下・10 しらないが背中の腫□ 325・下・12 来あはして 325・下・13 おらァも□(う)□ 325・下・15 とよくな□(つ)た 325・下・17 居ること 326・上・19 同じ 326・下・4 商業□講所員 326・下・6 之□(等)を…体験 326・下・7 田中智学

【食満南北挿画】

308「最初に観た八百蔵の土佐坊」
312「其ころの南北」
315「五郎のこしらへの儘外へと鉄ばうをうつ六代目」
317「南北こほりをおさめてスタコラと大阪へ戻る」
319「はじめて鴈治郎丈に逢ふ」
322「はしめて…立役者になる」
324「劇壇生活三十五年並ひに還暦のいはひ」
326「いろ〳〵の御あいさつ」

食満南北の思い出

食満厚造

高校時代のことですが、生徒会長をしていたので、NHKの「私の青春時代」という番組で、鴈治郎さんと対談させていただいたことがあります。鴈治郎さんは名前を聞くなり、南北さんのご親戚ですかと聞いてくださり、放送終了後、京都の南座に出ていますので是非遊びにいらっしゃいと言って下さいました。二代目鴈治郎さんで、今の藤十郎や玉緒さんのお父さんです。当時はカミュやサルトルの実存主義に夢中で、歌舞伎の世界が古臭く思われて、それっきりで終わりましたが、のちに父から南北さんが画家の菅楯彦さんや川柳作家の岸本水府さんとならんで、上方の三奇人といわれた人と聞き、どんな奇人かと興味を持ちましたが、その対談の前年に亡くなっておられました。当時は天王寺駅構内にある菅楯彦さんの大きな壁画「熊野大社」が有名でした。堺の大浜北波止に一建立の食満寺がありましたが、いつか、その境内に、桃谷順天館へ納入するための亜鉛華（白粉の原料）の製造工場が建てられました。現在の堺化学です。桃谷順天館との関係は南北さんのお兄さんのお嫁さんが桃谷エイさんといい、紀州粉河から嫁いで来られた方というご縁でした。桃谷順天館の宣伝ポスターにお写真が使われるほどの美人だったといまも語り伝えられております。大正期の岸本水府さんが桃谷順天館の宣伝部に参加され、活躍されたという繋がりを後日知りました。南北さんのお葬式は四天王寺さんで行われました。大変盛大だったそうです。亡くなられた後、新歌舞伎座で「聚楽物語」が上演されたことがありましたが、客の入りは今ひとつだという新聞評を記憶しています。時代受けしなかったのでしょう。

父も堺で育ち、いとこ同士で気が合ったようで、年が離れていたのに、南北さんには親しくさせていただいておりました。時々高津神社のそばに住んでおられた南北さんを訪ね、南北さんの歌舞伎の絵を持って帰って来ました。私が子供の頃には、心斎橋の「てんぐ」(履物屋さん)の陳列ケースの中には南北さんの絵がいつも飾られていました。お店の前を通る都度、父が「南北や」と嬉しそうに言っていたのが思い出されます。父は晩年平野に住んでいましたが、「がんこの平野郷」へ連れて行くとここにも南北さんの絵がありました。父がとりわけ大切にしていた南北さんの絵は、助六を描いた扁額です。長椅子に横たわる助六が煙管を片手に意休ならぬ利休を履いた「助六所縁江戸桜」の名場面が描かれていました。この扁額は、父が亡くなる直前に、末弟の御長男の方に差し上げ、現在は手元にはございません。「勧進帳」の「安宅の関」の双幅は戦後間もなく南北さんに一万円を用立てた折、その礼に書いてくれたと聞きました。字もうまく、相合橋の北詰の「盛り場をむかしに戻すはしひとつ」、堺の妙国寺前の石碑「とさのさむらいはらきりの

はか」、南宗寺の「昔堺に男ありけり夏まつり」が残っています。

明治の初めの小説家村上浪六さん（堺出身、若い頃は食満宅の居候）のところから早稲田の文科に通っておられましたが、歌舞伎が好きになり芝居小屋で幕引きをするほどのめり込んでいたそうです。肩書として初代鴈治郎座付作者というのをよく見かけますが、一応坪内逍遥の演劇論を学んでおられた方なので、上方歌舞伎だけでなく、江戸歌舞伎にも精通していたと聞いております。私のいとこ（故人）が慶応へ通っている時、林成年さんと同級生で、クラスに食満という変わった名前の同級生がいると父の長谷川一夫に報告すると、きっと南北さんの親戚の方やとご自宅によんでいただき、その後家族同様に出入りさせてもらったそうです。就職も大映にお世話していただき、成年主演の「刑事部屋」などで助監督をやっていました。いとこと成年さんは終生のお付き合いでしたが、このいとこの自慢は長谷川一夫に麻雀を教えたことでした。

高麗橋の三越百貨店に三越劇場があったころ、演目に藤山寛美の漫談がありました。今でいうトークショーです。話の内容は忘れてしまいましたが、南北さんという偉い人から「かんちゃん、かんちゃん」と可愛がられたと子役時代の思い出を語っておられました。南北さんの幅広い人のつながりに驚きました。お弟子さんには何回も直木賞候補になられた長谷川幸延さんがおられます。南北さんが亡くなられた直後、雑誌『オール読物』の中に「東西南北」という短編小説で南北さんとまだ幼いご自分との睦まじい師弟関係を書いておられましたが、晩年は行き違いから全く不仲になり、おふたりは疎遠になったと父から聞きました。

戦前、堺の南宗寺の茶室が南北亭といわれて、よく茶会が開かれていたそうです。茶室の経緯を詳しく知る者はすでに身内にはおりませんが、一九四五年戦災で焼失したと聞き及んでおります。現在の茶室は松下幸之助さんのご尽力で一九六三年に再建されたものです。南北さんは道楽の達人として、一生過ごされたと伝えられていますが、多才な方で、大宅壮一さんが『人物風土記』の中で、南北さんを菊田一夫とならべて、阪僑作家と評されていました。近年、選者西木空人さんの「ポケット川柳」（童話屋刊）に南北さんの川柳を採りたいというお話がありました。

ぼろそうな話大阪訛りなり

阪僑川柳作家南北さんはどんな顔をしておられるのかなと思っておりました。

食満厚造（けま　こうぞう）　一九四一年、朝鮮京城に生まれる。大阪市立大学経済学部卒業。日本ペイントに就職。一九七一年から二年間パリ第一大学大学院（パンテオン校）に私費留学し、博士論文提出資格取得。復職後、ロンドン事務所長、英国子会社副社長（スインドン所在）として約十年間英国に滞在。退職後、ＪＩＣＡシニアボランティアに参加、モロッコＩＳＣＡＥ（商大、カサブランカ）で二年間指導する。

『大阪藝談』解説

阪口弘之

『大阪藝談』、これは大阪の名優、名人らの芸能論ではない。

著者食満南北の見聞きしてきた名優、名人らのエピソードで綴られたなつかしい大阪の文化芸談である。南北は実に多くの人々と交わりをもった。しかも居候、置候としての時代も長く、中途半端な付き合いではない。他人行儀な遠慮なども余りみせず、良家のボンボンらしく、常に我身を中心に置いて、斯界を眺めてきたらしい。この「芸談」は、そんな著者が語る逸話録であり、こうして名優、名人を語り、我身を語った。

食満南北。彼は口上にも似て、いつもこんな調子で切り出した。「私は泉州堺の産れである。柳の町、大道の角に「宗建場」といふのがあつた。其処の酒造家食満藤平といふ者の孫で、明治十四《（マヽ）》年七月三十一日住吉神社の宵宮の日、その宗建場の表では、堺名物の地車が喧嘩をはじめて盛に（食満家の）屋根の瓦をめくつては投げあつてゐた中に呱々の声をあげた」（『劇壇三十五年』）。この食満藤平家に生まれたことを幸せとし、誇りに思ってきたらしい。若い頃から芝居三昧で過ごせたのも、そういう環境にあったからであろう。仕事は長続きせず、居候先もかえながら、いくつもの職を転々としている。そして終には村上浪六の許に弟子ともなく食客ともなく転がりこんだ。しかし、さすがにそれではいけないと、今度は田村成義に頼み込んで歌舞伎座の作者部屋に入り、ここで福地桜痴に学んだ。二十五歳の頃である。尾上梅幸に絵心を認められたのがきっかけで、ようやく作者部屋の生活にも馴染み始めた頃、市村羽左衛門と「書抜」を巡って衝突し、東京を逃げ出すようにして、大阪へ舞い戻った。ここで昔の贔屓筋であった縁で、幸せにも片岡我當十一代目仁左衛門に招かれて、再び作者生活に踏み出した。大名旅行ばりの一座の九州巡業にも同行している。「南北」という作者名も、この時、我當が「東西南北」を名乗らせてくれたことによる。我當には、東京を離れてもこれからの大阪での活躍に期待を込め、敢えて「鶴屋南北」を意識するこの名を贈ったのであろう。この思いを後に受け止めたのが、松竹の白井松次郎で、彼の肝いりで大正三年師走に六代目鶴屋南北を襲名している。歌舞伎作者としての松竹の期待の程が想察される。

しかし、この名付け親ともいうべき十一代目仁左衛門とも、同丈が演りたいという「政岡」を南北が制したことで怒りを買い、袂を分った。南北自身が述懐するように、なお「堺のぼんち風」がどこかに残っていたのであろう。それでも渡辺霞亭らとの集いのうちに、林長三郎と知り合い、その父中村鴈治郎の付作者として迎えられ、同時に大阪松竹への入社となった。以降、『聚楽物語』をはじめ、実に数多くの脚本をせっせと書きあげていった。それだけではない。様々な筆名をもって、大阪劇界の批評は殆ど彼一人が書いたものともいわれる。

仁左衛門と鴈治郎は、その芸風も人柄も対照的な両雄であり、犬猿ただならぬ仲であった。けれども、南北は、その二人にともども尊ばれ愛された。彼らだけでない。東京でも大阪でも、食客時代、何人もの人の温情にあずかったという。彼の人柄のなせるところであったのだろう。

南北はその恩義に対して、それぞれの人々について見聞きしてきたところを逸話録として残し、それをもって報恩にしたいという気持を生涯持ち続けたようである。それは単に亡き恩人への「追善、惜慕」にとどまるものではなく、それぞれの時代、恩人と共に歩んできた演劇史事情、広くは文化史事情の生き証人たらんとしたのであろう。

名著『作者部屋から』（昭和十九年一月）もそういう思いから成る。東西の名だたる作者を語り、役者を語り、自らを語ったのである。同書後半で「楽屋風呂から」と題して取り上げた役者は、市川團十郎（九代目）、尾上菊五郎（五代目）、市川左團次（初代）、尾上梅幸、中村鴈治郎、片岡仁左衛門（十一代目）の六名であったが、南北はその「あとがき」で、この著を、梅幸、仁左衛門、鴈治郎の三恩人に捧げたいとした。と同時に、該書とは別に『大阪の鴈治郎』を脱稿し、仁左衛門についても執筆の用意があると述べている。前者は、同年の三月十五日に輝文館より出版された。鴈治郎に関して今日知る逸話も、実はこの書をはじめ、その殆どが南北の発したところといわれる。けれども後者については、戦局厳しさの増す中、ついに一書としての形をみることがなかった。南北にすれば、仁左衛門・鴈治郎両雄のありのままの姿を親炙した自らの思いをも込めてともども筆に残しておきたかったのであろう。心残りであったと思われる。

南北が仁左衛門伝執筆に取り掛かっていたかどうかは定かでないが、『作者部屋から』と『大阪の鴈治郎』は昭和十八年にほぼ並行的に書き進められていたらしい。すると、鴈治郎と仁左衛門については、『作者部屋から』との重複叙述が気になるのであるが、それを厭わず二人の逸話伝を特出したのは、一つには報恩の思いのなすところであろうが、更にいえば、この二人に焦点を当て大阪劇壇の裏も表も見知るところの全てを書き残しておきたいという思いがあったのであろう。

というのは、本書『大阪藝談』が、右と同じ昭和十八年に更に並行して執筆をみていたからである。三書、四書が一体的に構想され、ほぼ同時に執筆されていたのである。『大阪藝談』は、その「序」にある通り、「歌舞伎、文楽、落語、春の踊、上方舞、二輪加、等等」に亘るが、冒頭は「歌舞伎篇」で南北が直接間接に関わりを持った十三名の上方役者を取り上げている。しかし、そこでは敢えて仁左衛門と鴈治郎について触れていない。『大阪藝談』は厳密にいえば、『作者部屋から』にやや先行して脱稿しており、両書は姉妹編としての位置をもつが、南北自身はむしろこの『大阪藝談』と仁左衛門伝、鴈治郎伝を一体化して三部作とする構想を当初より温めていたようにも思える。（なお、『大阪藝談』では、他に文楽に関わる出版計画があることにも触れ、関連叙述が簡略であることを断っている。）

しかし、『大阪藝談』も「仁左衛門伝」同様、出版を見なかった。いずれも戦局のなすところであった。ただ幸いにも『大阪藝談』には、一部を欠くもののほぼ完全な形で原稿が残されていた。「福助足袋参考館用」とある二百二十字（二二×一〇）詰原稿用紙で六百十九枚が現存する。これらが八冊に仕分け（紙縒り仮綴）されているが、惜しいことに五冊目を欠く。各冊九十枚前後であり、本来七百枚をやや超える程度の分量であったはずである。「目次」に照らすと、「その二　上方落語篇」の桂文左衛門から桂文枝までの九名分がない。しかし、南北が若くして居候となった桂文屋については「落語篇」の冒頭に置かれ、それは残って、やはり本書が、述べたように『作者部屋から』や『大阪の鴈治郎』と同じく、彼の報恩の思いに発した書であることを教えてくれる。

本文は万年筆書きで、これが聞きしに勝る癖字難字である。句読点など、インクのこぼれと判別のつかぬところさえある。速筆で知られ、一度も「正書」（清書）したことがないというのが彼の自慢である。「刷上つた時は、私（南北）自身にさへ何の事か解らぬやうな場所さへ出来て」いることもあったようだが、それもまた「愛嬌」と流してしまうのである（『劇壇三十五年』序）。私どもも、翻字にあたっては何度も何度も読み直しを図ったが、それでも誤読が残っているかもしれない。私どもの責任ではあるが、南北にも責任がある。しかし、各冊一枚目の仮表紙には、「食満南北著／大阪藝談／三香堂発行」とこちらは誠に見事な筆書きで、しかもそれぞれ趣を変えた洒脱な俳画風の絵も添えられている。そのまま印刷本の表紙絵や挿絵にも成り得るもので、落款も全て別種、「三香堂」での印刷を待つばかりの段階で上梓を果たせなかったのであろう。

けれども南北は、戦時中もこれを大事に手元に置いていたらしい。

本書の「序」の日付は、当初、「昭和十八年大阪名物天神祭の日」とあったが、「十八年」以下を二重線で消し、「昭和二十年のある日」とし、更に「考へさせられる」を補って、「昭和二十年の考へさせられるある日」と直している。この「考へさせられるある日」がいつをさすのかは想像の域を出ないが、戦火の中、ともかくもこの相当分厚い原稿を肌身離さずにいたはずである。書き放しを常とした南北が、出版をもう一度夢見て目を通し直したのであろう。が、その執念も実らなかった。

その後、この原稿がどういう運命を辿ったかはわからない。ところが、それから約七十年近くたって関東の某書店より出現した。私どもはこれを平成十九年度から四ヶ年に亘った文科省の科学研究費基盤研究Ｂ（代表阪口弘之）の参考資料として購入した。当時、阪口が神戸女子大学古典芸能研究センター長であったこともあり、現在は同センターに所蔵される。『大阪藝談』なる本書の編集を神戸女子大学とするのはそうした経緯によるものである。

某書店からは、科研分担者である井上勝志氏が、同じく南北の（新聞）小説『若殿の悪戯』（未発表）を手に入れられた。しかし、書店主の談では、両原稿は一揃いで出たものではなく、南北の手を離れて以降の経緯はいずれも判然としないという。けれども不思議な巡り会わせと考え、本書に併載することにした。こちらは素晴らしい芸談を残してくれた南北への私どものささやかな報恩である。

南北は上方きっての劇通であり楽屋通であった。色町にも食文化にも、それこそありとあらゆる分野に通じて、大阪芸苑の中心にいた。本書『大阪藝談』が「歌舞伎篇」「上方落語篇」「文楽篇」「大阪俄篇」「春の踊篇」（他に「南北篇」）と多岐にわたり、しかも誰もが知り得ぬ逸話で埋め尽くされている感があるのも、むべなるかなである。彼は些か自慢げに次のように述べている。

私ほど劇壇とは云へ他方面に手をのばしてゐるものは少いのではあるまいか。

歌舞伎は申すに及ばず、所謂連鎖劇、初期の映画シナリオ、レビユ踊、新らしく興つた、映画、新派、女優養成、演出、衣裳考案、大道具の付、芝居の講演、ある時は振付もやつたが。内緒だ舞台へも出た。

右は、昭和十五年三月二十九日、大阪の「新町演舞場」で南北の劇壇活動三十五年と還暦を寿ぐ記念会が催された折の配り本『劇壇三十五年』（内題は「劇壇生活三十五年」）で述べているところである。

この記念会の発案者は、夕刊大阪の鷲谷樗風で、彼はこの時、南北に三つの条件を出している。一つは連載紙面を提供するので、劇壇生活三十五年を書いて、それを纏めて当日の来会者に配布せよというものであった。該書がこれにあたる。外題と内題が違うほどに、速筆の南北をしても相当に急がされた執筆であったらしく、鷲谷もそれを見越して馬場蹄二を専属校正者に充てているほどである。しかし、表紙には南北の手になる一本の筆が洒脱に描かれ、その上に自筆の題字を認める。三十五年に亘るさまざまな思いが筆一本に込められているのであろう。それだけではない。見返しや裏表紙には、これまた彼自身の絵筆で、「酒の司　大関」「桃谷順天館」「大阪魚会社」の広告を載せる。いずれも南北と深い関係のあった会社で、「大関」に添えられた土俵入りらしき挿絵などは、佐渡親方に角界入りを勧められた彼の自画像とも見えて何とも微笑ましい。「大阪魚会社」も、彼が凝りに凝って編纂した風雅な上本『魚　秋の巻』『魚　春の巻』（昭和九年、十年刊）を直ちに連想させる。「桃谷順天館」は彼の長兄の令室との縁（食満厚造氏寄稿文参照）が第一であろうが、南北が終生愛した川柳、その「番傘」の同人岸本水府が同社の広告担当であったことも無関係ではあるまい。水府自身が『劇壇三十五年』の校正にもあたっているからである。それほど二人は深い間柄であったし、加えて水府は「福助足袋」の広告も担っていた。『大阪藝談』が「福助足袋参考館用」原稿用紙を用いていることを考えると、この出版計画に水府も関わるところがあったのかもしれない。同時期刊行の『作者部屋から』の上梓に彼が尽力していたことも、そうした想像の根拠としてある。

鷲谷が求めた残る二つの要求は、交友名簿の整理と記念会当日に南北自身の踊を所望したことである。交友名簿は昭和十五年三月現在のものであるが、千名をはるかに超える。圧倒的な人数で、南北の人脈と顔の広さに改めて驚かされる。このうち、記念会にはどれほどの参加があったかはわからないが、「時局柄派手々々しい事にならない程度」という申し合わせにも関わらず、当日の「記念会・祝言次第」に拠れば、おそらく延べ百名を超える人たちが舞台に上り、様々な祝い芸を披露したらしい。司会は水府であるが、実川延若あり、市川箱登羅あり、片岡我當あり、中村扇雀あり、更に大阪松竹少女歌劇からも、みなみの花街からも、文楽座の太夫三味線連中もという具合に誠に賑々しいものであった。大阪中の役者や芸能人、知識人がまさしく総参集したような趣である。南北にとってもまさに晴れの日であっただろう。

宴は、六代目鶴屋南北に因んで、初代中村扇雀が四世南北の『四谷怪談』から、小唄振りの「戸板返し」で花を添えた後、南北自身が同じく四世作『深山桜及兼樹振』（保名）で舞伎踊を披露している。清元、三味線に美妓を揃え、鳴物入りでの還暦踊であった。

六代目鶴屋南北こと食満南北は、こうして大阪芸苑の真中にあって、大阪の芸能、大阪の文化についで喧伝にあいつとめた。「大阪は人様がいうほど、文化や芸術に無関心ではない」。これが彼の口癖であった。『大阪藝談』は、この南北の生きた時代、あるいはその一世代昔の逸話録であるが、そのなつかしさがなぜか現代の私どもを虜とするのである。好著を世に送り出せることを南北と共によろこびたい。

食満南北は昭和三十二年五月、七十七歳で亡くなったが、子供はなかった。しかし、一族の皆さんはその後も経済界でそれぞれにめざましい活躍をみせておられる。その一人に食満厚造氏がおられる。今回、ご無理をお願いして貴重な思い出話を寄せていただいた。お礼を申し上げたい。

また、私どもの試みに深い理解を示され、本書上梓に御尽力を賜った和泉書院社長廣橋研三氏にも深甚の謝意を表したい。

［追記］
本解説を執筆後、本書の参考に資するため、解説で触れた『劇壇三十五年』をそのまま復製して収載することにした。このため、解題内容に同書と重なる記述があることをお断りしておく。（阪口誌）

索　　引

芸　　名

〈あ行〉

秋の家田螺　220, 222, 230, 231
飛鳥明子　259
吾妻春枝　241
嵐珏蔵〈四代目〉→中村翫雀〈三代目〉
嵐巌笑
　27, 32, 45, 49, 55, 99, 130〜134
嵐吉三郎〈七代目〉　186
嵐橘三郎〈四代目〉　99〜103, 106
嵐喜代三郎〈初代〉　89
嵐三右衛門〈十代目〉　99
嵐三五郎〈六代目〉　69
嵐徳三郎〈五代目〉　45
嵐璃珏〈二代目〉　21
嵐璃珏〈四代目〉
　21, 68, 71, 73, 76〜83
嵐璃寛〈二代目〉　7, 21
嵐璃寛〈三代目〉　7
嵐璃寛〈四代目〉
　7〜10, 12, 15, 99, 124, 206
池田吉之助　65
猪里桃太郎→片岡我太郎
猪里漁仙→曾呂利新左衛門〈二代目〉
伊丹屋→嵐橘三郎〈四代目〉
市川荒五郎〈三代目〉　99, 121
市川荒五郎〈四代目〉　15
市川荒太郎〈初代〉　36, 37
市川市十郎〈四代目〉　12, 41, 50
市川右三治　59
市川右團次〈初代〉　12, 26〜40,
　43, 101, 124, 125, 131, 132, 221
市川右團次〈二代目〉　186
市川猿之助〈二代目〉　61, 62, 79
市川薫→河原崎権十郎〈二代目〉
市川九蔵〈三代目〉
　→市川團蔵〈七代目〉
市川小太夫〈二代目〉　79
市川小團次(治)〈四代目〉
　27, 29, 30, 122
市川小團次〈五代目〉　43
市川才五郎　35, 36
市川斎入→市川右團次〈初代〉
市川左團次　27
市川左團次〈初代〉　38, 41
市川左團次〈二代目〉　109
市川寿三郎〈四代目〉　186
市川新蔵〈五代目〉　129
市川團十郎〈七代目〉　27
市川團十郎〈九代目〉　14, 24,
　27, 41, 45, 46, 50, 51, 75, 77,
　99, 129, 150, 156, 187, 193, 221
市川團蔵〈七代目〉
　40, 41, 43〜45, 50, 101
市川中車〈七代目〉
　50, 89〜91, 93, 186, 226
市川鶴之助→中村富十郎〈四代目〉
市川箱登羅〈初代〉　20
市川箱登羅〈二代目〉　165, 166
市川福太郎→市川右團次〈初代〉

市川升若　75
市川八百蔵〈八代目〉　117
市村羽左衛門〈十二代目〉　27
市村羽左衛門〈十五代目〉　89, 117, 123
浮世亭○○→川上音二郎
梅香→曾呂利新左衛門〈二代目〉
楳茂都扇性〈二代目〉　242, 250
王子の太夫→瀬川菊之丞〈二代目〉
大谷友右衛門〈四代目〉　61, 62
大谷友右衛門〈六代目〉　61, 137
大谷万作→大谷友右衛門〈四代目〉
音羽菊蔵〈初代〉　242
音羽屋→尾上多見蔵〈二代目〉
音羽屋→尾上菊五郎〈四代目〉
尾上卯三郎〈初代〉　27
尾上卯三郎〈二代目〉　55, 56, 58～63, 65, 67～69, 71～73, 75, 76, 81～83, 123, 229
尾上菊五郎〈初代〉　33
尾上菊五郎〈四代目〉　13
尾上菊五郎〈五代目〉　30, 38, 39, 41, 150, 193
尾上菊五郎〈六代目〉　27, 61, 62, 94, 104, 164, 173
尾上菊三郎〈四代目〉　117
尾上菊之丞〈三代目〉　88
尾上菊之助〈二代目〉　129
尾上鯉三郎　33
尾上三朝　59
尾上松緑　55
尾上多見蔵〈二代目〉南北は初代とする　18, 46, 50, 52～55
尾上多見蔵〈三代目〉南北は二代目とする　8, 9, 46, 49, 51, 55, 84, 99, 130～133, 186
尾上多見之助→尾上多見蔵〈三代目〉
尾上多見升　84
尾上梅幸→実川延若〈初代〉
尾上梅幸〈六代目〉　123, 205
尾上松助〈初代〉　226
尾上松助〈四代目〉　79
尾上松之助〈初代〉　59
尾上松之助〈二代目〉　59

〈か行〉

香椎園子　259
片岡愛之助〈四代目〉　131, 145
片岡我太郎　179, 180
片岡我當〈三代目〉
→片岡仁左衛門〈十一代目〉
片岡我當〈四代目〉
→片岡仁左衛門〈十三代目〉
片岡我童〈三代目〉
→片岡仁左衛門〈十代目〉
片岡我童〈四代目〉
→片岡仁左衛門〈十二代目〉
片岡仁左衛門〈十代目〉　8, 9, 11, 38, 99, 123
片岡仁左衛門〈十一代目〉　3, 11, 64, 72, 89, 99, 124, 137, 145, 146, 156, 186, 193, 203
片岡仁左衛門〈十二代目〉　88, 94, 179, 180
片岡仁左衛門〈十三代目〉　57, 88
堅田喜惣次　248
桂小文枝〈初代〉→桂文枝〈三代目〉
桂小文枝〈二代目〉　187
桂枝雀〈初代〉　147～151, 154, 169
桂扇枝〈初代〉→桂文三〈三代目〉
桂陀羅助→桂文屋
桂仁左衛門　139
桂春團治〈初代〉　147, 149, 150, 172, 187

桂文我〈初代〉 172, 187
桂文吾〈四代目〉 185〜187
桂文三〈三代目〉 155〜159, 161, 164
桂文左衛門 148, 149, 187
桂文枝〈初代〉 138
桂文枝〈三代目〉 149, 156, 164, 186
桂文太郎 138
桂文團治〈三代目〉 127, 156, 187
桂文團次〈三代目〉
→桂文團治〈三代目〉
桂文都〈四代目〉 187
桂文屋 3, 136〜141, 144〜148, 171, 172, 175, 185, 232, 264
桂米喬〈二代目〉 182
桂萬光〈二代目〉 162, 163, 165
桂米團治〈二代目〉
→桂文團治〈三代目〉
河合武雄 96
川上音二郎（川上音次郎） 57, 58, 180, 181
河内屋→実川延若〈初代〉
河内家→実川延若〈初代〉
河原崎権十郎〈二代目〉 145
河原崎権之助〈七代目〉
→市川團十郎〈九代目〉
観八→曾呂利新左衛門〈二代目〉
喜多村緑郎 58, 96
杵屋佐吉〈五代目〉 250
杵屋正一郎〈初代〉 242, 255, 259
杵屋如青 241
木下はん→尾上卯三郎〈二代目〉
京屋→中村雀右衛門〈三代目〉
清元延寿太夫〈五代目〉 192
桐竹紋十郎〈初代〉 192, 206, 208
九八→桂萬光〈二代目〉

〈さ行〉

西國坊明学 187
笹木徳教→中村梅玉〈二代目〉
沢村源之助〈四代目〉 8
澤村宗十郎〈七代目〉 117, 156
沢村田之助〈四代目〉 11
三遊亭円若〈初代〉 172, 187
三遊亭円朝〈初代〉 156, 187
三遊亭円馬〈二代目〉 139, 166, 170, 187
三遊亭遊輔〈初代〉 183, 185
志賀廼家淡海（志賀の家淡海） 231
実川延三郎〈三代目〉 99
実川延三郎〈四代目〉 64, 72
実川延若〈初代〉 13〜19, 21, 22, 27, 63, 99, 193
実川延若〈二代目〉 16〜18, 57, 61, 62, 71, 72, 88, 99, 112, 121, 123, 126, 173
実川延二郎〈初代〉
→実川延若〈二代目〉
実川額十郎〈二代目〉 14, 18, 21, 22, 63
実川鴈二郎→中村鴈治郎〈初代〉
実川半若 59
信濃屋尾半 220
信濃屋小半 220
渋谷天外〈初代〉 226, 227
渋谷天外〈二代目〉 226
釈台観居士→桂文屋
笑福亭枝鶴〈初代〉 151
笑福亭松翁 148, 151, 154, 155
笑福亭松鶴〈三代目〉 151
笑福亭松鶴〈四代目〉→笑福亭松翁
笑福亭松鶴〈五代目〉 151
笑福亭松光 187

笑福亭竹山人→笑福亭松鶴〈三代目〉
笑福亭松右衛門　138
松竹→曾呂利新左衛門〈二代目〉
如風→松永和楓〈四代目〉
末廣屋→中村宗十郎
末廣家扇蝶　173, 174
すきなべ→鶴屋團九郎
助高屋高助〈四代目〉　11
角藤定憲　65
住田長三郎〈二代目〉　248, 249
住吉の津太夫→竹本津太夫〈三代目〉
瀬川菊之丞〈二代目〉　89
仙太郎　80
曾我廼家　220, 232
曾我廼家兄弟　231
曾我廼家五郎
123, 221, 225, 226, 232
曾我廼家十吾　226
曾我廼家十郎　225, 226, 231, 232
曾我廼家蝶六　183, 232
袖崎政之助　89
曾呂利新左衛門〈二代目〉
146, 174〜181
曾呂利大仁
→曾呂利新左衛門〈二代目〉

〈た行〉

高砂屋→中村梅玉〈二代目〉
高砂屋梅玉→中村梅玉〈二代目〉
高島屋→市川右團次〈初代〉
高島屋→市川小團次〈四代目〉
高田実　224
宝山左衛門〈三代目〉　250
竹澤龍之助　190
竹本大隅太夫〈三代目〉　193〜196
竹本越路太夫〈二代目〉
→竹本摂津大掾
竹本越路太夫〈三代目〉
196〜198, 200
竹本摂津大掾
189〜197, 200, 202, 211, 212
竹本伊達太夫〈三代目〉
→竹本土佐太夫〈六代目〉
竹本津太夫〈二代目〉　191, 199〜201
竹本津太夫〈三代目〉　199, 201, 202
竹本土佐太夫〈六代目〉
202, 203, 205, 206
竹本春子太夫〈初代〉
→竹本大隅太夫〈三代目〉
竹本春太夫〈五代目〉　190, 195
竹本春太夫〈六代目〉→竹本摂津大掾
橘屋円太郎〈四代目〉　171
立花屋千橘〈二代目〉　171, 172
陀羅助→桂文屋
陀羅やん→桂文屋
千九八→曾呂利新左衛門〈二代目〉
月亭都治→桂萬光〈二代目〉
月亭文都〈二代目〉南北は初代とするが、実際は二代目　17, 163, 187
鶴澤清七〈三代目〉　190
鶴澤清六〈三代目〉　211
鶴澤友次郎〈六代目〉　212
鶴屋團九郎
220〜222, 225〜227, 229〜232
鶴屋團治→渋谷天外〈初代〉
鶴屋團十郎　220〜227, 230〜232
豊島屋→嵐璃珏〈四代目〉
桃中軒雲右衛門　192
時蔵　86
常磐津文字八　248
常磐津林中〈二代目〉　192
豊澤團平〈二代目〉　190, 195, 213
豊澤廣助〈六代目〉
→名庭弦阿弥（絃阿弥）

豊竹古靱太夫〈二代目〉 201

〈な行〉

中島笑太郎→中村雀右衛門〈三代目〉
中村歌右衛門〈五代目〉
8, 11, 22, 80, 89, 123, 190
中村おもちや
→大谷友右衛門〈六代目〉
中村魁車 57, 79, 94, 99, 118
中村霞仙〈初代〉 126〜129, 239
中村霞仙〈二代目〉 123, 124, 126
中村歌六〈三代目〉 111,
114, 116〜118, 120〜126, 226
中村勘五郎〈十二代目〉
→中村仲蔵〈四代目〉
中村翫雀〈三代目〉
19, 21, 22, 24〜26, 29
中村翫雀〈四代目〉
→中村鴈治郎〈二代目〉
中村鴈治郎〈初代〉 3, 12, 17〜
21, 25〜27, 29, 31〜33, 35, 38,
49, 55, 63, 72, 79, 80, 82, 88,
99, 100, 103〜106, 109, 110,
114〜116, 123, 127〜129, 131,
137, 150, 156, 165, 173, 186,
193, 201, 215, 222, 226, 253
中村鴈治郎〈二代目〉 21, 88, 94
中村翫童→中村霞仙〈初代〉
中村吉右衛門〈初代〉
61, 62, 111, 112, 117, 119, 173
中村慶女 99
中村琥珀郎 8, 9, 57, 59
中村珊瑚郎 8, 9, 226
中村芝翫〈四代目〉
8, 10, 11, 22, 24, 41, 50
中村紫琴 59
中村芝雀〈二代目〉
→中村雀右衛門〈二代目〉
中村芝雀〈四代目〉
→中村雀右衛門〈三代目〉
中村雀右衛門〈二代目〉
83, 99, 124, 206
中村雀右衛門〈三代目〉 32, 43,
83〜87, 89, 90, 92, 94〜96, 98
中村政治郎〈三代目〉
→中村福助〈五代目〉
中村政治郎〈四代目〉
→中村梅玉〈三代目〉
中村扇雀〈初代〉
→中村鴈治郎〈二代目〉
中村宗十郎
12, 14, 15, 18, 19, 22, 27, 57,
63, 75, 99, 126, 127, 129, 193
中村種太郎〈二代目〉 123, 124
中村玉蔵→中村梅玉〈二代目〉
中村千代飛助 86
中村時蔵〈初代〉→中村歌六〈三代目〉
中村富十郎〈四代目〉 95, 96, 145, 186
中村友三〈三代目〉 59
中村七賀助 99
中村仲蔵〈初代〉 226
中村仲蔵〈三代目〉 43, 112
中村仲蔵〈四代目〉 43
中村成太郎〈初代〉→中村魁車
中村梅玉〈二代目〉
38, 98〜109, 111, 134
中村梅玉〈三代目〉
79, 94, 99, 105, 107, 108, 110
中村福助〈高砂屋三代目〉
→中村梅玉〈二代目〉
中村福助〈高砂屋四代目〉
→中村梅玉〈三代目〉
中村福助〈成駒屋四代目〉
→中村歌右衛門〈五代目〉

中村福助〈高砂屋五代目〉　107, 110
中村又五郎〈初代〉　59
中村よし子　88
名庭弦阿弥（絃阿弥）　208, 211, 212
成駒→中村芝翫〈四代目〉
成駒屋（成駒家）→中村鴈治郎〈初代〉
二羽屋嘉平次　224
野澤吉弥〈八代目〉　248, 249

〈は行〉

橋尾→市川中車〈七代目〉
長谷川一夫　190
初春亭三玉→鶴屋團十郎
初春亭二玉→鶴屋團九郎
花柳寿輔〈二代目〉　254
花柳章太郎　96
花柳芳次郎〈四代目〉　254
葉村家→嵐璃寛〈四代目〉
林→中村鴈治郎〈初代〉
林長二郎→長谷川一夫
林家花丸〈二代目〉　165〜167, 169〜171
播磨家→中村歌六〈三代目〉
坂東喜知六　76
坂東秀調〈三代目〉　93
坂東寿三郎〈三代目〉　83
坂東太郎　122
坂東簑助〈五代目〉　76, 77, 79
坂東簑助〈六代目〉　88
福原鶴三郎〈三代目〉　250
藤岡菊太郎→中村梅玉〈二代目〉
藤代君江　259
法善寺の津太夫
　→竹本津太夫〈二代目〉

〈ま行〉

松島松右衛門→尾上多見升
松永和楓〈四代目〉　192
松本幸四郎〈七代目〉　72, 78, 79, 187
三枡源五郎〈二代目〉
　→三枡源之助〈四代目〉
三枡源之助〈四代目〉　69
三好屋→市川團蔵〈七代目〉
目玉の松ちゃん
　→尾上松之助〈二代目〉
目徳璃寛→嵐璃寛〈二代目〉
望月太喜之助　241
望月朴清〈三代目〉　241
守田勘彌〈十二代目〉　25
守田勘彌〈十三代目〉　79
守田勘彌〈十四代目〉　88

〈や行〉

柳屋小さん〈三代目〉　185
大和家（屋）宝楽　220, 222, 230〜232
山村友五郎〈初代〉　252, 253
山村友五郎〈二代目〉　253
山村舞扇斎吾斗〈二代目〉　241, 252
山村若子〈初代〉
　→山村舞扇斎吾斗〈二代目〉
山村若子〈二代目〉　252
芳澤あやめ〈初代〉　86, 87

〈わ行〉

若柳吉蔵〈初代〉　247, 248
和田久一→曾我廼家五郎

作 品 名

〈あ行〉

葵の上　252
赤垣の徳利→仮名手本硯高島
東下り→神崎与五郎東下り
安達が原三段目→奥州安達原
安達の三→奥州安達原
油地獄→女殺油地獄
阿波十→傾城阿波鳴門
庵室→恋染衣清水清玄
いかけ屋　182
伊賀越道中双六　131, 195, 201
碇知盛→義経千本桜
いざり→箱根霊験躄仇討
いざり勝五郎→箱根霊験躄仇討
石井常右衛門　124
伊勢音頭→伊勢音頭恋寝刃
伊勢音頭恋寝刃　56, 122, 128
市助酒　155, 186
妹背の道行→妹背山婦女庭訓
妹背山婦女庭訓　208
色模様間苅豆　79
植木屋→忠臣連理廼鉢植
宇治の柴舟　139
卯月の紅葉　245
宇都谷峠→蔦紅葉宇都谷峠
腕の喜三郎→茲江戸小腕達引
梅忠→恋飛脚大和往来
梅由→隅田春妓女容性
浦島年代記　244
うりもの　169
越後騒動　128
エツサエツサ→雁のたより
ゑて物語　148, 154
江戸桜清水清玄　29, 33
絵本太功記　50, 73, 94, 131, 196, 227
扇八景→曾我扇八景
扇音々大岡政談　25
奥州安達原　119, 227, 228
近江源氏→近江源氏先陣館
近江源氏先陣館　20, 82, 99
大江山源家剛者　14
大岡→扇音々大岡政談
落人→仮名手本忠臣蔵
オッペケペー　180
男重の井　128
お夏清十郎湊町→寿連理の松
親子茶屋　163
女殺油地獄　57, 71, 82

〈か行〉

加賀見山旧錦絵　126
傘轆轤浮名濡衣　121
敵討襤褸錦　83, 99
敵討天下茶屋聚　61, 121
合邦辻→摂州合邦辻
合邦住家→摂州合邦辻
門付　157, 158
仮名手本硯高島　41
仮名手本忠臣蔵　29, 56, 79, 118, 123, 129, 166, 200, 203, 208, 230, 247～249
金輪　252
金子→散書恋文章
金子の聞書→散書恋文章
釜淵双級巴　227

鎌倉三代記　41, 22, 24, 94
鎌倉山→有職鎌倉山
鎌腹→弥作の鎌腹
紙屑屋　168
紙治→心中天網島
紙屋→心中天網島
紙屋うち→心中天網島
雁のたより　13, 16
かりまめ→色模様間苅豆
河庄→心中天網島
河内音頭恨白鞘　64
河内十人斬　65, 66, 229
河内水分十人斬　64
神崎与五郎東下り　57
勧進帳　187
鬼一法眼三略巻　41, 106
祇園祭礼信仰記　196
菊江仏壇　155, 157
菊畑→鬼一法眼三略巻
清水清玄→恋染衣清水清玄
清水寺→恋染衣清水清玄
金閣寺→祇園祭礼信仰記
禁酒関所　155
くしやみ講釈　152
九段目→仮名手本忠臣蔵
車場→菅原伝授手習鑑
車屋　187
廓曾我　247
稽古屋　147, 157, 168
傾城阿波鳴門　20, 25
傾城反魂香　52, 93
化粧窓籬鬼百合　60
源太先陣物語→源平布引滝
源平布引滝　45, 16, 117, 220
恋染衣清水清玄　80
鯉つかみ→花舞台清水群参
恋女房染分手綱　20
恋飛脚大和往来　50
五右衛門釜煎→釜淵双級巴
小かん平兵衛→心中刃は氷の朔日
国姓爺→国性爺合戦
国性爺合戦　82, 247
茲江戸小腕達引　29
小三金五郎　13
五大力→五大力恋緘
五大力恋緘　49, 128
こたつ按摩　135, 155, 157
五段目→仮名手本忠臣蔵
御殿→伽羅先代萩
寿連理の松　203
木下蔭狭間合戦　199
小幡小平次　29
碁盤→碁盤太平記
碁盤太平記　49, 57, 99
五枚羽子板→雪女五枚羽子板
狐会　38

〈さ行〉

酒屋→艶容女舞衣
桜時雨　202
桜鍔恨鮫鞘　25, 57, 69
桜のもと　108
さくら吹雪　103
猿後家　157
残菊物語　129
三十三間堂柳由来
　→三十三間堂棟由来
三十三間堂棟由来　208
三十石　187
三代記→鎌倉三代記
算段の平兵衛　135
椎の木→義経千本桜
汐汲　252
時雨の炬燵→心中天網島

重の井→恋女房染分手綱
七段目→仮名手本忠臣蔵
志度寺→花上野誉碑
芝居庫 28
芝居噺 187
死人茶屋 163
借家怪談 147
重歌 160
十段目→絵本太功記
十人斬→河内十人斬
児雷也→児雷也豪傑譚語
児雷也豪傑譚語 24
心中天網島 13, 22, 26, 49, 73, 93, 99, 128
心中刃は氷の朔日 52
心中宵庚申 99
新版歌祭文 94, 95
水天宮利生深川 77
菅原→菅原伝授手習鑑
菅原伝授手習鑑 109, 124, 125, 129, 247
すし屋→義経千本桜
隅田春妓女容性 122
住吉駕 163
清玄→江戸桜清水清玄
関寺小町 252
摂州合邦辻 94, 194
せむし茶屋 163
千石積湊大入船 100
先代→伽羅先代萩
先代萩→伽羅先代萩
せんだん菖蒲 152
先の仏 155, 157
千本桜→義経千本桜
千本のよし野山→義経千本桜
宗五郎→東山桜荘子
増補忠臣蔵 24
曾我扇八景 244

〈た行〉

大経師→大経師昔暦
大経師昔暦 13
太功記→絵本太功記
太閤記 247
太閤記十段目→絵本太功記
太十→絵本太功記
竹の間→伽羅先代萩
立切 155, 157
伊達姿陸奥玉川 121, 126
樽屋おせん 57, 121
近頃河原の達引 201, 228
乳貰ひ→花雪恋手鑑
忠臣蔵 57
忠臣蔵→仮名手本忠臣蔵
忠臣連理廼鉢植 24, 25
蝶千鳥→蝶千鳥曾我実伝
蝶千鳥曾我実伝 128
蝶花形→蝶花形曾我実記
蝶花形曾我実記 201
散書恋文章 121, 126
搗春狐葛葉 12
辻うら 174
蔦紅葉宇都谷峠 29
土屋主税 49, 99
襤褸錦→敵討襤褸錦
壺坂→壺坂霊験記
壺坂霊験記 94, 195
壺屋久兵衛 105
寺子屋→菅原伝授手習鑑
テレメン→伞轆轤浮名濡衣
天下茶屋→敵討天下茶屋聚
天狗の鼻 187
天網島→心中天網島
天王寺詣 152

東寺貸座敷→敵討天下茶屋聚
どうじようすくひ　171
当世威茜染　59
道中双六→伊賀越道中双六
道明寺→菅原伝授手習鑑
道楽稽古屋　223
時今也桔梗旗揚　41, 45
毒茶の丹助→万歳阿国歌舞妓
土檀→増補忠臣蔵
吃又→傾城反魂香
鳥井又助→加賀見山旧錦絵
どんどろ→傾城阿波鳴門

〈な行〉

名和長年　78
南総里見八犬伝　21
肉弾三勇士　212
日蓮記　201
人形買　152
布引→源平布引滝
沼津→伊賀越道中双六
野崎→新版歌祭文
野崎参り　147
野崎村→新版歌祭文

〈は行〉

博多小女郎→博多小女郎浪枕
博多小女郎浪枕　245
箱根霊験躄仇討　39, 128
馬盥→時今也桔梗旗揚
八段目→仮名手本忠臣蔵
八犬伝→南総里見八犬伝
初紅葉時雨洋傘　60
艶容女舞衣　228, 229
花雪恋手鑑　13
花上野誉碑　196
花舞台清水群参　31～33
春雨茶屋　163
万歳阿国歌舞妓　41
東山桜荘子　29, 40
引窓→双蝶々曲輪日記
彦根屏風　254
肥後の駒下駄　127
姫小松→姫小松子の日遊
姫小松子の日遊　126
百年目　155, 157
日向島→嬢景清八島日記
琵琶　187
藤の棚→伊達姿陸奥玉川
伏見義民伝　77
双蝶々曲輪日記　32, 33
二人ぐせ　182
筆屋幸兵衛→水天宮利生深川
冬の遊　155, 187
古手屋→桜鍔恨鮫鞘
古手屋八郎兵衛→桜鍔恨鮫鞘
古八→桜鍔恨鮫鞘
平太郎住家→三十三間堂棟由来
へつつい泥棒　147, 149
牡丹灯籠　187
堀江繁昌記　247
堀河(川)→近頃河原の達引

〈ま行〉

馬士後家　157
豆売　152
みそぐら→味噌蔵
味噌蔵　155, 157
御津の初汐　239
壬生村→木下蔭狭間合戦
都見物左衛門　141
嬢景清八島日記　196, 201
冥途の飛脚　196
伽羅先代萩　20,

41, 83, 121, 132, 180, 192, 247
求女塚身替新田　162
戻橋　38
紅葉狩　150
盛綱→近江源氏先陣館

〈や行〉

弥作の鎌腹　57, 72
八ツ目→仮名手本忠臣蔵
宿がへ　182
山姥　134
やりさび　187
結城秀康　50
有職鎌倉山　49, 128
雪女五枚羽子板　244
夢除波徴兵美談　59
宵庚申→心中宵庚申
義経千本桜　41, 43, 44, 94, 101, 208
米山節　187
世話情浮名横櫛　100

〈ら行〉

らくだ　135, 155, 186, 187

〈わ行〉

和気清麿　8

登場人物名

〈あ行〉

青砥左衛門　11
足利直義　56, 119
安達元右衛門　61, 62
安倍貞任　119, 120, 227
安倍の保名　11
天川屋→天川屋義平
天川屋義平　56, 119
尼御台　103
伊織→早瀬伊織
いがみの権太　41, 43, 101
伊左衛門　129
石川五右衛門　199, 227
石切→梶原平三景時
石堂右馬之丞(石堂)　56, 112, 119
伊助→里見伊助
一条大蔵卿　30
市助　186
犬塚信乃　21
猪の熊大之進　101
今田万次郎　123, 124
入平　194
丑五郎　57, 71
丑松→鉄壁の丑松
梅王丸(梅王)　109
浦島　244
江間の小四郎　128
延寿　117
塩谷判官　13, 56, 112, 119
お石　119
扇屋上総　43
大石内蔵助　72
大磯虎　244
大蔵卿→一条大蔵卿
大高源吾　49
大星由良之助　29, 56, 112, 119, 129, 166, 167, 200, 230, 231
大星力弥　56, 119, 230, 231
岡平　49, 57, 72

おかめ　245
おかや　119
おかる　56, 119, 200
荻田主馬　128
お吉　71
お才　119
お里　206
お里(義経千本桜)　43, 94
お里(壺坂霊験記)　94
お沢　71, 82
おさん　93
お鹿　56
おその(仮名手本忠臣蔵)　119
お園(艶容女舞衣)　206
お染　223
小田春永　45
お玉　13, 17
お鶴　20
おとく　93
乙姫　244
お縫(おぬい)　66
斧九太夫　119
斧定九郎　119
お光　94, 95
お弓　25
およね　131, 132
おりん　203

〈か行〉

顔世御前(かほよ)　119
覚寿　109
加古川本蔵　56, 79, 119
累　79
梶原景時→梶原平三景時
梶原源太景季　117
梶原平次景高　117
梶原平三景時　43, 129
勝子　103, 104
勝五郎　128
合邦　194
勝元→細川勝元
嘉藤太　83
金椀大輔　21
狩野→狩野四郎二郎
狩野四郎二郎　13
紙治→紙屋治兵衛
紙屋治兵衛
13, 14, 18, 22, 26, 73, 106, 128
加村宇田右衛門　83
川越太郎(川越)　101
川島民夫　80
菅相丞　109, 129
勘平→早野勘平
鬼一法眼(鬼一)　41
其角→宝井其角
喜瀬川　244
鬼頭熊太郎　66
久作　94, 223
久八　57
堯心　78, 79
清玄→宿直之助清玄
きられ与三→与三郎
公光→篠原太郎公光
葛の葉　8
九太夫→斧九太夫
熊谷次郎直実　228
熊太郎→鬼頭熊太郎
熊やん→鬼頭熊太郎
内蔵之助→大石内蔵助
内蔵之助の母　99
軍内　117
化粧坂少将　244
源右衛門　126
源吾→大高源吾

源五兵衛→薩摩源五兵衛
源左衛門→佐野源左衛門
謙杖→平謙杖直方
源次郎→早瀬源次郎
源蔵→武部源蔵
源太→梶原源太景季
甲庵　77, 78
郷右衛門→原郷右衛門
香具屋彌七　24, 25
幸蔵主　103
高師直　56, 119
蝙蝠安　45
五右衛門→石川五右衛門
小金吾→主馬の小金吾
小桜姫　32, 33
御所の五郎蔵　29
小女郎　245
小四郎　20
小浪　56, 119
小春　19, 93
小冬　199
小町屋惣七　245
駒平　128
維(惟)盛→平維盛
五郎市　227
権太(権)→いがみの権太

〈さ行〉

斎藤実盛　45, 99
鷺坂伴内　56, 119
桜姫　80, 81
桜丸　109
左近→島田左近
佐々木高綱(佐々木)　22
佐々木盛綱　129
笹野三五兵衛　49
左膳→藤浪左膳
定九郎→斧定九郎
貞任→安倍貞任
皐月　51
薩摩源五兵衛　128
里見伊助　121
実盛→斎藤実盛
佐野源左衛門　128
三婦の女房　93
三吉　20
三田平　121
三位中将惟盛→平維盛
治右衛門　200
志賀之助→瀧窓志賀之助
重の井　99
七太夫　72
信乃→犬塚信乃
信田左衛門清玄　32
篠原太郎公光　32～35
治兵衛→紙屋治兵衛
島左近　12
島田左近　69
主馬の小金吾　101, 102
十次郎→武智十次郎
重兵衛(十兵衛)　131
主馬の判官　43
俊寛　126
春藤玄蕃　159
俊徳丸(俊徳)　194
正直正太夫　122
庄司夫婦　11
少将→化粧坂少将
児雷也　24
白木屋のお駒　43
新吾中納言秀秋　12
水府公　25
杉王丸(杉王)　124, 125
宿禰太郎　109

典侍の局　101
清玄　80
ぜげん　56, 119
瀬尾十郎(瀬尾)　45
千崎弥五郎(千崎)　56, 119
千松　20, 180
宗岸　228
惣七→小町屋惣七
袖萩　119

〈た行〉

大輔→金椀大輔
平謙杖直方　120
平維盛　43, 102
平知盛　41, 101
高市武右衛門　99
高砂勇美之助　24
宝井其角　49, 99
瀧窓志賀之助　32〜34
武智十次郎　51, 73, 131
武智光秀(絵本太功記)　50, 51
武智光秀(時今也桔梗旗揚)　41, 45
武部源蔵　109, 129
忠信　101
直義→足利直義
谷弥五郎　66
玉椿　244
玉手　94
弾正→仁木弾正
丹助　41
智恵内　106
千鳥　117
中将姫　193
忠兵衛　194
千代　93
司　16
鶴喜代　20, 180
鉄壁の丑松(鉄壁)　57, 69, 70
寺岡平右衛門　56, 119, 200
道鏡→弓削道鏡
藤内　244
東間三郎右衛門(東間)　61
時姫　94, 96, 206
徳右衛門　57
徳兵衛　71
戸無瀬(となせ)　56, 119
戸浪　93
宿直之助清玄　80
知盛→平知盛
虎→大磯虎
寅吉　66
寅公(寅やん)→寅吉

〈な行〉

直助権兵衛　13, 41
中川縫之助　127
浪子　80
二九屋源右衛門　121
錦織熊吉　67
仁木弾正(仁木)　41, 132

〈は行〉

八右衛門　50
初菊　94, 131
浜夕　228
早瀬伊織　61
早瀬源次郎　61
早野勘平　25, 56, 76, 119, 129
原郷右衛門　119
春永→小田春永
板額　8, 99
判官→塩谷判官
伴内→鷺坂伴内
半兵衛　129

久松　223
微妙　82, 99
福岡貢　123, 128
藤浪左膳　123, 124
古手屋八郎兵衛(古八)　25, 13
平右衛門(心中宵庚申)　99
平右衛門→寺岡平右衛門
平作　131
平治→梶原平次景高
弁慶→武蔵坊弁慶
北條時政　43
細川勝元　132
本蔵→加古川本蔵
本多→本多佐渡守
本多佐渡守(本多佐渡)　50

〈ま行〉

槇王丸　125
孫右衛門　49, 93, 99, 106, 128
政岡　8, 80, 99
松右衛門の女房　93
松王丸(松王)　109, 124, 125, 159
松山太夫の父　105
馬淵百助　67
万次郎→今田万次郎
三浦荒次郎　49
三浦之助　22, 24, 25, 41, 96
溝口与志　108
貢→福岡貢
光秀→武智光秀(絵本太功記)
光秀→武智光秀(時今也桔梗旗揚)
皆鶴姫(皆鶴)　107
源義経　44
武蔵坊弁慶　79, 159
村岡　38
元右衛門→安達元右衛門
茂兵衛　13
桃井若狭之助　24, 25, 56, 119, 129
盛綱→佐々木盛綱
師直→高師直

〈や行〉

八重垣姫　80, 94, 206
八百屋お七　89
薬師寺次郎左衛門(薬師寺)　56, 112, 119
弥五郎→谷弥五郎
弥左衛門　43, 101, 102
弥作　57, 72
彌七→香具屋彌七
弥助(敵討天下茶屋聚)　61, 62
弥助(義経千本桜)→平維盛
弥兵衛　69, 70, 71
夕霧(夕ぎり)　206
雪姫　206
弓削道鏡　8, 9
勇美之助→高砂勇美之助
由良之助→大星由良之助
与市兵衛　29, 56, 119
与勘平　11
横川勘平　56
与五郎　71
与三郎(与三)　45
義経→源義経
与兵衛　71
万屋　121

〈ら行〉

らくだ　186
蘭平　99
力弥→大星力弥
鯉魚の精　33〜35

〈わ行〉

若狭之助→桃井若狭之助
和気清麿　8
渡辺綱　15, 38

人　名

〈あ行〉

饗庭篁村　173
秋本吉造　264
明智光秀　263
浅田屋重右衛門　151
生田南水　140, 141, 239
井関鴨州　247
伊藤春畝(博文)　176, 181
伊藤痴遊　183
稲野年恒　137, 138, 265
井原西鶴　3
植野某　137
歌川豊国　257
宇田川文海　141, 239
梅が谷　193
江上修次郎　247
江川幸一　255, 256, 259
榎本虎彦　137, 141
大石内蔵之介　167
大川老→勝彦輔
太田垣蓮月　265
大森正男　255～259
岡野半牧　141
奥村粧兮　239
長部文次郎　137

〈か行〉

勝諺蔵〈二代目〉　45
勝彦輔　45, 107
金田菊所　193
川島万次郎　134
河竹黙阿弥　29
河内屋庄八　13
喜多暉月　141
北野恒富　180
城戸熊太郎　63, 65, 66
木村彦右衛門　227
木村芳忠　241
曲亭馬琴　32
喜代路　110
久保田米僊　175
久保田蓬庵(逢庵)　141, 250
く良子　137
食満南北　3, 4, 143, 241, 247～249, 259～261
食満屋藤兵衛　136
幸升　117, 118
幸田露伴　105
小笹米太郎　265
小林一茶　140
紺の浦二　143, 144

〈さ行〉

斎藤緑雨　183
阪口祐三郎　239, 241, 242
阪藤芳隆　241
佐藤駒次郎　254
佐渡が島　138
鹽尻精八　255

正直正太夫→斎藤緑雨
松竹社主→白井松次郎
白井松次郎 26, 79, 90, 197, 207, 214, 233
鈴木松年 181
須藤南翠 239
瀬川如皐〈四代目〉 141
川柳家五葉 222
曾根哥吉 241
曾呂利新左衛門 175

〈た行〉

高木理気蔵 264
高安吸江(六郎) 98
高安月郊 202
竹柴鷹二 141
竹中桂二 108, 109
武野紹鷗 175
竹の屋→饗庭篁村
辰己市蔵 143
田中霜柳 262
田中智学 137
田中良 254
谷弥五郎 63, 65
玉置清 255, 259
田村成義 25, 26
近松門左衛門 3, 63, 71
智境院日進 29
千草屋露香 127, 239
千葉吉造 255, 256, 259
妻吉 158
鶴屋のお竹 27
豊島屋利八 224

〈な行〉

中江兆民 193, 196
中川芦月 141
長瀧智大 265
南僊 262
野村芳国 250

〈は行〉

長谷川時雨 103
浜真砂助 141
馬場蹄二 146
常陸山 193
火縄売榮蔵 27
福地桜痴 3, 26, 141, 162, 264
藤村叡運 247
文吉 256, 257
本田美禅 50

〈ま行〉

松島 110
松本四郎 255
宮田外吉 241
村上浪六 3, 129, 137, 138, 183, 260, 264
森下幸助 242

〈や行〉

安田彦九郎 31
山田晋吉 255, 256, 259

〈わ行〉

渡辺霞亭 173, 224

事　項

〈あ行〉

朝日座　64, 83, 123
あしべ踊(あし辺をどり，あし辺踊，芦辺をどり)　233, 234, 239, 240, 242, 250, 253
あやめ草　86, 87
幾代亭　148
伊勢音頭　235
伊丹幸　242
市村座　11, 29
居どころがはり　29, 119
井上流　252
いろは茶屋　27
梅田劇場　43
楳茂都　252
絵看板　100
江戸河原崎座　61
戎座　14
演舞場(南)　239, 240
演舞場(北陽)　254
演舞場(堀江)　247
大会踊　250
お狂言さん→狂言方
奥役　9, 105
女歌舞伎　235
女武道　118

〈か行〉

改良座　222
書出し　100, 101
影絵　221
花月派　171
片岡家の稲荷祭　145
桂派　146, 147, 151, 156, 164, 171
活歴風　45
家庭劇　226
角座　38
歌舞伎座　117, 239
かぶり付　33, 44
上方――雑誌　184
鴨川をどり　234
川上革新劇　57
河内音頭　64, 65
岸辺をどり　235
狂言方　45～47, 108, 120
ケレン　29, 30
ケレン浄瑠璃　191
小一　33, 44
紅梅亭　158
子供芝居　27
この花踊(この花をどり，比花をどり)　233, 235, 247, 253
五花街　239
御霊の文楽　206

〈さ行〉

座頭　7, 100
作者　45, 105
猿若町　86
三友派　146, 156, 174, 175
仕打　25, 31, 40, 80, 105, 202
芝居茶屋　13
柴田席　230
松竹　233
松竹座　255

新富座　106
新派　58
絶句帖　112
摂津名所図会　178
壮士役者　65

〈た行〉

宝塚　233
竹田の芝居　28, 67
筑後の芝居　99
因講　202
着到板　84
茶番　185
中軸　100
チヨボ　125, 228
ちよぼくれ　229
チヨボ床　74
チヨンガレ　65
頭取　45, 84, 85, 92, 105, 117
頭取部屋　84, 91, 107
冨田屋　240

〈な行〉

中座　21, 30, 64, 166
浪花をどり　233, 253
浪花をどり(新地)　235
浪花踊(をどり)(新町)　235, 249
浪花踊(北陽)　253, 254
浪花座　38, 50, 77, 84, 99, 103, 109, 124
西川派　254
西川流(西川)　254

〈は行〉

羽織落とし　194
花柳流(花柳)　38, 252
春の踊(おどり)　233, 234, 255, 259
番付屋　44
彦六　190, 202
久松座　25
評判記　22
平舞台　71, 121
藤間流(藤間)　38, 252
文楽座主　202
へらへら　221, 232
弁天座　28, 59, 65, 80, 83, 101
北陽浪花踊→浪花踊(北陽)
ボテかづら　222, 225

〈ま行〉

見あらはし　34
三越　151
都をどり(踊)　233, 234, 250, 251
守田座　22
紋下　190, 198, 201, 202

〈や行〉

山村本流　252
山村舞　141, 198, 252, 253
山村流(山村)　37, 251〜253
床本　201
吉本　171

〈ら・わ行〉

落語矯風会　141
若太夫の芝居　29, 58
若柳流(若柳)　252

【『大阪藝談』図版一覧】

四代目嵐璃寛　〔揚州周延筆「女房」より〕…………7
二代目実川延若　〔『現代歌舞伎俳優大鑑』より〕……16
初代中村鴈治郎　〔同上〕……20
初代中村鴈治郎　時雨の炬燵　〔白井松次郎『中村鴈治郎を偲ぶ』昭和10年3月より〕……22
初代中村鴈治郎　名残りの三浦之助　〔同上〕……23
二代目市川右團次　〔『現代歌舞伎俳優大鑑』より〕……35
七代目市川團蔵　〔『七世　市川團蔵』昭和17年10月より〕……41
七代目市川團蔵　馬盥の光秀　〔同上〕……42
七代目市川團蔵　いがみの権太　〔同上〕……42
二代目尾上多見蔵　〔『現代歌舞伎俳優大鑑』より〕……46
二代目尾上卯三郎　〔同上〕……55
六代目嵐三五郎　〔同上〕……70
四代目嵐璃珏　〔『新旧俳優人気鑑』より〕……76
三代目中村雀右衛門　〔『現代歌舞伎俳優大鑑』より〕……83
七代目市川中車　〔同上〕……90
喜多村緑郎・河合武雄・花柳章太郎　〔『全国人気俳優写真番付』より〕…96
二代目中村梅玉　〔『現代歌舞伎俳優大鑑』より〕……99
三代目中村歌六　〔『新旧俳優人気鑑』より〕……111
初代嵐巌笑　〔『現代歌舞伎俳優大鑑』より〕……130
十一代目片岡仁左衛門　〔同上〕……145
二代目市川箱登羅　〔同上〕……165
摂津大掾　〔『浄瑠璃雑誌』第403号、昭和16年10月より〕……190
三代目竹本津太夫　〔三代目「竹本津太夫追善興行」文楽パンフレット(七回忌)より〕　199
三代目「竹本津太夫追善興行」文楽パンフレット(七回忌・昭和22年12月)……200
三代目「竹本津太夫追善興行」文楽パンフレット(十三回忌・昭和28年5月)……200

高安月郊自筆原稿「土佐太夫の思出」……………………………… 203
「さくら時雨」文楽番付（昭和７年10月）………………………… 204
紋下竹本越路太夫・名庭弦(絃)阿弥両名記載の最後の文楽番付
（大正13年３月）……………………………………………………… 209
食満南北脚色「其幻影血桜日記」文楽パンフレット(昭和７年９月)… 212
食満南北著『酒場の女』函（昭和２年、近代文芸社）…………… 216
曾我廼家五郎・曾我廼家十郎　〔『新旧俳優人気鑑』より〕………… 226
白井松次郎　〔「第50回あしべ踊パンフレット」昭和９年より〕……………………… 233
食満南北画「をどりの図」…………………………………………… 236
第48回あしべ踊パンフレット（昭和８年）………………………… 239
阪口祐三郎　〔同上より〕…………………………… 240
食満南北作歌「さくら桜」　〔同上より〕…………………………… 241
第50回あしべ踊パンフレット（昭和９年）………………………… 243
芦辺をどり　〔『南地大温習会成功記念写真帖』昭和８年より〕………………244・245
第22回浪花踊パンフレット（昭和７年）…………………………… 250
新町演舞場　〔同上より〕…………………………… 251
山村若子　〔同上より〕…………………………… 252

＊略称

〔『現代歌舞伎俳優大鑑』〕
＝〔歌舞伎研究社編『大正九年一月改正 現代歌舞伎俳優大鑑』良古堂〕

〔『新旧俳優人気鑑』〕
＝〔『大正八年己未壹月改正 新旧俳優人気鑑』文楽堂〕

〔『全国人気俳優写真番付』〕
＝〔大花山人編『全国人気俳優写真番付』井上盛進堂〕

＊図版はすべて阪口弘之所蔵資料に拠った。

［カバー画、扉画、口絵所蔵者］

カバー画、口絵１頁　食満厚造氏
扉画、口絵３・４頁　阪口弘之
口絵２頁　神戸女子大学古典芸能研究センター

神戸女子大学古典芸能研究センター叢書　刊行のことば

電子メディア全盛の時代のなかで、心の落ち着ける時間・空間が求められている。心を躍らせるときめきの後に深い落ち着きを味わわせてくれる古典芸能が現代人の静かな注目を集めているのも、ゆえなきことではない。古典芸能の横断的・総合的研究拠点を目ざす神戸女子大学古典芸能研究センターが求めているのも、究極的にはそのような落ち着きをもたらす「しなやかで優雅な力」であるといってよい。そして、それは女子大学が掲げるにふさわしい理想であるとも考えている。

本センターは、中世芸能・近世芸能・民俗芸能を三つの研究の柱として、実証的な資料研究に軸を置きながら、開港地神戸にふさわしい開かれた発想にもとづく研究を展開していくべく活動を続けている。この叢書は、その成果をもとに、広い視野から古典芸能を考え、それを生活に活かしていくための材料を提供することを目ざして刊行するものである。そこから読者との間に開かれた対話が導かれ、新たな発想を生みだす場がつくりだされていくことを願っている。

二〇一六年五月

神戸女子大学古典芸能研究センター

編者　神戸女子大学古典芸能研究センター

代表　阪口　弘之（神戸女子大学名誉教授・大阪市立大学名誉教授）
井上　勝志（神戸女子大学教授）
沙加戸　弘（大谷大学名誉教授）
林　久美子（京都橘大学教授）

大山　範子（神戸女子大学古典芸能研究センター非常勤研究員）
川端　咲子（神戸女子大学古典芸能研究センター非常勤研究員）
坂本　美加（大阪市立大学非常勤講師）

川森　博司（神戸女子大学古典芸能研究センター長）
山﨑　敦子（神戸女子大学古典芸能研究センター事務室 課長補佐）

神戸女子大学古典芸能研究センター叢書 2

食満南北著『大阪藝談』

二〇一六年五月三一日　初版第一刷発行

著者　食満《けま》南北《なんぼく》
編者　神戸女子大学古典芸能研究センター
発行者　廣橋研三
発行所　和泉書院
〒五四三─〇〇三七　大阪市天王寺区上之宮町七─六
電話〇六─六七七一─一四六七
振替〇〇九七〇─八─一五〇四三
印刷・製本　亜細亜印刷　装訂　森本良成
ISBN978-4-7576-0794-1 C1374